包拯传

大宋孤勇者

滕 非◎著

江苏凤凰文艺出版社
JIANGSU PHOENIX LITERATURE AND ART PUBLISHING

图书在版编目（CIP）数据

包拯传：大宋孤勇者 / 滕非著 . -- 南京：江苏凤凰文艺出版社，2023.11

ISBN978-7-5594-8042-2

Ⅰ . ①包… Ⅱ . ①滕… Ⅲ . ①包拯（999-1062）- 传记 Ⅳ . ① K827=441

中国国家版本馆 CIP 数据核字（2023）第 191523 号

包拯传：大宋孤勇者

滕非　著

责任编辑　王昕宁
策划编辑　李　根
特约编辑　连　慧
装帧设计　天下书装
责任印制　刘　巍
出版发行　江苏凤凰文艺出版社
　　　　　南京市中央路165号，邮编：210009
网　　址　http://www.jswenyi.com
印　　刷　河北照利印刷有限公司
开　　本　690毫米 ×980毫米　1/16
印　　张　18
字　　数　240千字
版　　次　2023年11月第1版
印　　次　2023年11月第1次印刷
书　　号　ISBN 978-7-5594-8042-2
定　　价　49.80元

序

继《范仲淹传》后，滕非先生又一部历史人物传记——《包拯传：大宋孤勇者》即将面世。他送来书稿，嘱我为序。稿还未阅，我先为滕非先生之精神所感叹。

因共同的朋友，我得以与滕非先生相识，知其初从政，亦知其喜文，曾写过不少文学作品。在其《范仲淹传》出版时，已让我惊讶不已，那时还以为他只是玩玩，就像酒至尽兴时来上一段京剧。玩雅之人我们身边不少，没想到的是，他唱完一段竟接着又唱了一段——用洋洋洒洒的二十余万言为包拯作传，这哪里还是玩玩？

之于包拯，我们家喻户晓。因种种文学及文艺作品——特别是影视，他那黑而严肃的面容，机智而果断的话语，料事如神的推断，为民请命的精神……早已刻进了我们的心里。因为他，我们常常把很多类似的人称为“青天大老爷”。

想到包拯，他那铁面无私、不畏权贵、为民申冤、断案如神的形象就会浮现于脑海。而对历史上真实的包拯的人生，我们了解得并不多。

抱着了解包拯人生之念，再抱着滕非先生会如何为我们展现包拯人生之想，我开始阅读滕非先生的《包拯传：大宋孤勇者》。

“公元1027年，史称仁宗天圣五年。”

关于包拯的人生故事，滕非先生从这儿给我们打开了一道门。写人先写时代，这与写简介先交代人物，或者复制人物介绍的文字不同，时间的开场立刻吸引了我的眼球。

哪年，“史”怎么称，都不重要。“在历史的长河里，这一年貌似并没有什么惊天动地的大事发生。”但滕非先生又写道：“正是这看似普通的一年，却注定将成为大宋国家命运的转折年。”

为何？欲知其详啊。

不得不承认，尽管是写“传”，滕非先生也很会吊人胃口。

我们顺着他的文字，“天圣五年的舞台”上的舞者展现于眼前，舞者各舞，那颗耀眼的星，尽管滕非先生说他的出场并不抢眼，却依然夺目。到了！“希仁兄”包拯出场了。

仁宗天圣五年，高中甲科进士的包拯，得到了吏部安排的职务，要他去江南路的建昌担任知县。寒窗苦读，进京应试，不就是为了实现金榜题名入朝做官的梦想吗？包拯该是何等高兴，他可以大吟“仰天大笑出门去，我辈岂是蓬蒿人”。没想到，包拯竟然没要这职务，回庐州乡下给父母养老送终去了。

读到这里，我想起了李密的《陈情表》。

包拯为什么不去？是嫌官小，还是像李密一样，以“尽节于陛下之日长，报养刘之日短也”为由，另有隐情？

又是吊胃口。这是包拯的人生，像极了我们所看的有关他的影视一样充满悬念，滕非先生叙述之有力、结构之机智，让我们不忍掩卷。

由包拯一而再、再而三地辞官，滕非先生用文字带我们走进了包拯的家庭，去看他背后的那些隐情，走进他的少年。如整个人生厚积薄发的包拯，《包拯传：大宋孤勇者》也在对包拯出场之前的回首中厚积，随后才将其漫漫人生一一述来。

包拯生活的时代，不但有范仲淹、富弼、欧阳修等名臣，还有文彦博、韩琦、吴奎等后起之秀。包拯历任三司户部判官及京东、陕西、河北路转运使，后入朝担任三司户部副使、龙图阁直学士、河北都转运使、枢密副使等职。他一生廉洁公正、立朝刚毅、不附权贵、铁面无私、英明决断、敢于替百姓申不平，故而被称为“包青天”或“包公”。正如传中所写：“因深乎孝名，又一生峭直刚毅，包拯去世后朝廷特意赐他‘孝肃’这一谥号。‘孝肃’二字，既是对他一生最精辟的总结，也是他一生最客观真实的写照。”

人是这么一个人。在网上输入“包拯”二字，便可查知他的生平、贡献等信息。但要为其立传，却实为不易。首先是对被“传”之人相关信息的查阅和考证，这是一项极其庞大的系统工程。其次是被“传”之人的思想历程及人生细节，不但需要挖掘，还需要通过想象去填补与复原，这又是一项极其庞大的系统工程。

说到底，要写一个人的传，且是古人的传，就得对这个人有一个全面的认识。

为了对包拯有较为全面的认识，滕非先生历时数年，研读了《宋史》《续资治通鉴长编》《包拯集校注》《皇朝编年纲目备要》《庐州府志》《嘉靖池州府志》《宋史翼》《涑水记闻》《五朝名臣言行录》《邵氏闻见录》《梦溪笔谈》等史料、文献。在大量研读准备的基础上，滕非先生又历时数年写下了这部《包拯传：大宋孤勇者》，数易其稿后，终于要和读者见面了。

《包拯传：大宋孤勇者》结构独特，语言朴实而又充满张力，读来引人入胜，常常让人叹为观止。

掩卷之时，窗外阳光正好。几声鸟鸣，越窗而入。闭目而思，在我们当下新时代征程中，像包拯这样的人，真是越多越好。

我们感谢这样的人。

我们呼吁在我们身边多出现这样的人。

最后，也要感谢滕非先生，为我们捧出这样一部《包拯传：大宋孤勇者》。

是为序。

月关

2023 年 5 月

目录

第一章　大器晚成 / 001

第二章　厚积薄发 / 029

第三章　艰难起飞 / 041

第四章　铁面御史 / 093

第五章　主政地方 / 147

第六章　入主户部 / 159

第七章　谏官风骨 / 177

第八章　人生起落 / 221

第九章　打坐开封府 / 243

第十章　朝堂重臣 / 257

后　记 / 277

第一章　大器晚成

天圣五年的舞台

公元1027年，史称仁宗天圣五年。

在历史的长河里，这一年似乎没有惊天动地的大事发生。然而，正是这普通的一年，却注定成为大宋国家命运的转折年。

此时距北宋开国近七十年，百姓已经从二十二年前澶渊之盟屈辱的阴影里慢慢走出，也渐渐忘了十九年前泰山封禅的疲累。在国家层面，太后刘娥虽垂帘听政，但是年轻的仁宗皇帝与其相处融洽。王曾作为百官之首的宰相，正有条不紊地帮助赵宋皇室打理着当时世界上最大的政权。

政治太平、经济繁荣，天下风调雨顺，百姓安居乐业，大宋的国力正在恢复，处处是欣欣向荣的景象。

从这年开始，大宋王朝将悄无声息地开启一个崭新的时代。

在这一年的三月，有一大批年轻人华丽地登上了历史的舞台。这些人的登场，不但为大宋政治注入了新鲜的血液，在以后长达五十年甚至更久远的时间里，他们将深刻影响并改变大宋的历史。

不为人注意的是，从根本上讲，这一崭新的转折与一种制度和两个人有密切的关系。

自隋代开科取士，科举一直是读书人的唯一出路。到了宋代，由于经济文化的飞速发展和社会结构的不断丰富，这一现象有所改变。除了通过科举进入仕途，文人们还可以从事教书育人、幕僚、书籍编纂等其他与文化相关的工作。

尽管这样，“朝为田舍郎，暮登天子堂”仍是每个读书人的最终理想。

宋初科举每年举办一次，后来发展到每一两年举办一次不定。天圣五年正是大宋的科举年，宋代重文抑武，所以格外重视文官的选拔。当时的科举选拔考试分三次，分别称州试、省试和殿试。州试由各州地方官员组织实施，考生只有通过州试才能获得参加省试的资格。省试由礼部主持，通过省试的举子称“奏名进士”，将准许参加由皇帝亲自主持的殿试。奏名进士距离金榜题名，即距离成为大宋的朝廷官员仅有一步之遥。

历年来，参加科举如千军万马过独木桥，尤其是北宋天圣五年，这一年全国各地优秀的人才特别多。见此情况，早在正月朝廷又下诏规定，获进士奏名者不允许超过五百人。

因此，这一年省试的竞争更为残酷。

省试对大多数考生来说，是一道迈不过去的门槛，许多优秀的读书人就是在这一环节功亏一篑，最终败下阵来的。为了办好这次省试，早在前一年，朝廷就已经将主考官选定好，他就是名满天下的大名（今河北大名）人刘筠。

担任省试主考官者，历来都是饱学耆硕之士，刘筠作为北宋初年文坛最重要的诗歌流派“西昆体”的创始人之一，此时正担任着大宋的枢密直学士。无论在官方还是民间，由他来担任这一年的主考官是人心所向。

刘筠绝对称得上是影响天圣五年科举录取结果的关键人物。

之所以这么说，是因为刘筠改变了省试的录取办法。在他的主持下，天圣五年的省试增加了一项重要的考试内容：策论。天圣五年以前，大宋的省试只考诗赋，因此，决定众考生去留的是文学能力。朝廷需要的是治国人才，而诗赋考量的是一个人的文学才华，这一考试办法不太合理。旧的考试办法导致了许多擅长策论却不擅长诗赋的考生惨遭淘汰。

事实证明，刘筠这一重要的改革对大宋的国运影响巨大，仅天圣五年，就为朝廷发掘出多位能经世治国的不世之材。

省试过后便是殿试，殿试决定着这一年最终的录取结果。除了刘筠，还有一个人将会影响这一年的录取结果，他的名字叫宋绶。

殿试的主考官是皇帝，贵为皇帝，仁宗不可能亲自去做具体工作，因此他需要一位得力助手。而能给皇帝当助手，绝对称得上是一份无上的荣耀。这次得到这一光荣任务的人，便是赵州平棘（今河北赵县）人宋绶。

宋绶和刘筠一样，不但文章写得好，而且慧眼识才。那一年，他只有三十六岁，却已参与编修过记述真宗皇帝生平的《真宗实录》，且身兼翰林学士、侍读学士二职，是受皇帝青睐的近臣。宋绶年轻有才，史载其“博洽明敏”“博通经史百家，文章为一时所尚”，就连真宗时代的文坛盟主杨亿都称他的文章“沈壮淳丽，尤善铺赋，吾不及也”。一个人年纪轻轻就能获此重任，这在我国一千三百多年的科举史上亦属罕见。

天圣五年的科举舞台，远比我们想象的要精彩得多。

举子们经严格的州试、省试选拔后齐聚京师（今河南开封），准备参加决定他们最终命运的殿试。状元的称号最终花落谁家，已成为众人热议的话题。

殿试由皇帝亲自主持，而宋绶的一举一动都牵动着人们紧张的神经。在众举子中间，夺魁呼声最高的人有两个，他们分别是王尧臣和韩琦。

王尧臣，字伯庸，二十五岁，应天府虞城（今河南虞城）人。

王尧臣来自大名鼎鼎的应天府书院，文辞温润的他不但工于诗词、擅写书法，而且年纪轻轻就脱颖而出，流露出一种成熟的大家之气。

与王尧臣同样优秀的，是已经过世的右谏议大夫韩国华的小儿子韩琦。

韩琦，字稚圭，相州安阳（今河南安阳）人，这一年还不满二十岁。这个出身高贵的年轻人不但天资聪颖，而且读书也格外勤奋。从小就自带光环的他早已名满天下，他的名次同样也引起众人的关注。

殿试这天，京城内外，上至太后皇帝、文武百官，下到贩夫走卒、引车卖浆之流，都密切关注着殿试的最新进展。

崇政殿外，众举子在考官们的安排下小心翼翼地鱼贯而入，众人到位，决定他们命运与前程的考试终于开始了。

因皇帝亲临，殿试的气氛更加紧张。一切都在有条不紊地进行着。读书人出身的宋绶温柔敦厚，对这批参加殿试的年轻人格外照顾。他需要按流程，依据刘筠呈报的名单组织考试，然后对这一科的试卷进行评定，以决定这一年最终的录取结果。

状元郎只有一个，到底谁能蟾宫折桂，没人敢预料。

众举子在规定时间交卷，宋绶带领相关官员依次进行了“弥封、誊录、考覆、详定、编排”等工作。将这些工作完成以后，出人意料的是，录取结果当天并没有公布。

直到三天以后，众举子才最终排定名次，并上殿赐封。

并不抢眼的出场

阳春三月，莺飞草长。汴梁城阳光明媚，繁花似锦。

众所周知，在宋代考中进士就可以直接入朝为官，一生都能享受荣华富贵。因此，在发榜这天，京城的大街小巷一大早就人潮涌动，尤其是那些急于看到自己名次的举子们，更是早早地在集英殿外挤得水泄不通。

皇榜为什么推迟三天才公布？这里面有没有什么隐情？

说实话，没有。

之所以三天后才公布录取名单，是因为这份名单需要太后和皇帝亲自确定。经刘筠和宋绶两次严格地选拔，朝廷最终敲定了这年的进士录取名单。在皇榜公布之前，一切都是朝廷的最高机密。

最让人关心的仍是这一年的新科状元将花落谁家。集英殿内，吉时一到，皇帝临轩。随着鸿胪寺官员一声高喊，众举子的神经立刻紧绷起来。

激动人心的金殿传胪终于开始了。

排列整齐的众朝官中间，宰相王曾捧着一甲前三名的试卷，气定神闲地从队列中走出。他不紧不慢地拆开糊住姓名的试卷，高声唱道：

“第一甲赐进士及第！第一甲第一名，虞城人王尧臣！”

随着王曾一声宣读，传胪官依次将王尧臣的名字传至丹墀之下。一个消瘦英朗的年轻人恭敬地从人群中走出，在鸿胪寺官员的引领下上殿叩头。此前呼声最高的他果然不负众望，将状元的桂冠收入囊中。

“第一甲第二名，安阳人韩琦！”

“第一甲第三名，虞城人赵概！”

王曾不断地宣读，传胪官次第将众举子的名次传至殿外。被念到名字的举子们立即兴奋地挤出人群，上殿待封。

在众举子中间，一个身材中等、衣着朴素的人正面无表情地低头站着，看上去他要比其他考生都老成不少。

“希仁兄，怎么还不念咱们的名字？”在他身旁，一名一脸稚气的少年焦急地小声问道。

问话的少年满头大汗，努力地向前探着身子向殿上张望。他个头太小，想看清远处并不容易。这个少年名叫吴奎，字长文，是潍州北海（今山东潍坊）人。这一年他刚刚十八岁，却已经在高手如林的竞争中一路杀出，成功地参加了三天前的殿试。

那位被他称为“希仁兄”的人却一脸淡定，他并没有回答吴奎的问话。见吴奎催得紧急，他再次踮起脚尖，在人头攒挤的缝隙里张望着。他不是不关心自己的名次，只是已经板上钉钉的事情，心急也没什么用。

吴奎心急，皇宫外看热闹的百姓等得更急。按照规制，只有传胪礼成之后，主考官才会将皇榜贴到宫外，他们才有机会看到这一年都录取了哪些人。王曾和传胪官的声音此起彼伏地在集英殿上空唱响，又过了大半天，新科进士才终于唱名完毕。

礼成乐作，在王曾带领下，众大学士、三品以上朝官及新科进士行三跪九叩礼。礼成之后，皇帝乘舆还宫，宋绶在众新科进士们的簇拥下，将皇榜张贴到贡院外墙上。

早已等得心急的百姓瞬间围了上来。

在热闹的人群中，那位被吴奎喊作“希仁兄”的人就是包拯，来自庐州合肥（今安徽合肥），这是他在大宋的历史上第一次正式登场。他之所以看上去老成持重，是因为这一年他已经二十九岁了，他的年龄比同科的举子大了不少。新科进士需要在皇榜前供众人瞻仰，以示荣耀。因不愿和众人一起拥挤，包拯只是默默地低头站在一旁。

“王伯庸果然中了状元！”

“韩公子年少才高，前途无量！可惜只是没中得头名！”

“应天府书院果然不同凡响，一甲前三名竟有两个虞城人！”

讨论的声音接连不断。

又过了半天，等到喧闹的人群渐渐散去，包拯才长舒了一口气。虽然他和吴奎的名次不是太高，却都在甲科，因此二人难掩心中的喜悦。包拯不是一个喜形于色的人，他从一开始就没对自己的名次有太高的奢望，这次能高中甲科自然可喜可贺。仪式结束，他神色平静地拉着吴奎返回客栈。

见包拯如此淡定，年少心急的吴奎又是好一阵抱怨。

这一天，朝堂内外都在争相称颂着大宋的太平盛世，同时又反复传颂着这些金榜高中的名字。

据史料记载，天圣五年皇榜共录取进士二百八十人。

谁也没有想到，在这份名单中，日后竟会涌现出许多影响大宋历史进程的大人物。其中，日后身跻大宋两府的就多达七人，他们的名字分别是王尧臣、韩琦、赵概、文彦博、包拯、吴奎和吴育，其中韩琦和文彦博更是当上了号称百官之首的昭文相。

科举出人才，宋代特别多。相信这几个人的能力，无论放到哪朝哪代，都能成为殿堂级的存在。因此，这一年的皇榜日后被人们称为宰相榜，它在我国科举史上的地位以及对大宋王朝的贡献，几乎不亚于三十年后号称“千年进士第一榜”的嘉祐二年（1057 年）龙虎榜。

名字能出现在这份榜单上，而且被录为甲科进士，说明包拯在历史的舞台上刚一登场，便已是不凡之材。不过，虽然金榜题名却也有美中不足，因为包拯没有做到一鸣惊人，与他竞争的优秀人才太多了。

发榜以后，按照惯例，皇帝要在琼林苑赐宴，隆重宴请众进士，这帮青年才俊们的高光时刻终于来了。人生之大幸莫过于此，从此以后他们将成为天子门生，一世注定荣华富贵。

琼林赐宴结束以后，他们将陆续接到吏部的任命，与往日旧友分道扬镳，各自奔向不同的工作岗位，等待他们的将是艰辛漫长的奋斗之路。

包拯话不多，吴奎活泼好动，他依依不舍地拉着包拯不忍分别。见吴奎如此不舍，包拯只好安慰他说："来日方长，望君珍重。"

吴奎仍低着头难过了半天。突然，他又信心满满地大声说："希仁兄，相信总有一天，我们会在朝堂相见！"

听了吴奎的话，包拯点点头。他平静地拍了拍这位小兄弟的肩膀，也算是对他的欣赏和鼓励。

从这天起，这些人开始有了朝廷命官的身份，并处在大致相同的人生起点上。接下来，他们将从大宋官场的底层一步步攀爬，接受一轮轮严格的磨勘迁转。只有少数幸运者能回到朝堂，进一步得到朝廷的重用。但在高手如林的北宋官场，做到这一点又谈何容易？

包拯和吴奎都能顺利地回到朝堂吗？让我们拭目以待。

辞官风波

不难看出，在历史的舞台上，刚登场的包拯表现得不算抢眼，因为有很多优秀的人比他更引人注目。客观地说，天圣五年的包拯并不是大宋最顶尖的人才，在这一年的科举中，他并没有脱颖而出。

不但如此，在那批优秀的进士中，他甚至在很多方面都处在劣势，比如他的性格和年龄。然而在多年以后，他却以杰出的成就和事迹，成了这份名单里对后世影响最大的人。

千百年来，人们对他的向往、敬仰、怀念和评价，都远远超过了这份名单上的其他人。中进士以后包拯都经历了哪些人生，这一逆袭他又是怎么做到的呢？

正所谓，非常之人必有非常之举。

仁宗天圣五年（1027年），包拯高中甲科进士，成功实现了一个读书人的梦想。很快，吏部就给他安排了职务——到江南路的建昌（今江西南城）担任知县。

这一任命没有什么不妥。让人意想不到的是，包拯居然没有接受这一任命，而是直接回庐州乡下给父母养老送终去了。

十年寒窗，为的就是金榜题名入朝做官。好不容易才考中的功名，包拯怎么能说放弃就放弃呢？

在人们的印象中，包拯是一个严谨刻板的人，而且考中进士这年他已经二十九岁了。按说到了这个年龄的人不应该做出这么轻率的事情。这件事既不符合包拯的性格特点，也不符合人们对他的认识。这究竟是怎么回事，包拯当初真的放弃就职了吗？

事实确实如此。

据史料记载，当时包拯不但辞谢了朝廷任命，而且不止拒绝了一次。

这年四月，琼林赐宴以后，一切很快又归于平静。接下来，吏部将根据相关规制任命这批新科进士。按照惯例，一甲前三名都会给予格外的优待。

第一个得到任命的人自然是状元王尧臣。他官授“从六品将作监丞”，被派去两浙路的湖州（今浙江湖州）担任通判。在宋代，通判是朝廷派到地方协助并监督主官处理事务的官员。

而不满二十岁的榜眼韩琦再次好运爆棚。念到他的名字时，天边有五彩祥云出现，遇此吉兆仁宗大喜，因此韩琦也破格被赐予了“将作监丞”的身份。韩琦有幸得到了状元才能享受的待遇，他的具体差遣也是通判，工作地点在京东路的淄州（今山东淄博）。

策论能力突出的探花赵概则被留在了京城，以集贤校理的身份担任开封府推官。他的具体职责是协助主官审判案件，获赐的官阶也是从六品。

在宋代，官员的称呼比较复杂，一名官员的官职通常由三部分组成，分别是官、职和差遣。“官”又称寄禄官，多有名无实，只代表官员可以享受这一级别的官位和待遇，并没有实职；“职”是当时文官特有的荣誉头衔，高级的文官一般会被安排在昭文馆、集贤馆、史馆或秘阁、天章阁、龙图阁、集贤院等馆阁任职，以示荣耀，其所任的馆阁职务称为“职”。因此，一名官员的“官”和“职”通常都不代表他所担任的实际职务，只有“差遣”才是他真正的工作岗位。

以韩琦为例，他入仕时的官衔是“将作监丞”，差遣是“淄州通判”。因资历太浅，他还没资格进入馆阁，因此朝廷还没有给他赐“职”。

除了三位一甲进士，其他甲科进士全被授予了正八品官职，大部分人的官职都是大理评事，差遣基本是县官。比如二十二岁的文彦博官授大理评事，被派到河东路绛州翼城县（今山西翼城）担任知县；二十四岁的吴育官授大理评事，被派到两浙路杭州府临安县（今浙江杭州）担任知县；二十九岁的包拯同样也被授予了大理评事，被任命去江南路南康军辖属的建昌县（今江西南城）担任知县。

宋代的大理评事即大理寺评事的简称，官阶正八品。因当时官制有“官、职、差遣”之分，官员获授大理评事只代表他的官阶和品级，其并不在大理寺担任实际职务。

这次任命中唯一例外的是包拯刚认识不久的吴奎。

在查看名次时，年龄最小的吴奎比谁都心急，谁也没想到更让他着急的竟是这次任命。本来吴奎已经被任命为江南路清江县（今江西樟树）主簿，可就在他准备上任时，细心的吏部官员发现他居然不满十八周岁。于是吏部大笔一勾，吴奎暂免上任。

主簿是宋代各级主官的幕属官，常参机要，类似于今天的办公室主任。朝廷以年龄太小为由，认为吴奎不适合为官倒也合理。得到这一消息，吴奎要急疯了。尽管心有不平，但毫无办法，他只好垂头丧气地回家又读了三年书。直到仁宗天圣八年（1030 年），吴奎才得以赴福建路古田县（今福建古田）上任。虽然换了工作地点，但他的差遣仍跟原来一样。

随着这些任命的下达，这帮才华横溢的新科进士将正式登上大宋的历史舞台。接下来，他们将大展身手，陆续成为各自领域的主角，书写并影响大宋的历史。然而，就在众人收拾行装准备上任时，吏部接到奏报，进士包拯居然两次拒绝朝廷任命，准备回家赡养父母。

包拯为何如此抉择？

为说清来龙去脉，让我们先看看《宋史》对这件事的记载：

> 包拯，字希仁，庐州合肥人也。始举进士，除大理评事，出知建昌县。以父母皆老，辞不就。得监和州税，父母又不欲行，拯即解官归养。

从前半部分不难看出，当年朝廷给包拯任命的官职和差遣，分别是“大理评事”和“知建昌县”。但是，包拯并没有接受这一任命。紧接着，史书还交代了他辞官的原因：“父母皆老，辞不就。”

据说，包拯之所以二十九岁才参加科举，就是因为父母需要他照顾。为解决这个问题，他不得不先娶一位李姓女子，由她在家中照顾年迈的父母。这一说法虽在史料中无据可查，但也符合当时的社会情况。

金榜题名以后，包拯再次面临这一难题。但也有其他办法能解决。比如，带父母一起上任，或者由兄弟或其他家人代为照顾父母等，也不至于选择辞官吧？

虽然当年包拯弃官不做已是事实，但史书对此的解释却看起来像个托词，以至于很多人都怀疑这件事背后另有隐情。

那么，史书有没有记错的可能呢？

宋代文官不但地位高，而且待遇好。宋代科举虽然增加了不少录取名额，但竞争的人数太多，因此能考中的概率仍是很小。每年落榜的举子比比皆是，比如大名鼎鼎的陈彭年、欧阳修、柳永等人。后来他们屡败屡战，最终才取得功名。考进士这么难，考中后待遇也好，一个人怎么可能因为"父母皆老"而放弃做官呢？

难道包拯根本就不想做官？既然不想做官，那他参加科举又是为了什么？十年寒窗，难道只是为了证明自己的实力吗？

早在立国之初，为提防武将作乱，太祖皇帝制定了以文抑武的基本国策，所以朝廷对文官特别优厚。见包拯一片孝心，而且家庭确有困难，相关部门决定主动替他分忧。对此，史书虽然只用了简单的五个字"得监和州税"，却将朝廷为包拯分忧的过程记录得精彩纷呈。

在这短短的五个字里，一个"得"字最为精彩。这说明当时朝廷不但改变了对包拯的任命，而且表明了这一改命也不是他主动争取来的，这是相关部门体谅他才做出的改动。

当时主管分派工作的官员可能会这么想：这样总可以了吧？你家里不是有老人需要照顾吗？那好，为了方便你照顾老人，你去离家近一点的地方任职吧。

按理来说，接到这一改命，包拯最应该做的事情就是喜不自胜地叩谢朝廷大恩，兢兢业业地在和州当官。

哪知道，朝廷抛过来的橄榄枝居然又被包拯拒绝了！

此时，包拯前后两次放弃做官的原因已经浮出水面。他放弃"知建昌县"是因"父母皆老"，放弃和州税监官是因"父母又不欲行"，一个"又"字，指出了包拯最初不去建昌当官就是因为父母"不欲行"。

随着史书记载的一步步深入，包拯弃官事件迭出高潮。

不管是"知建昌县"还是"监和州税"，包拯至少有两种办法解决父母年迈的问题。一是在任职地与庐州两地来回跑，二是直接带父母上任。这两件事做起来应该都不难，而且宋代官员是允许带父母家属上任的。

难道是因当时的交通工具不发达，包拯觉得自己两地来回跑不太现实，于是他非要带父母一起上任，结果父母死活不答应。一时双方僵持不下，这才让他前后两次放弃做官的机会？

包拯父母为什么前后两次都“不欲行”？对此后文会有交代。但我们先说说当时。

虽然任职地从建昌改到了和州，父母还是不肯去，那该怎么办？包拯被这一情况难住了。

百善孝为先，包拯没有多想，他毫不犹豫地再次放弃了朝廷的任命。

为了进一步搞清包拯当年为什么非要“解官归养”才能赡养父母，让我们来了解一下这段文字所涉及的三个地点。

第一个地点是包拯的老家庐州合肥。

庐州合肥即今安徽省合肥市，是包拯的父母养老居住的地方，这一地点在当时属于大宋的淮南路。

第二个地点是建昌县。

建昌县是包拯的第一个任职地。宋代的建昌县属于江南路，具体位置在今天的江西永修一带。合肥与建昌县相距近千里，不但山高路远、群岭叠嶂，而且两地世风民俗也多有不同。父母年纪都这么大了，将他们带到千里之外去生活，一是舟车劳顿，二是怕水土不服。万一有个三长两短……这确实是个比较现实的难题。

包拯第一次弃官的原因从这方面勉强能说得过去。

第三个地点是和州。

说到和州，问题就来了。宋代的和州即今天的安徽省和县一带，离合肥只有二百余里，显然这一改命是朝廷考虑包拯的实际情况，特意为他量身挑选的工作地点。路没那么远了，风土人情和生活习惯也相差不太多，朝廷对包拯已经照顾到了这个份儿上，也希望他赶紧收拾收拾上任去吧。

但是，包拯还是没有去。

包拯没有去上任的原因跟上次完全一样，听起来却更加奇葩："尽管工作地点近了，老人们还是不愿意离家。为了照顾他们，这个官我还是不当了。"

虽说古人重孝道，但包拯前后两次弃官，尤其是第二次弃官是不是太没道理了。换一个角度来看，远了嫌远，近了还嫌不合适，这不是成心不想当大宋朝的官吗？那当初考进士干什么？

看到这里，我们很难不替包拯捏一把汗。

可见，包拯前后两次弃官不是因为他对自己的官职不满意，也不是什么其他复杂的原因，只是因为他需要照顾年迈的父母。因为父母不肯随他一起上任，他只好辞掉了自己的官职。

就这样，在北宋的政治舞台上，刚登场的包拯便让所有人大吃一惊。

对这件事，后世还有一个截然不同的说法。有人认为，这里的"不欲行"不是指包拯父母不愿随儿子上任，而是根本就不让包拯去上任。也就是说，包拯父母不是不欲随行，而是不欲其行。这一说法虽然从字面上看似乎也有可能，但它经不起推敲和论证。

持这一观点的人认为：包拯的父亲当过大官，家里有钱有势，根本就不在乎他能不能当这个小小的八品官。反而担心自己老无所依，所以他们才一次次故意从中作梗。

这一说法成立吗？

官宦世家

明明中了进士，到底是什么原因导致包拯还没有入仕就开始辞官？我们首先需要了解一下包拯的家庭背景。

史书对包拯家世的直接记载不多，我们只能在卷帙浩繁的文字中，一点点搜集与其有关的信息，以梳理出相对更接近真实的结论。

先谈谈人们对包拯家庭背景的传统印象。

由于后世对包拯的艺术形象塑造得太过成功，所以人们普遍认为，包拯出生在庐州乡下的一个封建家庭，父母老来得子，母亲在他出生时便已去世。包拯出生时，家里已有两位哥哥，大哥名叫包山，二哥名叫包海。两位哥哥均已成家，因此在家中他还有两位嫂嫂，而这两位嫂嫂却一好一坏。

出生以后，包拯由大嫂养大成人。大嫂对他视如己出，二嫂却总是担心这个小叔子长大后会分夺家产，内心恶毒的她总是想置年幼的包拯于死地。从小时候起，包拯就尝尽了苦头，并且随时面临各种凶险，不断与二嫂斗智斗勇。靠着过人的见识和神助般的好运，他才艰难地活下来并一天天长大。

包拯的家庭真是人们传说的这个样子吗？

这些说法虽然有些八卦，却也并非全是虚构。

据史料记载，真宗咸平二年（999 年），包拯出生在庐州合肥一个人丁兴旺的官员家中。他是家中的幼子，在他出生前，家中确实已有两位哥哥，这几点民间传说与史实倒也基本吻合。

鲜为人知的是，包拯的父亲并不是一位普通的乡下老人，他不但是一位退休在家的朝廷官员，而且还是一个货真价实的高官。包拯出生时母亲也没有去世，他两位哥哥的名字也不叫包山、包海。包拯的大哥名叫包播，是朝廷官员，二哥名叫包振，遗憾的是史书对包振没有详细的记载，因此不好判断二嫂是不是像传说中的那么可怕。

包拯父亲名叫包令仪，他在家谱上名叫包树德。

包令仪，字肃之，庐州合肥人，生于太祖建隆元年（960 年），于太宗太平兴国八年（983 年）进士及第。

入仕以后，包令仪曾在真宗年间在惠安（今福建惠安）当过知县。知县任满后，他被调入京师（今河南开封）担作尚书虞部员外郎。虞部员外郎主要负责的是掌管大宋的冶炼、茶业和盐务工作。后来，包令仪又以“上护军”的官职被差遣到了应天府（今河南商丘）担任南京留守，这是他退休前的最高官职。

据《宋史》记载，上护军为大宋第三等勋官，即正三品官员。南京留守，则是当时北宋四京之一的南京留监司长官。

以职级来看，包拯父亲退休前的官职级别不低，是货真价实的朝廷高官。不过，南京留守这一差遣虽然重要，但在当时却是个比较边缘化的岗位。一般被派去担任这一职务的都是受到朝廷处分的重臣。历史上大名鼎鼎的王曾、晏殊等人，都曾因被贬而担任过这一职务。

由此可见，父亲包令仪尽管不是位高权重的朝廷大员，但在大宋也属于高官行列。

而包拯的爷爷名叫包士通，也很了不起，曾做过大宋的屯田员外郎。宋代中央设三省六部，其中工部下设有屯田司。屯田司主官称屯田郎中，副手为屯田员外郎。屯田员外郎官职为从六品上，其职责是掌管天下的屯田政令。屯田司当时虽贵为工部四司之一，但一直有名无实。各地军事区域部署屯田，一直都是由各地的军事长官主持。

包家的先祖，是春秋时期七天七夜水米不进，以“哭秦庭”让楚国得以复国的申包胥。申包胥是我国古代忠臣的代表人物之一，绝对称得上名垂史册的光辉人物。

祖上是千古忠臣，爷爷是朝廷官员，父亲又是三品大员，包拯并非出身于普通家庭。唯一有所遗憾的是包拯是家里最小的孩子。等他长大成人时，父亲包令仪早已退休多年了。

宋代官员待遇优厚，据此可以推断，包家虽然人多，即使家庭条件再不好，也不会差到哪里去。那几年大宋社会安定，包拯小时候的生活条件应该不错，又因为是幼子，包拯的童年应该很幸福，不会有那么多九死一生、处处凶险的经历。

那么，关于包拯，后世为什么会流传着那么多精彩的传说故事呢？

在古代，财产纠纷、婆媳矛盾和赡养老人等故事永远都是民间津津乐道的话题。为了把包拯的形象塑造得更加丰满生动，人们故意把包拯说得神乎其神，说他从出生起便面临着无数的凶险，却吉人天相，随时随地都拥有着有如神助般的运气，而且处处都能巧妙地避开二嫂的各种陷害。

将这些故事强加到包拯身上，既代表着人们对历史人物的美好想象，又可以让人们在快意恩仇中得到满足，这也是这些故事流传千年经久不衰的原因。

父亲身为高官，家庭条件也不差，按说越是这样的家庭，越不会不把功名当回事儿才对。包拯中进士时，父母年迈是客观事实，但这总不至于让一个人弃官不做吧？因父母年迈最终导致包拯弃官，这一理由似乎还不够充分。

从另一个角度来看，一个人到二十九岁还坚持考进士，也充分说明了包拯的家庭对功名不是不重视。那父母为什么一直扯小儿子的后腿？难道是他们看透了官场的黑暗，就不想让儿子从政了吗？

据记载，包拯考中进士时，他的大哥早已经在朝为官了，这说明包家父母是不反对儿子当官的。因此“包拯的父亲当过大官，家里有钱有势，根本就不在乎他能不能当这个八品小官”的说法并不成立。

这件事一定另有隐情。

背后隐情

据史料记载，包拯中进士时其父包令仪已年近七十。古人安土重迁，尤其是宋代，人到老年一是不愿轻易搬家，二是“叶落归根”“狐死首丘”等观念已经深入人心，甚至很多人从中年起就已经开始为自己安排后事。

“七十不留宿，八十不留饭，九十不留坐”，在医疗水平不发达的古代，人到七十往往便被认为朝不保夕，留宿甚至都可能带来风险，更不要说举家搬到外地了。

在当时，这些观念在客观上决定了包拯父母的选择。所以，包拯的父母“不欲行”的根本原因不是反对儿子当官，也不是怕老无所依而故意拖儿子的后腿，而是他们觉得自己已经朝不保夕，担心自己随时有可能客死他乡。与其折腾来折腾去，倒不如不随儿子一起去上任。

如此说来，道理就通了。

当老人们说出“不欲行”的想法以后，包拯并不忍心丢弃他们，宁可辞官不做也要为他们养老送终。后来，朝廷又将儿子的任职地换到了和州，出于同样的目的，他们再次说出了同样的话，以免让儿子左右为难。哪知道一心奉孝的包拯还是没有犹豫，宁可辞官不做也要履行赡养他们的义务。

最终，才出现了史书记载的结果。

包拯的这颗孝心让人为之动容。就这样，他放着大好的前程不要，“即解官归养”，回到合肥乡下去赡养父母了。这里的“即”字同样是点睛之笔，将包拯做出这一决定时的毫不犹豫描画得入木三分。

对于包拯辞官不就，还有一个疑问：包拯不是还有两个哥哥吗？大家都是父母的孩子，他的两位哥哥为什么不主动赡养父母呢？

对此史书没有说明原因，而世居江西南城的包氏族人却收藏着一份《盱江包氏家谱》，其序言有着较为详细的记载：

> 树德三子，长播，次振，幼拯。圣宋祥符庚戌（1010 年），播来通判建昌军事，乐南城山水，遂家于七仙阁下，后徙修仁里，迁绥包坊。自是建昌（今江西南城县）始有包氏。播，字希远。……播子经，命仲子滨归合肥为包氏嗣。及崔氏没，而经尚无恙，滨乃挈家来省父母，亦家盱焉。

从这份家谱序言中可以看出，包拯的大哥包播于公元1010年到建昌军担任通判，这年包拯只有十二岁。后来包播不但在此定居，而且还成了盱江包氏的始祖，此处记载也证实了包播朝廷官员的身份。

山高路远，大哥远在千里之外，不能照顾父母也在情理之中。

关于二哥包振，《盱江包氏家谱》序言中仅仅只记下了他的名字，并无更多文字。可见包振一生并没有走仕途，也没有什么值得记录的作为。至于他是不是像传说中的包海那样心怀鬼胎、处处帮着妻子陷害包拯已无从考证。因此，二哥包振没有履行赡养父母义务的具体原因不详。

出生在这样一个复杂的大家庭，又加上当时社会风气的影响，包拯"解官归养"也就合情合理了。

百善孝为先，宋代士林最看重的是一个人的个人品德。包拯的这颗孝心感天动地，并迅速传为士林佳话，为包拯以后的人生增色不少。三十五年后包拯去世，为了褒扬他的功绩，朝廷决定赐谥号以示尊荣。为包拯议定谥号时，有人想起了他当年这一弃官不做的伟大孝行，为此特意在谥号中给他赐了一个"孝"字。

所以，包拯得到的谥号是"孝肃"，其中的"孝"字正是他重要的人生底色之一。

少年底色

少年时代的包拯是什么样子?

据《宋史·刘筠传》记载：(刘筠)一子早卒，田庐没官。包拯少时，颇为筠所知。及拯显，奏其族子为后，又请还所没田庐云。

可以看出，包拯少年时期就已经很受刘筠这位前辈的赏识。

当年，刘筠曾在庐州工作过一段时间。在庐州工作期间，刘筠认识了少年时期的包拯。包拯的父亲是在庐州退休归养的高官，刘筠能认识包拯自在情理之中。名满天下的文坛盟主绝不会赏识“地主家的傻儿子”，由此可见包拯少年时代一定才华出众，而且刘筠也曾给过他不少鼓励和指点。

这段文字记载告诉我们，刘筠去世以后，他唯一的儿子也早早死了，以致刘家的田产无人继承。于是刘家的田产被官府接管。后来，包拯显贵却不忘旧情，为了让刘筠后继有人，他奏请朝廷，找到了一位刘筠家族的后人。他请官府向这位后人返还了刘筠的田产，并由他来为刘筠延续后世的香火。

史书里的这段记载虽然只讲了包拯如何念及并回报旧情，但展现给我们的却是一个知恩图报、有血有肉的包拯，这似乎与人们印象中铁面无私、大义凛然的他有所不同。

宋代文化产业比较繁荣，随着各类笔记小说的出现，人们对当时的物产、风貌等社会现象有了十分精彩的描述和见解。尤其记载名人的轶事典故，更是言简意赅又文思隽永，因此也广为后世流传。这些类似《世说新语》的笔记小说比起正史，往往更能把当时一些重大人物和历史事件记录得丰富精彩。

我国古代文献分归经、史、子、集四部，这类笔记小说因不是正史，所以归在子部。不过，它们也可以作为正史之外的参考。

《朱子语类》记载了一个关于少年包拯的故事：

> （朱熹）泛言交际之道云，先人曾有杂录册子，记李仲和之祖，同包孝肃同读书一僧舍，每出入，必经由一富人门，二公未尝往见之，一日富人俟其过门，邀之坐，二公讬以它事不入，日复召饭，意谨甚，李欲往，包公正色与语曰：“彼富人也，吾徒异日或守乡郡，今妄与之交，岂不为它日累乎？”竟不往，后十年，二公果相继典乡郡，先生因嗟叹前辈立己接人之严，盖如此。

故事说包拯少年时，曾和李仲和的先祖一起在一家僧舍读书。每天，他们从家中到僧舍，都需要从一个富人门前经过，但他们从未去拜访过这位富人。有一天，富人专程在门外等他们路过，并主动邀请二人到家中小坐，被二人委婉地拒绝。后来，富人又诚恳且很正式地请他们到家里吃饭，李同学心动了。

见状，包拯板着脸严肃地告诫李同学："他是个富人，日后我们有可能会在本地当官。今天和他私论交情，你不怕为日后所累吗？"

一席话说得李同学点头称是，最终二人都没有去富人家中吃饭。

吃人嘴软，包拯少年时就已经深谙这一道理。一名少年，面对诱惑时能保持如此清醒的头脑，并且始终不被诱惑，说明少年时期的包拯已经非常有主见，而且不入凡流。

故事虽短，但从中我们可以推断出三个与包拯有关的非常有建设性的结论：

第一个结论：虽然父亲当过大官，但包拯小时候家里并不像人们想象得那么富裕。

这是因为他读书不但需要走很远的路，而且是到僧舍学习。他平时应该吃不上什么好饭，否则富人不会以接连请他到家中吃饭为诱惑。少年人心性顽皮好奇，富人家中的陈设也应该对他有着一定的诱惑力。

第二个结论：尽管并非大富大贵之家，但包拯从少时起就不怎么看重富贵和钱财，更是对富人没什么好感。

就像故事中告诉我们的，即便富人再三邀请，包拯始终不愿意与其结交。

第三个结论：包拯少年时就已经很有主见，他不但对事物有了一定的判断力，而且还有十分清醒的认识。比如在面对诱惑时，小小年纪的他就已经能非常自律。

一叶知秋，三岁看老。从《宋史·刘筠传》和《朱子语类》两段短短的文字中，可知少年时期的包拯不但富有才华，而且有着不入俗流的见识和定力。这些性格特征，与正史中包拯的人生形象异曲同工。

一个人少年时期的性格特征，往往会是日后伴随他一生的个人属性。这些优秀的品格，正是包拯日后步入仕途、能够在北宋政坛傲世独立、不与人同流合污的性格基因，同时也是他另一道重要的人生底色。

停滞的十年

辞官不就后，包拯开始安身于庐州乡下，一心一意地奉养年迈的父母。

谁也没有想到，包拯一去就是十年。

让我们看看，包拯这十年时光是怎么度过的。

父亲包令仪去世的时间，大概是仁宗明道年间（1032—1033 年）前后。母亲张氏去世时间不详，但根据记载，包母应该比包父去世稍晚。

照顾了他们几年，父母相继离世，包拯强忍悲痛，陆续将他们安葬到了离家不远的螺蛳岗。按照当时风俗，父母去世还需要守孝。

除了给父母养老送终，在这十年里，包拯还完成了一件人生大事。早在参加科举之前，包拯就已经娶了原配张氏。可惜张氏早已去世，包拯续娶了第二任夫人董氏。董氏于明道二年（1033 年）为包拯生下一个儿子，包拯给儿子取名为包繶。

儿子出生本是件值得高兴的事情，但包繶自出生后身体就不好，这让包拯夫妇时刻都牵挂担心。无论对于当年的大宋还是对于整个历史，有关包拯的一切，仿佛都暂时静止在了天圣五年。然而，时代的车轮却一刻都没有停歇。

巧合的是，同样是在明道二年，垂帘听政长达十年的太后刘娥也去世了。太后去世在当时是一件震动中外的大事，也给大宋王朝带来了一些实质性的改变。

刘娥死后，二十四岁的仁宗皇帝终于开始亲理朝政。铁打的营盘，流水的官员，那些当年被太后重用的官员开始陆续遭到清洗，大宋朝堂上下开始人人自危。对于包拯来说，这些大事均与他无关。

按照规定，一个人守孝期间不能有任何社会活动，甚至不能回家睡觉。守孝虽然单调枯燥，但对于已经人到中年的包拯来说，这并不是一件太难的事。合肥的乡下，偏僻而安静。不知不觉间，又波澜不惊地度过了几个春秋。时间终于到了仁宗景祐二年（1035 年）。

这一年，包拯守孝期满。此时，他已经是一个三十七岁的中年人。因对父母过于怀念，沉浸在巨大悲痛中的包拯仍迟迟不肯脱下孝服。就这样，他又坚持在父母坟前多守了两年。

在包拯一心奉孝的这些年里，那些在天圣五年与他一起同榜高中的人都命运如何？

说实话，这批人都太优秀了。在基层锻炼了一段时间后，许多表现优秀的人已经陆续回到了朝堂。

包拯一生与吴奎的关系最好，交集也最多。尽管自天圣五年，二人就已分道扬镳，但多年以后他们还会在一起工作，并成为互携互助的好同事。吴奎仕途起步也晚了三年，但人小鬼大的他却进步神速。此时的吴奎早已升任起居舍人，成了皇帝身边的近臣。

虽然和吴奎比较投缘，但包拯和文彦博之间的渊源似乎更深。

据史料记载，在包拯长达二十多年的仕途生涯里，他和文彦博之间一直保持着良好的个人关系。后来，还结成了儿女亲家。

不过，文彦博女儿嫁给包拯的小儿子包绶时，包拯已经去世多年。

文彦博是名门之后，其父文洎曾做过河东转运使。入仕以后文彦博的表现虽然没有那么抢眼，但他做事踏实，举手投足间颇有君子之风。经过十年的奋斗，文彦博已经升任朝官，并且在宰相吕夷简的推荐下担任了殿中侍御史，成了朝廷专门负责监察和纠弹百官朝会失仪等事务的官员。

天圣五年同榜进士中，进步最快的人是韩琦。如今的他已升任右司谏。右司谏是宋代的职业谏官，有着单独向皇帝建言朝政和批评百官得失的特权，不但这一官职人人羡慕，皇帝的信任和韩琦进步的速度也人人眼红。不久，在右司谏的岗位上，韩琦将做出一件震惊朝野的大事。

状元王尧臣的表现也一点都不差。这一年，他已经以翰林学士的身份知审官院，专门负责考评审核官员。这一职务位高权重、大权在握。当然，王尧臣能得此重用与他的状元身份有关。在宋代，每位状元都会得到皇帝格外的器重。如一切正常，王尧臣跻身两府只是早晚的事情。

比起文彦博、韩琦和王尧臣，另一位日后也会跻身两府的吴育的进步虽然稍慢一些，但他也已经有了正三品的学士头衔，并由礼官改直集贤院。最初留在开封府担任推官的赵概也已经入职馆阁，成了仁宗身边的近臣。

除了他们，另外还有两个人的表现也备受瞩目，他们是富弼和张方平。日后，他们也会陆续与包拯产生交集。和天圣五年这批进士们的出身不同，他们都是范仲淹应天府书院的学生，进入仕途走的是制科。

制科也是科举的一种，宋代的科举分常科和制科。常科即我们通常所说的科举，制科不同于常科，也属于朝廷选拔人才的方式之一，它是朝廷为选拔在某一方面能力突出者，即“非常之才”不定期举办的考试。

制科入仕以后，富弼和张方平的表现一直可圈可点。

不难看出，在这十年里，那些当初和包拯一起指点江山、激扬文字的年轻人都已经飞黄腾达，只有他一个人还在庐州的乡下原地踏步。

人人都在青云直上地进步，时代的车轮滚滚向前。当包拯睁眼去看时，世界早已不是当年的样子了。

朝政风云

包拯在庐州乡下守孝期间，大宋朝堂内外陆续发生了许多大事。其中最重要的一件，就是太后刘娥死了。

刘娥之死代表着一个时代的结束，也代表着另一个时代的开始。二十四岁的仁宗皇帝开始亲理朝政，虽然这一天他已经等了很久，但距离他彻底摆脱刘太后垂帘听政的阴影还需要一段时间。

亲政以后，仁宗毫不手软地清洗了刘娥的亲信。可怕的是，这一清洗发生了不止一轮。

皇帝喜怒无常，在一轮又一轮的清洗中，两府大臣换了一拨又一拨。宦海沉浮，谁也无法主宰自己的命运，仁宗皇帝终于把朝廷重臣都换成了他信任的人。但这些人之间相处得并不和谐，尤其是两位宰相吕夷简和王曾。

尽管年龄相同，论资历王曾却比吕夷简高得太多，而且王曾对吕夷简有知遇之恩。长江后浪推前浪，因为天圣七年（1029 年）玉清昭应宫的一把大火，王曾被罢去相位贬出京城，吕夷简取代了他的位置。

两年后，有着杰出能力和威望的王曾再次回京拜相，吕夷简和王曾这一对旧人的关系变得微妙起来。在被贬之前，王曾是昭文相，吕夷简是集贤相。如今二人的身份对调，仁宗却没能处理好他们之间的关系。现在大宋的朝政早已经是吕夷简一个人说了算，王曾的回朝让吕夷简总感觉自己首相的地位不保。为此，他主动向仁宗皇帝提议，要把首相的位置让给王曾。

结果，仁宗没有答应，王曾也不肯接受，两个人的关系不可避免地出现了裂缝。王曾一身正气，很早就看不惯吕夷简独断专行的做法了。在处理政务时，他们常因意见不合而发生争执，并且这一情况愈演愈烈，他们甚至公然在朝堂上互相弹劾攻击。大宋的朝政产生了严重的内耗，为了以儆效尤，景祐四年（1037 年）一开春，仁宗痛下决心，将这两位得力助手同时罢免。

在此之前，因献“百官图”弹劾吕夷简，名满天下的范仲淹已经被贬至饶州（今江西鄱阳）。

范仲淹是王曾政治集团的骨干人物，他的被贬在朝堂上下引起了不小的轰动。范仲淹的罪名是“朋党”，但这一罪名太过牵强，致使反对吕夷简的一大帮年轻人群情激愤，以至满朝哗然。因看不惯谏官高若讷的装聋作哑，欧阳修怒骂其“不信人间有羞耻事”，而被高若讷在皇帝面前狠狠告了一状。结果，欧阳修也被贬出了京城。

人称官场万金油的吕夷简一直深得仁宗欣赏。当时为了袒护吕夷简，除了欧阳修，公开支持范仲淹的余靖、尹洙、蔡襄也都受到了朝廷的严厉处分。同时贬掉吕夷简和王曾以后，仁宗发现对范仲淹的处分太重了，便又诏命将范仲淹改知润州（今江苏镇江）。

虽然吕夷简和王曾双双被贬，但王曾政治集团和吕夷简政治集团的明争暗斗并没有停止。仁宗一怒之下，又接连以朋党之名罢免了不少当朝大员。

好不容易稳定下来的政局又被打乱了，一时间朝堂之上人人自危。

吕夷简是北宋政坛超一流的权术高手，他的理政能力突出，又加上接替者王随、张士逊等人能力平庸，三年以后，吕夷简将再次回朝担任首相，这是后话。

经历了数十年的风调雨顺、国泰民安，大宋近几年的国运也不是太好。特别是最近这段时间，旱涝交替，很多地区的百姓甚至都吃不饱肚子，这让一心有所作为的仁宗皇帝又开始忧心如酲。

作为一名皇帝，他既要关心朝堂大事，又要关心民生疾苦。比大臣争斗和天灾更让他担忧的是朝堂上下的官场风气已经坏到了不能再坏的地步。

仁宗发现，尽管这些年各级官员的待遇不断优厚，很多人却并不知足。如今，许多官员都只顾谋求个人利益，不管处理什么事情，第一个想到的总是自己，他们不关心朝廷的体面与民生疾苦，更不在乎大宋的江山社稷。最近几年，为了牟求私利，很多官员甚至无耻到不顾吃相的地步。致使朝廷的体面大受损伤，官员的公信力也严重丧失。如果这一风气不及时遏止，大宋朝的吏治将毁于一旦。

这是一件影响王朝统治根基的事情，仁宗皇帝对此更是格外上心。为此，他再次加大了对这股不正之风的惩治力度。

在对外关系上，大宋在景祐四年（1037 年）的处境同样也不容乐观。

这年的大宋，既有北方辽国的虎视眈眈，又有西北党项人的蠢蠢欲动，还有南方各少数民族的不断作乱。特别是西北党项首领李元昊，兵强马壮的他已经暴露出了不臣的野心。就在不久前，李元昊更是把都城迁到了兴州（今宁夏银川）城，其用意昭然若揭。

不难看出，尽管仁宗皇帝一心求治，但大宋的日子并不好过。可以说，在表面繁荣的掩盖下，大宋的内忧外患正一天比一天加重。尤其是近期李元昊在边境不断骚扰，君臣们对此已经忍无可忍。

这些年，虽然发生了这么多大事，但包拯一直远离朝堂，一心一意地在合肥乡下奉孝父母。如今父母均已离世，守孝期满而且还多守了两年，处在巨大悲痛中的包拯还是不肯脱下孝服，他日夜不离螺蛳岗，他的做法让关心他的乡亲们都看不下去了。乡亲们知道，包拯和父母的感情太深了，虽然过去了这么长时间，他还是无法从他们离世的悲痛中走出来。见状，好心的乡亲们纷纷前来劝解：

“你已经为他们养老送终，此事不再遗憾，别再长期悲痛下去了。这么下去什么时候到头呀？”

“你当初不是考中了功名？你还是得去做事的。”

“你已经做得很好了，别再这样坚持下去了。”

“你应该去追求属于自己的人生！”

由于乡亲们再三相劝，包拯终于擦干眼泪，强忍悲痛对人生和命运进行了一番思考，他觉得乡亲们说的不是没有道理，他送走了父母，对此不再有任何遗憾。与其长期陷在悲痛之中，不如全心全力地为国尽忠，这才是实现人生价值的正确方向。否则，自己在乡村终老，这么多年的苦读和心中的抱负将毫无意义。

想明白这个道理以后，包拯终于脱下孝服，决定赴京听选。

在古代，修身、齐家、治国、平天下是儒家对读书人的要求，也是所有读书人为之追求的人生理想。以此来看，包拯金榜题名后的弃官事件虽出人意料，却也事出有因，而且不悖常理。科举高中、为父母养老送终以后，包拯才阶段性地完成了修身和齐家这两个人生任务。他的下一步要为自己的人生理想努力了。

这一年，包拯已经三十九岁。阔别士林十年，包拯依依不舍地在墓地向父母拜别。他按照相关规定，向朝廷递交了服除手续。

宋代官员因父母去世守孝称丁忧，守孝期满回朝任职称服除。服除时，丁忧官员需要向相关部门递交申请，经同意后由吏部安排合适的工作岗位。

但是，包拯的情况比较特殊。虽然符合服除条件，但他当初解职不是因为丁忧，而是他从一开始就没有接受朝廷的任命。大宋的官位岂是想弃就弃、想当就当的？

大宋的天空依旧很大，但属于包拯的空间却小得可怜。

第二章　厚积薄发

官场起步

人们对包拯前途的担心好像都是多余的。

这样一位名满天下的大孝子能主动效力，朝廷大喜。在包拯提出服除申请不久，相关部门便为他安排了一份工作。

景祐四年（1037年），包拯接到了吏部的任命文书。拿到文书一看，包拯不禁喜出望外，因为他的任职地点竟在扬州府的天长县。

宋代的天长县，即今天的安徽天长一带。天长距合肥不到五百里，能把他安排到这里任职，说明朝廷充分考虑了包拯的家庭情况。除此之外，尽管包拯这些年没在官场打拼，他的官职也得到了小小的提升，他由“大理评事”升到了“大理寺丞”。

包拯感激万分，他深知自己能获得如此重用绝对是朝廷对自己的格外照顾。一个脱离官场十年的人，不但差遣的工作没变，而且还能升职，这简直是做梦都会笑醒的事情。

天长位于安徽东部，虽地属安徽，却被高邮、仪征、六合、金湖、盱眙五个江苏的县市三面包围。因此天长一直被人们戏称为安徽的“飞地”，同时还有着“安徽东大门”的美誉。这里南临长江，北枕淮河，东临高邮湖，在北宋时期属于淮南路扬州府治下。

北宋年间，京师的给养主要仰赖东南六路物资，作为漕运必经之地的淮南路，是极其重要的存在。因此，天长属于大宋的经济发达地区。包拯能被派到这里来当知县，也意味着朝廷对他的认可与看重。

包拯很清楚自己和别人的差距，起步晚就要努力奔跑，这样才有机会赶超别人。

从古至今，一个人要想成功，他需要理性的认知、出类拔萃的能力、方向正确的奋斗和把握机遇的能力，还或多或少地需要那么一点运气。

自天圣五年解官归养，在这过去的十年里自己落下了太多。为此，在上任的路上包拯就开始访察民情，在到任之前，他就已经对天长的各类情况了如指掌。同时，他对天长的治理工作也有了自己的想法和安排。

到任以后，包拯便马不停蹄地挑起了工作重担。之后的事迹证明包拯不但是一名出色的孝子，在地方治理方面也是难得的一把好手。

在宋代，知县是由朝廷正式委派的地方长官，不但有着掌管一县行政、军政事务的权力，同时还有权管理地方百姓生活以及社会安全的方方面面。他们既要协调朝廷与地方之间的关系，负责将各项政令切实履行到位，还要服从朝廷对地方的绝对性统治。除了这些，知县还要负责赋税徭役的征收，以及当地人才的选拔和培养。

治大国若烹小鲜，包拯运用多年所学，对天长的漕运、治安、税赋、民生、刑狱、科举等方面的工作进行了一番梳理。很快，在他的努力下，天长各方面工作就被梳理得井井有条，社会面貌也焕然一新。

百姓不禁赞叹：难怪朝廷对他如此重用，包拯的能力确实非同一般。

巧断牛舌案

包拯在天长县的工作可圈可点，《宋史》上记载着这样一则与他有关的故事：

有盗割人牛舌者，主来诉。拯曰："第归，杀而鬻之。"寻复有来告私杀牛者，拯曰："何为割牛舌而又告之？"盗惊服。

这段文字言简意赅地讲述了包拯破获一桩案件的经过。

某日，天长县衙突然闯入一个神色慌张的农人。农人报案说，他家耕牛的舌头被人割掉了。在宋代，耕牛是非常重要的生产工具，不允许农户私自宰杀，否则将触犯法律。《宋刑统》规定：诸故杀官私牛者，徒一年半。主自杀牛马者徒一年。

农人一脸焦急，不知如何是好。牛舌被割，这头牛显然已经活不成了，这对农人一家来说可是一件大事儿。比起这头耕牛死掉，更让人担心的是他还会因此受到官府的责罚。老实的农人不敢隐瞒，就慌慌张张地跑到衙门前报官。

案子看似简单，却一时难以审清。因为要想审清这个案子，不但需要问清事情的来龙去脉，还要了解该农人的家庭背景和社会关系，排查各种可疑的线索，断定凶手的作案动机，然后才能一步步地查出凶手的身份。

获知案情以后，包拯并没有大张旗鼓地去查案。他先想了一会儿，然后若无其事地告诉农人说："这件事我知道了。你回家去，然后把这头牛杀了卖肉。"

农人一头雾水。知县大人如此安排，他既担心获罪又有苦说不出，却又不敢再问，只好回家按包拯说的做了。谁也没有想到的是，案件居然很快就破了。

农人回家杀牛后没多久，突然又有一个人到衙门报官，说农人在私杀耕牛。看着报案人，包拯冷冷一笑："大胆毛贼，你为何先偷割人家的牛舌，而后又来告密！"

报案者大惊，由于做贼心虚，见包拯如此威严，只好承认了自己的犯罪事实。

故事虽然很短，却将包拯断案如神记述得精彩纷呈。一个人为什么会去割掉别人的牛舌呢？耕牛没有舌头自然活不下去，包拯根据这一案情断定，凶手一定跟牛主人有仇，他是想借此陷害报复。凶手一时难以断定，大张旗鼓地去查案，反而会惊动了对方。于是，包拯想了个巧妙的办法，引凶手自投罗网。

杀牛违法，既然牛舌被割，此牛已经活不成了，眼下倒不如让主人先把牛杀掉。如果割牛舌确系其仇家所为，见主人私自杀牛卖肉，凶手一定会前来报官。

包拯此举最初看似轻率不负责任，其实他心中早就有了主意，最终事情果然不出包拯所料。

不用大张旗鼓地去查破案件，而是想办法让疑犯自投罗网，这是包拯独特的智慧。它虽是一桩不起眼的小案，可从另一个角度看，却将包拯在天长工作期间处理各项工作时的游刃有余记述得活灵活现。案子破了，包大人断案如神的美名在街头巷尾传为佳话。自此以后，天长的社会治安好了很多。

除了拥有一颗孝心之外，包拯开始有了擅长断案的形象。后来，随着他陆续审理其他案件，不断有人沉冤昭雪，这些人开始奔走相告。快意恩仇的故事很容易流传并被人们记住，包拯得以被塑造成了众口相传的断案能手。

在天长工作期间，“巧断牛舌案”正是他断案如神这一形象的肇始。

不被看好的前程

大宋朝堂的政治环境不容乐观。

宝元元年（1038 年）三月初，朝堂之上再现剧变。因不满宰执大臣们的表现，经韩琦弹劾，仁宗皇帝一怒之下竟在一日内罢免了四位宰执大员。

此举举朝震惊。随着四位宰执大员被罢免，老臣张士逊和新贵章得象升为宰相。仁宗一心革新吏治，也许觉得这一调整的力度还不够，没过多久，他又将之前被贬出京城的晏殊调回朝内。

仁宗为晏殊安排的职务是御史中丞，即朝廷的最高监察官。晏殊是仁宗作为太子时的旧人，他和仁宗的感情非同一般。晏殊年少才高，仁宗相信大宋的朝堂风气会随着晏殊这一任职有所改观。

同年十月，晏殊上任没多久，一直笼罩在大宋朝堂上下的朋党之论再次悄然兴起，而且愈演愈烈。朋党是历代朝廷最头疼的事情。见此仁宗不得不诏诫百官切勿朋党，同时他又委婉地告诉群臣，去年处分范仲淹，最主要的原因不是范仲淹搞朋党，而是他私自讨论皇储问题。

当时范仲淹被贬大家都知道根源，可仁宗又这么说，朝堂内外一时间众说纷纭，难以定论。大家心里都清楚，不管事情真假，皇帝肯这么说一定是为了缓和他与百官们的关系。群臣不知道的是，仁宗的这个解释既是在挽回朝廷的体面，也是为吕夷简再次拜相做铺垫。

这几年，大宋的宰相们换来换去，仁宗发现自己最满意的宰相人选还是吕夷简。

转眼到了年末，朝廷再次出现重大人事变动。文人出身的晏殊虽然不错，但并不符合仁宗对御史中丞的要求。于是，晏殊改升三司使，由孔子四十五代孙孔道辅接任御史中丞。史载“道辅性鲠挺特达，遇事弹劾无所避，出入风采肃然”，由他担任御史中丞，仁宗相信大宋的官场风气一定能得到有效的整肃。

然而，大宋的朝政格局刚刚稳定下来，西北却传来一个让人震惊的消息：兵强马壮的党项首领李元昊造反了。这党项首领本姓拓跋氏，唐代曾赐其国姓“李”氏。北宋立国后，又赐其国姓“赵”氏。元昊反叛以后，宋廷削夺了对他的赐姓。

朝廷闻讯，不得不严阵以待，立即部署防御并向宋夏边境派驻大军。李元昊造反之初，宋夏双方先是文书和使者往来，谁也不敢贸然向对方发动攻击。因此只是边界线上小有冲突，并没有发生大规模的战役。

见李元昊不肯臣服，为了增强前线的实力，朝廷又急派重臣赴西北征讨，领头的是枢密副使夏竦。夏竦到达西北以后，开始担任前线总指挥，知永兴军范雍拜振武军节度使，改知延州（今陕西延安），亲自到一线指挥战斗。为了防备辽国趁火打劫，被贬到许州（今河南许昌）的吕夷简也被调到了镇守宋辽边界的天雄军中。

朝堂上下的气氛一下子紧张起来。

不过，这些事情对远在淮南路担任县令的包拯没有直接影响，他当时的职位只是一个小小的县令，并没有参与这些朝堂大事的资格，但他的仕途也受到了一些影响，因为主宰他提拔晋升的官员们不是在忙着洗清自己朋党的嫌疑，就是在忙着对付李元昊，根本就无暇顾及底层官员的升迁。

宝元二年（1039 年），此时是包拯到天长工作的第三年。与他同科进士的吴育不久前调入了集贤院，见李元昊造反，吴育向朝廷提出了很多有效的建议，一时间得到了许多朝廷大员的赞许。

这年三月，贬知润州的范仲淹改知越州（今浙江绍兴）。四月末，王曾政治集团另一重要人物蔡齐突然去世。蔡齐和范仲淹同是真宗大中祥符八年（1015 年）的进士，而且他还是这一年的状元。此前王曾已经去世，这两个最重要代表人物的相继离世，宣告了王曾政治势力的终结，这让身在越州、已过天命之年的范仲淹更加孤单。

七月，表现一直非常出色的韩琦升任起居舍人并荣升知谏院。在西北前线，宋夏两国大兵压境，大战一触即发。偏偏就在此时，大宋西南两川又逢大旱，众灾民饥无可食。为安抚灾民，朝廷改韩琦为益利路体量安抚使，命他前去两川负责赈灾。几乎是在同一时间，李元昊率大军突袭了大宋的延州城（今陕西延安）。宋军大败，朝廷震怒，诏命尚未完成赈灾工作的韩琦前往西北前线增援。到达前线以后，韩琦在第一时间向朝廷推荐了越州知州范仲淹。经历三起三落以后，五十一岁的范仲淹终于开始走向他人生的另一个高峰。

这一年是北宋朝廷的多事之秋，内忧外患，这让包拯的前程几乎不被所有人看好。

宋代县官的任期为三年。当时文官转迁称磨勘，根据官员的身份不同，磨勘的对象又被分为“选人”和“京朝官”。京城工作的文官称京朝官，根据其职级不同，京朝官又分为“京官”和“升朝官”。有资格上朝议政的人称“升朝官”，秘书郎以下的小官则称“京官”。选人的级别更低，它是文官中最低的阶层，是除京朝官之外所有文官的统称。包拯此时还没有获得京朝官的身份，因此对他考评磨勘只能在选人的范围。

这年，天长知县包拯任期已满。考中进士时年龄就有点儿大了，后来还因为个人原因耽误了十年，如今朝廷正忙着跟西夏人打仗，哪有心思去操心他这样一个低级官员的升迁？尽管包拯在天长很努力地工作，当时人们却都认为，即使任期将满，他也不会有什么好的前程。

机会可以通过争取获得，运气却是争取不来的。不得不说包拯一生都运气不错，很快好消息就来了。

任期将满，天圣五年同榜状元、知审官院王尧臣奉命巡查南方诸州。审官院是宋代负责审核下级官员的机构，主管考核升迁的朝廷大员前来考察，又是老熟人，可见包拯的运气真的不错。如不出意料，在宋史中以“善知人，荐士为时名臣者甚众”著称的王尧臣一定会到天长看看，亲自考察考察这位老同学。如果能把握住这个机会，包拯的仕途或许还有可能更进一步。

出人意料的是，一生素有廉名的王尧臣竟过门不入。他既没有去天长，更没有会见包拯，这多多少少又让人们开始为包拯的前途担忧起来。

首遇贵人当州官

康定元年（1040 年），在众人都不看好包拯的情况下，经相关部门层层考评，他迎来了仕途的第一次升迁。

谁也没有想到，包拯不但能顺利升官，而且还得到了火箭式的提拔。他居然由正八品的大理寺丞直升为正五品的殿中丞，这意味着包拯竟在一夜之间官升六级。

北宋初年官员等级分九品十八级，其品级分为正品和从品。如宋代的五品官，就有着正五品和从五品之分。因此，包拯表面看是升了三级，实际上是一连擢升了六级。

值得注意的是，品级虽然升了，但包拯的差遣地却是人人都不愿意去的广南路端州。我们从这一角度来看，就明白他升迁的真相了：包拯这次升职是带有安慰性质的安排。

在宋代，端州（今广东省肇庆市的端州区和高要区）是个天高皇帝远的地方，不但远离政治中心，属于偏远的广南东路，而且处处穷山恶水，是一个在各方面条件都非常差的小州，不管是谁来这类地区任职，在职衔方面都会得到额外照顾。先给你升职，然后将你“发配”到穷苦的边远之地去卖力，这是封建统治者惯用的政治手段。

不过，王尧臣是包拯仕途上的第一个贵人，包拯这次升职王尧臣确实功不可没。在他的提拔下，包拯正式升任端州知军州事，开始成为主理大宋一州的军政长官。

“知军州事”这一职务并不陌生，即“只许州官放火，不许百姓点灯”的州官。对于朝廷的安排，包拯从不挑肥拣瘦。接到任命以后，他立即踏上了去端州的路程。

追溯历史，端州置州于隋开皇九年（589年），后曾改名为高要郡，再后来，又改回了州级建制。宋代端州属广南东路。那时候，端州一带多是一望无际的冲积平原，虽然物产丰富，但一到夏天就会产生严重的内涝。因地处偏远，此地属于大宋文化经济相对落后的地区。

被朝廷安排到这里任职，包拯深感责任重大。初至端州，他在府衙墙壁上留下一首名为《书端州郡斋壁》的诗作，表达了他一心想要做一名好官的理想：

清心为治本，直道是身谋。秀干终成栋，精钢不作钩。
仓充鼠雀喜，草尽兔狐愁。史册有遗训，无贻来者羞。

从诗中不难看出，经历了在天长三年的任职以后，包拯对自己的理想和抱负有了全新的认识。他认为，清净本心是一个人修养的基础，直道而行才是为官者立身处世的出发点。这一观点非常符合包拯的性格，但当时大宋官场的风气却与之相反。

包拯认为，挺直的树木终会成为栋梁，好钢绝对不会弯曲成钩。国家富强，万民安乐，倘若秋草枯尽，狐狸和野兔也将无藏身之所。一个人要始终以国家为命，不要让后世子孙因自己而蒙羞。

这是包拯流传后世的唯一诗作。

当时谋身已经成为大宋的官场风气，"精致的利己主义"思想充斥在大宋王朝上下。在众人中间，身为一州长官的包拯却不愿同流合污，甘愿以身谋公，自成一股清流。该诗既抒发了他内心的胸怀与志向，又给了当时的官场同仁们以警示。

包拯刚一上任，就发现这里的落后远远超出了他的想象，而困扰端州百姓最大的问题就是内涝。严重的内涝不但导致庄稼连年绝收，一遇大水浸街，州城中的百姓都无法出行。当年，陈尧叟主政此地时也发现了这一问题。在他的主持下，曾在端州修筑了多道拦水堤坝。这些堤坝将端州的千里沃野围了起来，虽然一时解决了农田和鱼塘的内涝，但堤坝的数量太少，而且规模太小，不能从根本上解决问题。每到雨季，严重的内涝仍让这里的百姓苦不堪言。

包拯下定决心，一定要在任期内解决当地的内涝问题。

然而，尽管拿定了主意，包拯却没有急于开展工作。他深知，内涝问题虽然严重，解决起来却非一日之功。身为一州的父母官，他绝不能轻率地下达任何命令。为此，在初步了解清楚当地的民生状况以后，治理端州的整体思路才正式形成。

有了在天长的工作经历，包拯深知，不管在什么地方工作，民生问题永远是最先需要解决的问题，对此他已经有了安排。

包拯来端州之前，当地人吃水取自西江和沥湖。但西江和沥湖的水质很差，因此端州的百姓们经常患病。为此，包拯到端州做的第一件事，就是带人在城中打了七口水井。

据明代董源《义井记》记载：其井一在州治内，一在西岳庙旁，一在学前街南，一在分司巷口，一在广济仓右，一在城北门左，一在主帅堂前。

这七口水井解决了城中百姓的吃水问题。紧接着，包拯开始做他在端州工作的第二件事，解决城内的“大水浸街”问题。

当时的端州城，一遇降雨就大水浸街，百姓无法出行，城中的生产和生活更是受到了严重的影响。经过一番考察，包拯因势利导，带领百姓开渠排涝，将城外的低洼地筑成鱼塘，并扩大修筑了西江围堤。

经过这一番工作，排涝有了通道，城外的大水不再回流，端州的内涝问题得到了解决。

这一办法还改善了城外的农业生产条件，从此以后，端州的百姓不再遭受“大水浸街”的影响，新建成的多座鱼塘还让当地的渔业得到了发展。

端州虽地处偏远，但因这里盛产端砚，所以在古代非常有名。

端砚号称中国四大名砚之首，它与甘肃洮砚、安徽歙砚、山西澄泥砚一起被称作四大名砚。此砚产于端州烂柯山和北岭山一带的端溪，故名端砚。其石质优良，雕刻精美，有着“润如玉、涩不留笔、滑不拒墨、储水不耗、发墨而不损毫”的优点，历来是文人士大夫们使用把玩的心爱之物。自唐代起，端砚就成了贡品。宋人重文，人们对端砚的追捧更是超过了任何时代。

端砚的产量有限，名闻天下又是贡品，每年官府都要在民间征收一定数量的端砚。正是因为成了贡品，却为端州的百姓带来了更大的灾难。历任州官除了贡品的数量以外，每年都会借机额外向民间摊派更多砚台，以送给京城的达官贵人。多年以来，端州的百姓对此苦不堪言。

为了遏制这股不正之风，包拯上任以后，不但下令严控砚石的开采数量，而且还以身作则，自己带头不用端砚。

很快，这股歪风就被遏制了。从此以后，端州的百姓们再也不怕被官吏借机盘剥，这一做法迅速为包拯赢得了民心。

将“大水浸街”和“端砚”这两个一直困扰端州百姓的问题解决以后，包拯开始重新规划并整修州城。

当时的端州城，基本还保持着唐代的风貌格局。大宋立国以后，因人口不断增多，城区已经拥挤不堪。淳化元年（990 年），后来担任宰相的冯拯在此地为官时，曾下令把州府的办公地点迁到了城西。府衙虽然搬了，州城却没有进行统一的布局和规划。因此，人们出行难的问题一直没有得到解决。见此，包拯决定将州城进行统一规划，同时把端州水驿也一并迁到城西。

州府规划建设完成以后，大大改善了当地的交通条件。接着，包拯差人在府衙内增建清心堂、节堂、宅生堂、枕书堂、洗砚池、菊圃等建筑，并在城中建立了一座广济仓（后改名丰济仓）以备饥荒。

同时，他还首倡兴学之举，带人在城中的宝月台修建了一座星岩书院，这是端州历史上有据可查的第一座书院。此外，他还命人在府衙附近建设了一座文昌宫，并在城东建设了宝光寺等建筑。

将州城规治得井井有条以后，为了彻底改善端州的经济面貌，包拯上奏朝廷，计划在当地兴修水利。

西江之水始终是端州的大患，陈尧叟当年曾带人在附城东构筑了一道基围。包拯决定将这一基围继续向西构建，将其和新城墙衔接起来。这样一来，就可以把西江水拦截于南边的河道，以防止洪水再闯入城中。

包拯的奏请很快就得到了朝廷的批复。可惜的是，这项工作刚开始没多久，包拯的任期就到了。尽管这一工作最终的完成人不是包拯，但作为发起人，他在端州大规模的筑堤造田活动功不可没。后来，原本水旱频仍的端州竟成了物产富饶的鱼米之乡。

包拯治理端州整整三年，在他的精心治理下，端州从一个边远州城，逐步发展为西江流域的政治文化中心。包拯在端州的功绩利在千秋，后世的两广总督府曾设于端州长达 200 年，这也与端州经济发达、基础设施先进以及地理位置的重要不无关系。

第三章　艰难起飞

再遇贵人

包拯在端州工作期间，大宋王朝正值多事之秋。不肯臣服大宋的党项首领李元昊数次挑起争端，第一次宋夏战争终于爆发。

李元昊造反后，党项大军不断袭扰宋夏边境。康定元年（1040 年）三月，李元昊兵叩延州（今陕西延安），养尊处优的宋兵溃不成军。因防御不力，负责镇守延州的主帅范雍被朝廷罢职。韩琦临危受命，从四川赶赴西北前线，并向朝廷推荐了正在越州的范仲淹。

韩琦和范仲淹来到前线以后，虽然双方的对峙局势发生了一些变化，但宋军还是连吃败仗。接下来，在著名的三川口战役、好水川战役和定川寨战役中，参战的宋军几乎全军覆没。

连吃败仗，又全军覆没，这让身在朝堂的仁宗皇帝火冒三丈。

此时对敌策略究竟是攻是守，朝堂之上也分成了截然不同的两派。讨论来讨论去，仁者见仁、智者见智，甚至身在前线的范仲淹和韩琦的意见也不相同。屋漏偏逢连夜雨，北方的辽国趁火打劫，他们竟派使者来到大宋，想要回一直存在争议的关南十县。

这些事情无一不让人焦头烂额，因对两府大臣们的表现不满，再加上心里有火儿没处发，一怒之下仁宗皇帝将自己的两府班子又换了。如今，朝政正由吕夷简、章得象、晏殊、杜衍和参知政事郑戬、晁宗悫、王贻永等人主理，夏竦、韩琦、范仲淹、庞籍等人则负责指挥同西夏作战。

后世虽对吕夷简评价不高，但身为宰相的他确实是治国理政的一把好手。再加上晏殊、杜衍、韩琦、范仲淹和庞籍等名臣的共同努力，又经过数轮战略性较量以后，大宋君臣终于艰难地迎来了宝贵的庆历议和。

庆历议和期间，任劳任怨的包拯迎来了人生第二次转迁。幸运的是，他在端州孜孜不倦的努力和出色的表现终于引起了朝廷的注意，经磨勘考评，包拯顺利当上了京朝官。更为幸运的是，刚当上京朝官他就遇到了一位贵人——当时正担任大宋御史中丞的王拱辰。王拱辰的出现，彻底改变了包拯一生的命运。

王拱辰不但是状元出身，而且还是大文豪欧阳修的连襟。

天圣八年（1030 年），就是因为王拱辰抢穿了欧阳修的状元袍，志在必得的欧阳修才没拿到那一年的状元。后来二人虽然成了连襟，但欧阳修一直对此耿耿于怀。这些年两个人之间一直针锋相对，谁也看不上谁。

包拯能够得到王拱辰的赏识，十分重要的一点就是王拱辰本人也是一个大孝子。王拱辰也是穷苦出身，自幼丧父，身为长子的他一边读书，一边勇敢地担起了家庭的重任。中状元后王拱辰一直深受仁宗皇帝赏识，他在官场的表现不但可圈可点，而且进步飞快，刚三十岁出头的他已经担任大宋的最高监察官：御史中丞。

包拯任期将满，正遇到御史台人员力量严重不足。贵为朝廷的最高监察机构，御史台不能说增员就增员，这件事难不倒状元出身的王拱辰。他参考唐代的官员制度，奏请朝廷，恢复了废置已久的“监察御史里行”职位。

当时，包拯已经被调入京师工作，并由殿中丞升为度支判官，具体差遣也已经被任命为“勾当京东排岸司”。

北宋初年，朝廷于京师设京东、京西、京南、京北四排岸司。京东排岸司主要掌管经汴河运到京师纲船的粮运、分定和交卸，以两名京朝官任勾当官。这一差遣对包拯来说虽然只是循规蹈矩的迁转，却也意义重大，因为这标志着他从此有了京朝官的身份。

王拱辰翻到了包拯的履历，立即挑中了以孝行闻名天下的他。包拯名声不错，廉洁、自律而且治理有方，一个人能同时拥有这些优点，让他来担任御史绝对是最佳的选择。

就这样，在端州任职期满，刚到京东排岸司工作的包拯又于庆历三年（1043年）十一月调到了御史台，正式开始担任监察御史里行。

其实，包拯能幸运地进入御史台，背后的原因很复杂。王拱辰之所以会选中包拯，固然是因为他身上有着许多人不具备的优点。除此之外，还与当时复杂的政局有关。

在北宋，拥有御史身份的人都不是吃素的。尤其是仁宗年间的御史，他们弹劾大臣、批评宰相、怒斥内宫，甚至敢不依不饶地跟皇帝硬磕，御史台随便拉出一个人来都不好惹，个顶个都是得理不饶人、鸡蛋里挑骨头的狠角色。御史的职责是弹劾百官，栽在他们手里的英雄好汉数不胜数。

然而众御史遇上对手了。朝廷不久前开始推行新政，有位名叫梁坚的御史因一桩旧案，盯着主持新政的范仲淹不放。梁坚这一举动惹恼了支持范仲淹的谏院，一来二去，御史台和谏院竟成了死对头。

当时在谏院工作的人有王素、欧阳修、余靖和蔡襄，他们号称庆历四谏官，个个都是名臣，不仅当时名闻天下，之后也流芳百世。王拱辰与欧阳修作为御史台和谏院的代表，这是旧怨又加新仇。随着冲突的不断升级，御史台和谏院的关系不但形同水火，而且御史台还成了庆历新政的反对者。

这场争斗从一开始，众御史就被谏官们骂得灰头土脸，颜面无存。后来，死盯着滕宗谅案不放的梁坚连气带羞竟然死了，这简直是御史台的奇耻大辱。尤其是王拱辰把包拯调到御史台之前的一段时间里，因为有范仲淹等人“撑腰”，御史台已经被欧阳修在皇帝面前贬得一文不值，这让王拱辰很恼火。为此，他决定挑选几个品德和能力都过硬的人来补充战斗力。

包拯虽然年龄已经不小了，但他在官场的资历尚浅，只担任过一任县官加一任州官。升任御史时，他只能担任品级较低的“监察御史里行”，即人们通常所说的里行御史。

在如此复杂的背景下，包拯被幸运地调入御史台。面对王拱辰的知遇之恩，他唯有加倍努力，才能不负期望。

要达到王拱辰的期望，看似容易做起来却很难。包拯面临的对手是范仲淹、韩琦、富弼和欧阳修这样的千古名臣，以及在历史上评价很高的庆历新政。一身正气的包拯能圆满完成王拱辰交给他的任务吗？

绕不开的新政

庆历三年（1043年）八月，在西北战场立下大功的范仲淹被召回了朝廷。不久，范仲淹由枢密副使改任参知政事，正式进入大宋宰执的行列。

与此同时，那个凭一己之力出使辽国，为大宋保住关南十县的范仲淹的学生富弼也答应出任枢密副使。

通过范仲淹和韩琦等人的共同努力，持续了两年多的宋夏战争暂时休战。想要有所作为的仁宗皇帝在天章阁召见了范仲淹和富弼，命他们写下治国和改革的方略。经过再三梳理，范仲淹和富弼向仁宗皇帝进奏了影响大宋历史进程的《答手诏条陈十事》。

仁宗大喜，在他的大力支持下，以《答手诏条陈十事》为蓝本，大宋王朝轰轰烈烈地拉开了庆历新政的序幕。

同年九月，由参知政事范仲淹、枢密副使富弼、枢密副使韩琦共同执行，王素、欧阳修、蔡襄、余靖四人同时担任谏官，开始了庆历新政。仁宗皇帝责成范仲淹等人在政治上一定要有所更张，范仲淹和富弼整合多年来的从政经验，开始大张旗鼓地对大宋王朝进行改革。

改革之本在于治人。

新政开始以后，范仲淹奏议朝廷选派了一批精明干练的人去各路担任地方大员，这些人不但有着转运使的身份，而且还被朝廷授予了按察使的头衔。范仲淹此举的目的，是让这些人有权力督察并处理不良官吏。

各路大员被派出去以后，范仲淹坐镇中书，每得到按察使的报告，就翻开各路官员的花名册把不称职者的名字勾掉。富弼见他毫不留情地罢免了一个又一个官员，不免有些担心："您一笔勾掉一个人很容易，但是这一笔之下会使他一家人痛哭！"

范仲淹听了，指着贪官的名字愤慨地说："一家哭总比一路哭要好！"

在范仲淹严格的考核下，一大批尸位素餐的官员被除名，而有才能的官员被陆续提拔到重要的岗位。官府办事效率高了，朝廷的财政、漕运等各方面都有所改善，暮气沉沉的北宋政治开始有了起色。

然而，范仲淹大刀阔斧的举措却伤及了许多朝廷重臣的利益，当时这些人被称作保守派。因为范仲淹有皇帝的支持，这些人不敢公然反对新政，但暗地里却吹毛求疵地寻找着改革的不足之处，借机在仁宗皇帝面前添油加醋，开始变相对地新政进行批评和攻击。

再详细说说王拱辰为什么会反对庆历新政。

王拱辰是开封府咸平县（今河南通许）人，仁宗天圣八年（1030 年）考中状元，后来担任大宋御史台的最高长官御史中丞。

王拱辰最初担任御史中丞时，正值范仲淹行庆历新政的开始。对于一些新政的做法，王拱辰和他的下属们虽然不是特别认可，但也没有完全站在新政的对立面。

一开始，御史台就新政给仁宗皇帝提了几次意见。身为谏官的欧阳修见御史台弹劾改革派，为了给范仲淹的新政保驾护航，就将矛头对准了御史台。此时，御史仍没有旗帜鲜明地站在新政的对立面。

回朝主持庆历新政之前，范仲淹曾在西北军中效力。因部下滕宗谅违规使用公款被人告发，这件事也牵连到了范仲淹。主审滕宗谅案件的是御史梁坚，梁坚认为滕宗谅有罪，范仲淹则认为滕宗谅无罪。为将此案查个水落石出，公事公办的御史台自然不肯让步，阴差阳错间，王拱辰竟然成了范仲淹新政的反对派。

本来这桩案件只是滕宗谅涉嫌挪用公款，随着欧阳修的介入，个人矛盾升级，最终形成了阵营矛盾，导致改革派和御史台两个阵营之间的对立。随着案件的深入，御史台和改革派之间的矛盾越来越大。力保范仲淹的欧阳修接二连三地上表，弹劾御史台无所作为、用人不当，请求仁宗皇帝追究王拱辰的责任。

以前都是王拱辰弹劾别人，如今遭人弹劾，而且眼看就要败下阵来，御史台的官员哪咽得下这口气？

然而，欧阳修当时对御史台的弹劾也不是没有道理。当时大宋御史台已经多年没有调入新人，确实也需要补充新鲜的血液。经过再三考察，王拱辰终于挑中了两个人，他们分别是太常博士李京和在端州任期将满的包拯。

此事在李焘的《续资治通鉴长编》中有着明确的记载：景祐初，置殿中侍御史里行、监察御史里行，凡四人，以三丞以上尝历知县人充。既而久缺不除，于是诏以两人为额。癸酉，太常博士李京、殿中丞包拯并为监察御史里行，中丞王拱辰所荐也。

“三丞以上尝历知县人”，指的是担任监察御史里行这一职务需要具备的资格。在端州上任，包拯的职衔已经升为殿中丞。他的能力和性格特点正好符合标准，职衔也符合这一岗位的要求。

包拯之所以能当上御史，是因为当时大宋的御史台需要这么一个人来对付改革派。在提拔包拯这件事上，不能说当时身为反对派的王拱辰没有私心。

一个偏远之地的州官不仅成为京朝官，而且还当上了御史，这在当时绝对是一件引人关注的事情。过程虽然一波三折，但这是包拯努力工作、任劳任怨、个人能力突出并获得朝廷赏识的必然结果。

长官如此重用自己，包拯自然会加倍努力。初为京朝官的包拯很清楚，自己马上就要卷入官场争斗的漩涡中了。只是刚进御史台时，包拯位卑职低，他的职务只是监察御史里行，作为处于试用期的新人，想证明自己的能力不是一件容易做到的事情。

对包拯来说，当下最重要的事情，就是要尽心尽力地贯彻长官和同僚们的意志，尽快把自己变成对付改革派的一把利剑。

新官上任

担任监察御史里行不久，包拯便交出了自己的第一份奏议。出乎所有人意料，他的首封奏议与新政毫无关系。

监察御史里行不是正官，只是对资历较浅者的一种称呼，任职满两年通过考核后，才可以正式升任御史。对此包拯心里自然有数。

虽然如今已经是京朝官，但身边全是位高权重的当朝大员。在这些人面前，小小的监察御史里行根本就不值一提。尽管这样，这一职务却有个最大的好处，那就是有资格给朝廷提建议。虽然不一定有机会直接跟皇帝对话，但他的奏议可以交到宰相手里，如果运气好的话也能被皇帝看到。

新官上任总需要说点儿什么、做点儿什么，四十五岁的包拯在官场起步较晚，迅速拿出点儿实打实的成绩来证明自己的能力，这无疑是当务之急。眼下就有一件十分合适的事儿。

庆历三年（1043 年）十一月初二，皇城天降大火。这场大火在一夜之间把上清宫烧了个一干二净。

上清宫坐落于皇城朝阳门内，它是一座非常重要的道观，还是与太祖皇帝有关的遗物，对大宋皇族的意义非同小可。当年太宗皇帝还是晋王时，太祖皇帝派了众多工匠，前前后后花了整整七年时间才修成这座宫院。宫院建好以后，太祖直接把它赐给了弟弟太宗。

由此可见，上清宫承载着太祖皇帝和太宗皇帝两兄弟间的深情厚谊。当年人们对太宗兄终弟及颇有争议，这座宫观的意义更是非同寻常。在仁宗皇帝眼中，上清宫既是他两位爷爷间伟大感情的见证，更是他作为天子合法性的一个象征。

天降大火，不烧别的地方，却单单把上清宫烧成了灰烬，这是不是意味着什么？众臣议论纷纷，虽然谁都不敢把话挑明，但大家都知道仁宗皇帝心里的想法。于是群臣开始不失时机地上交奏议，请仁宗下诏重修上清宫。

包拯却不是这么看待这件事的。他认为上清宫虽然重要，但不应该再安排重修。思忖再三，他向朝廷递交了自己人生第一道正式奏折：

臣伏见十一月初二日夜上清宫火，谨按《春秋传例》曰："人火曰火，天火曰灾"；《汉书·五行志》曰：人火、天火，同为灾异；皆以朝廷政令参验得失而劝戒焉。说者曰：贤佞分别，官人有序，则火得其性；若信道不笃，或耀虚伪谗，则火失其性，自上而降，滥焰妄起，是为火不炎上。夫上清宫者，乃祖宗修建以崇无为之德，今火燔之者，岂焚修之人不务清洁，以副陛下严奉之旨乎？不然，其天意垂诫于陛下乎？固宜励精治道，谨修人事，以答天变可也。

风闻道路云：陛下存留道众，似有缮修之意。未辨虚实，咸怀危惧。况天下多事，调发旁午，帑藏未实，边鄙未宁，岂可先不急之务，重无名之率哉！且宫观之兴自于唐室，非古制也。若谓先圣真容理当钦奉，则景灵宫、会灵观殿宇宏壮，可以奉安。愿陛下推仁慈之德，念疲敝之俗，且务安之，安之之理，岂忍重困之也！然外议纷纭，颇甚惑众，欲乞特降诏告谕，以安众心。

古时候，不管讨论什么问题都需要有历史依据，不管做什么事也都要先看看古人有没有这么做过，这类似于今天我们所说的有理有据。唯有这样，说话做事才不会轻易犯错，即便犯错，至少也有理由可以解释。所以，在首封正式奏议中，包拯引用了古人的话，先将这场天降大火定义为"天灾"，进而向朝廷说出了自己的观点。

那时候，天降灾异一般都被认为是上天对皇帝的警示，明确了这样一个论点，就能顺理成章地往下讲其他道理了。

包拯认为，一般火都是自下往上烧的，而这场"天降之火"是自上往下烧。这是违背常理的，由此提出“火失其性”，所以它一定别有用意。为什么会发生这类事情呢？包拯接着解释：上清宫是祖宗为了弘扬无为之德修建的，如今大火将其烧掉，这应该属于天意。如果它不属于天意，难道它是在警训当下朝廷过于铺张浪费，以应合皇帝一再要求简约严奉的想法吗？显然不是。如果不是这个原因，它一定是在警示皇帝要励精图治，谨修人事。

包拯这一说法事出有因。近年来，朝廷各类涉及“宫观”的开支铺张奢侈，而且劳民伤财，一直为人诟病。不久前，为了保证仍驻守在前线的大军供给，仁宗皇帝带头裁减了宫廷各项用度。

如何去看待这场大火，此时包拯已经说得清清楚楚。接下来，该提出建议告知皇帝怎么去做了。

身为臣子，如果直接跟皇帝把自己的建议说出来，不但显得没有智慧，而且估计皇帝也接受不了。于是，包拯绕了个圈子，他委婉地告诉皇帝：“我听人们都在议论上清宫大火以后，陛下您留下了原来宫中的道众，并没有遣散他们。于是人们都猜，您可能是想重修上清宫。这件事不知是真是假，臣很担心。”

这是包拯极为高明的一处体现。话不直说，通过别人的话委婉地表达，借机让皇帝自己去想，以给其留足尊严。可见包拯的情商很高，这跟后世记载的“性峭直”“不伪辞色悦人”的形象显然不同。把皇帝没想到但该做的事情说给他听，这是历代大臣获得皇帝赏识的秘籍。

包拯为何反对此时重修上清宫呢？因为当时大宋还处于内忧外患的战争阶段，虽然和西夏间大规模的战争已经停止，但双方正在焦灼地进行一轮又一轮的谈判。因双方都不肯让步，这场谈判一直僵持不下。在谈判间隙，西夏还会时不时地派小股兵马骚扰大宋，这让大宋的君臣们都很头疼。

当时不但有西夏骚扰大宋的边境，辽国也一直对大宋虎视眈眈。就在去年，辽国派大臣刘六符来到大宋，想要关南十县。趁火打劫的辽国让仁宗焦头烂额，多亏了有胆识的富弼挺身而出，他从容不迫地出使辽国，毫无惧色地据理力争，让辽国人没了脾气。目前这件事还没有结束，富弼还在以一己之力跟辽国周旋，最终此事会是什么结果此时还不明朗。这是大宋当时的对外形势。

近几年，大宋的国内也不安生。各路连年大旱，国库亏空，民不聊生，导致多地接连发生民变。前有张海、王伦揭竿起义，后有西南地区的少数民族叛乱，所以当时的大宋可以说是内外交困、动荡不安。

身为朝廷最高统治者的仁宗皇帝，在这时候适合大耗钱财去修建一座宫观吗？答案已经显而易见。

就这样，包拯自然而然又十分含蓄地提出了自己的观点："岂可先不急之务，重无名之率？"

是啊，身为大宋的最高统治者，此时应该考虑江山社稷，考虑臣民，应该能分得出事情的轻重缓急。

但上清宫毕竟是祖宗遗物，对大宋皇位传承的合法性又有着独特的意义，包拯怕自己一味地反对重修，仁宗皇帝会有心理障碍，为了彻底打消这种障碍，包拯告诉皇帝："'宫观之兴'不是古例，它是从唐代才开始的，所以这一点您不用太顾忌。供奉先祖真容，咱们的景灵宫和会灵观，无论是规模还是级别上都是够用的。"

包拯提起的景灵宫和会灵观也大有来历。

景灵宫是建于大内御街两侧的宫殿，共有两处院子，西侧称景灵西宫，东侧称景灵东宫，是太宗登基前的旧邸，当年仁宗的父亲真宗就出生在这里。仁宗继位以后，于天圣五年在景灵宫中修了一座万寿殿，专门用来供奉大宋各位先帝的神位。

会灵观则是位于京城南薰门东北、普济水门西北处的一座皇家宫观。它是大中祥符五年（1012 年）由真宗皇帝批准修建的，一开始它的名字叫五岳观，建成后又赐名为会灵观。会灵观建成以后，也是用来供奉先帝的神位。

这两座宫观都壮观高大、气势宏伟，当初修建的目的都是专门用来供奉先帝神位。就这样，包拯巧妙地把"重修上清宫的必要性"的话题转化为“祖先在景灵宫或会灵观供奉合不合适”。

这两座宫观都是先帝修的，仁宗能说它们的规格不够吗？就这样，一直牵动皇帝内心的矛盾焦点被包拯巧妙地转移了。紧接着，包拯明确地提出自己的观点和建议：“陛下您应该看清国家当下所处的局势，不要让这件事成为您和国家的负担。现在有很多人都在对此事议论纷纷，您不要被他们的说法所蒙蔽。请您尽快下旨定夺，以安民心。”

能把奏折写到这个份上，说明此时的包拯已经具备一流政治家的素质，而且文字功夫也相当了得。在古代，举凡涉及皇家话题，纵然是皇帝身边的近臣也不敢轻易去碰。贵为万乘之尊的皇帝一向喜怒无常，弄不好就会让自己陷入万劫不复的境地。此时的包拯有勇气、有胆量，而且有智慧、有情商，这似乎跟民间传说中的刚毅勇武、专门跟皇亲国戚过不去、动不动就“打龙袍”或“祭出三口铡刀”的形象略有不同。

包拯是通过常科考试录取的进士，能高中皇榜说明他的文章不会太差。可惜，包拯一生除了奏折并没有什么文章传世。这也许是因为他一生一心一意为国为民，殚精竭虑地为官做事，没有太多时间去写文章。尽管这样，我们却可以从一封封精彩的奏折中，看到包拯炉火纯青、驾轻就熟的文字功夫。

在古代，一封奏议得到批准取决于很多因素，并不能因为它文法好、说的对就批准。在包拯诚惶诚恐的等待中，这份奏议终于被朝廷批准了。

最终，因为包拯这封奏议上清宫没有重修，其原址被改作了禁军营地。不但如此，朝廷还把这件事专门记入了文献，《仁宗实录》明确记载了当时不修上清宫是缘于包拯的建议。能在官方文献专门标明，是朝廷对包拯的褒奖与认可。

大宋开国八十余年，奉行以文抑武、文人至上的原则，经过这八十余年的经营，大宋开国时的朝气勃勃和励精图治的精神正在慢慢消失。随着国家越来越富强，文臣的地位越来越高，吏治问题上升为治理国家的首要问题。

当时，当官是为了什么、朝廷官员应该谋公还是谋身成了普遍性的社会话题，同时也形成了两种截然不同的价值观取向。随着国家的富强，在官员队伍中，谋身已经靡然成风。仁宗皇帝很想改变这一局面，所以才命范仲淹等人开始新政改革。

包拯对当时的政坛风气也有一定的看法。不过，这时的他资历还是太浅，人微言轻的他不但发言慎之又慎，而且只敢小心翼翼地对一些不会影响他人利益的事件发表看法。对于朝堂上下争执不休的焦点话题，他暂时还没有能力去碰触。

和皇帝谈用人

当上监察御史以后，包拯第一封奏议谁也没有针对，这让御史台的众官员都有些失望。没等众人反应过来，包拯立即向朝廷递交了自己的第二封奏议。

包拯的第二封奏议名为《论取士》，这是关于朝廷吏治方面的奏议，它的具体内容是关于朝廷应该如何取士用人。这个建议再次体现了包拯选择进言话题的高明。

让我们先来看看这封奏议的原文：

臣以孤远之迹，猥荷圣选，擢升宪府，退思所以为报，则智识蒙浅，无以副上旨之万一，敢竭愚见，惟明主裁之。臣伏睹近降诏敕，以官吏升陟，贤否相溷，世族补荫，愚智不分，并立新条，以革旧弊，有以见陛下求治垂训之深旨也。

臣闻天下，大器也；群生，重畜也。古之圣王，御大器，保重畜，盖各有其道焉。以万务之无极也，一统于上，岂可以思虑尽之邪！故立三公，设九卿、百执事，以维持之，俾群材尽力，而百工无旷，则王者正其本，执其要，而天下之大务举矣。故治乱之原，在求贤取士得其人而已。《汉书》曰："帝王之德，莫大于知人。"大抵斯人之情，皆希荣进，莫不饰正于外，藏邪于内，邪正所蕴，渊密难辨，而审之必有术焉：以贤知贤，以能知能，知而用之之谓也。且知人与不知人而任之，乃得失所系，而安危从之，宜乎取士之际不可不慎焉。

夫三代取士之法，阔略难议。两汉而下，莫若唐天宝之制，自京师逮郡县，皆有学焉。每岁仲冬，馆学课试，乃与计偕；其不在馆学而举者，谓之乡贡。并责成有司，唯以得之与否以为荣辱，得士者升，失士者黜，孰不公其心以进退乎？其得第者，但谓之选人；有格限未至，而能试文三道者，谓之宏词；试判三道者，谓之拔萃，中是选者得不限年而授职。复有贤良之科焉，所以区别才行，慎重名器，如是之审也。故当时文物尤盛，比隆三代，基构绵远，垂三百年，其有由矣。今之取士则异于是，乡曲不议其行，礼部不专其任，但糊名誊本，烦以绳检，复于轩陛，躬临程试，三题竞作，百篇来上，不逾三数日，升降天下士。其考校去留，可谓之精且详乎？臣亦恐非进贤退不肖之长策也。《周礼》升秀辨官，司徒、司马、大乐正之职，未闻王者躬其事也。议者谓：不若近约唐制，归诸有司。或曰：取舍之柄，当由人主。曰：盍使礼部考试，定其可否高下，混于奏藉，赐第上前，抑亦无失于国体矣。然后复宏词、拔萃之科，明立条目，宽限人数，岁一设之。其与选者，比类奏举之人，以次甄擢而任之，有以得其实才矣。顷年虽复贤良、拔萃之科，得人裁一二而已。又罢拔萃之举，恐未足尽魁梧之选也。且今之仕者，非保任则无以自进，若参以二科而精求之，则取人之路岂不裕乎？而又佥举之敝渐不可长，其间或昵于私爱，或迫于势要，不得已因而举之者众，缪滥无别，宜一警革，若至其甚，何所及焉！

方今天下多事，边鄙未宁，政失于宽而弊于姑息，士驰于务而幸于因循，固宜推择真贤，讲求治道，外则黜郡守县令不才贪懦苛虐之辈，以利于民；内则辨公卿大夫无状谄佞朋比之徒，以肃于朝。杜绝回邪，振张纪律，可使教惇于上，民悦于下，足以导迎和气，驯致太宁，不亦盛哉！

伏望陛下稽前代之成败，验当今之得失，政有未顺，理有未安，则思而图之，图而行之，行而终之，则生灵受其福，而宗社享无疆之休矣。惟陛下鉴其区区，恕其狂直，一赐观采。

在说出自己的用人观之前，作为监察御史新人的包拯还是按惯例先自谦了一番："微臣不才，侥幸因为您的赏识，才得以到御史台工作。到御史台后，臣每天都一心想着如何做好工作，以报答皇上您对我的重用之恩。只是臣才疏学浅，见识浅陋，一直有负您的重托。您一心求治，为此臣才有勇气敢以愚见进献，以革除朝政弊端，报答您对臣的嘱托垂训。"

人贵有自知之明，包拯虽然连升数级，而且当上了京朝官，但对自己的出身、资历和位置还是有着清醒认知。满朝大员，自己只不过是一个新晋的小小御史，而且还在试用期。因此，包拯不管做事还是上言都恭恭敬敬，这倒也符合古代官场的规矩。

接下来，包拯先向仁宗皇帝说明了治理天下的重要性以及治理天下之难。天下这么多大事，皇帝一个人忙不过来，所以才设了三公九卿和宰执大臣来协助。话到此处，包拯讲出了一个只要是读书人都会说的道理："治乱之原，在求贤取士得人而已"。此道理一向是泛泛之言，谁都会讲，但如何把它讲出新意并且不入俗套才是一个人的本事。为此，包拯引用汉书，对当下官场存在的现象进行了一番批评。

这虽是人之常情，但如何去看待这一现象，皇帝如何从中找到正确的用人办法，这才是包拯真正要说的。

在文中，包拯提出了十二个字的取士原则："以贤知贤，以能知能，知而用之"。他认为，皇帝用人应该从两个角度着手：一是看贤，二是看能。后世普遍认为"贤"指的是品德高尚，"能"指的是有能力，这两点是古代识材辨人的根本。这十二个字后来成了包拯一生都为之秉持的人才观。

宋代对官员的道德要求很高。帝王用人时，对一个人道德水平的考量往往远高于其他方面的能力。包拯的这段话总结为四个字：知人善任。即贤者用其贤，能者用其能，用人时既不能忽视一个人的品德，也不能过于看重一个人的品德而不去考察他的能力。

不要小看包拯说的这个“知”，它是指选人用人时的判断力。不管在什么时候，一个人的判断力都是他行事的前提。

因事关重大，包拯马上又对这一条进行了补充：“且知人与不知人而任之，乃得失所系，而安危从之，宜乎取士之际不可不慎焉。”治理天下皇帝是必须选人的，因此选人对国家治理来说特别重要，它是关乎社稷安危的大事，皇上一定要慎重才行。

成功地说出自己的观点以后，包拯继续把自己用人的建议提了出来。

先来看看古代皇帝是如何取士的。夏商周三代过于久远，相关文献记载也少，不好进行论述。但自两汉以后，朝廷录用人才的办法都有案可查。于是包拯开始顺理成章地跟仁宗皇帝大谈唐代取士之法。而宋代的政治体制几乎脱胎于唐代，大宋历任皇帝均比较推崇唐代的统治。

包拯说，唐代录用人才重在制度，为朝廷选拔人才是各级官府的考核指标之一。这一办法既能让各级官府尽心尽力，又能让他们完全出于公心地为朝廷选拔人才。但现在不一样了，官员们向朝廷推荐人才很多人都是出于私心。包拯稍稍批评了一下当时官场的不良现象，继续说，如果各级官员能出于公心去选人，这对朝廷来说不能不算是一件好事。

北宋虽沿袭唐制，但也进行了一定的改革。这些年，科举制度也一直进行着调整，人才选拔的流程和标准不但有了不小的变化，还一度罢停了制科。到了仁宗初年，制科又得以恢复。然而，当时只是恢复了“贤良方正”和“拔萃”二科，而且这两科录用的人才很少。

包拯还发现，尽管改革来改革去，常科考试却仍存在很多弊端。考官们主持科举并负责阅卷，但进士录取名单却交给不了解情况的皇帝定夺，这种死板的流程很难真正为国家选拔出人才。

为此包拯建议，朝廷科举应该一年一考，这样才能为朝廷选拔更多的人才。他还说，现有的保举制度也多有弊端，人人托关系、走后门，在很大程度上限制了人才的选拔。

说完了人才选拔，包拯又谈起了人才的任命。如今，人才和官员的奖拔机制过于死板，朝廷对官员的管理又过于宽泛姑息，各类人才只能按资排辈，有才能的人员得不到提拔录用。包拯建议朝廷应该刷新吏治，罢黜基层的庸官庸吏，肃清高层的谄媚之徒，这样才能使天下的治理趋于教化。

最后，包拯委婉地向仁宗皇帝提出了自己的希望："思而图之，图而行之，行而终之"，唯有这样，才能让国家长治久安。其实他是在委婉地告诉皇帝：只想不做，或者做而不行、行而不终都是没用的。

天下之治，以人为本。古代讲究人治，对一名皇帝来说，治理天下无非是"用人"二字，包拯这封奏议为宋代的国家治理指出了一条明路。

巧合的是，包拯这一奏议所提出的思想，与范仲淹的改革思想在很多地方都不谋而合。

这一年范仲淹五十五岁，职位是大宋的宰执大臣，参知政事即副宰相。包拯比范仲淹小十岁，官职是里行御史。二人地位相差悬殊，又不在同一个部门工作，鉴于御史台对新政的敌意，可以推断当时两个人并没有什么交往。因此，包拯的这封奏议应该没受到范仲淹的影响，他只是针对当时朝廷的用人弊端有感而发。

能有这些见识，说明当时包拯已经形成了自己的政治主张。只是他不在其位，而且当时改革派和保守派斗得正狠，也不知道这封奏议能不能引起朝廷的重视。

包拯第二封奏议仍没有批评改革派，但有些内容已经涉及了新政的改革。当时范仲淹等人对吏治的改革才刚刚开始，包拯这一奏议虽与范仲淹的观点大同小异，却也提出了一些不同的观点。

尽管没有针锋相对地批评新政，但保守派见到包拯的奏折以后，多多少少还是得到了一些安慰。

后飞的鸟

看到包拯的第二封奏议，众御史稍稍出了一口气：这只后飞的鸟终于开始慢慢地上道了。

之所以说包拯是一只后飞的鸟，是因为他进入御史台时的年龄已经很大了。中进士晚，又加上十年奉孝，包拯进入仕途确实比别人晚了很多。因此，在工作中他几乎没有年龄优势，就连部门最高长官王拱辰，都比他小了整整十三岁。

虽然包拯这一封奏议仍比较温和，但御史台有的是耐心。一个新人不可能太快地进入状态，想让他出手，需要给他一定的时间。虽然没有直接点名批评新政，但包拯在奏议中已经指出了新政的一些问题。御史们相信，以他的能力，过不了多久就能成为批评新政的中坚力量。

然而，交上这封奏议以后，包拯在很长时间内都平静得让人有些摸不着头脑。大家又耐心地等待了一段时间，包拯果然又向朝廷递交了两封奏议。然而这两封奏议仍然是关于朝廷吏治的，而且也只是向朝廷建议了应该如何用人。

众人大失所望，保守派开始对包拯没有耐心了。

包拯当然不会不知道保守派对自己的期望，他之所以没按保守派的期望去做，一是他不想让人当枪使；二是新政推行过程中虽有不足之处，但这都是人为原因，而不是新政本身的问题。

在他看来，不是新政不好，只是在执行过程中有些官员的做法过于轻率和心急。因此，他既没有像保守派期望的那样继续对新政进行攻击，也没有像改革派担心的那样抓住一个问题狂轰滥炸。

既然前面已经跟皇帝谈起了用人，那就继续谈用人吧。包拯结合自身的工作经验和心得体会，特别想跟朝廷谈谈基层官员的任命。大宋的基层是县级，包拯前几年在天长的工作经验派上了用场：

臣闻古之所重，为民父母者，县令耳；今之所贱，而不能振起风教者，亦县令耳。盖擢用之际，未精其选。凡有清流素望，或稍挟权势之人，即苟谋他官，耻为县道；但庸人下品，甘于其职。虽郡隶吏卒，皆能诃制，苟免罪戾之不暇，欲振起风教，为民父母，其可得乎！

且今朝廷仕进清选，大臣子弟，偶缘文墨，或希辟命，即自下僚擢升馆职，不然，才出外任，例为佥判，不由为县，便作通判、知州。洎为长吏，昧于民情，懵然其间，不知治道之出。况四方多务，令长尤在得人。

欲乞今后贴职并佥判及京朝官，凡历任中不曾任县令及知县者，不得便为长吏按察之官。且令知县方得入通判、知州，如此则宰邑得其人，长吏亦不能倖求而至。

之前，包拯关于朝廷用人的奏议只是个纲领性的思路，是一套自上而下、宏观且系统化的用人方略。而在这封关于县官任命的奏议中，他一针见血地指出，县级建制才是国家吏治基础这一观点。

在宋代，为了进一步加强中央集权，从中央到地方设立了四级建制。二府三司为第一级，地方则分设路，府、州、军、监和县三级机构。

在中央层面，中书和枢密院分别主管政务和军事，三司主管国家财赋。中书、枢密院和三司三权互相制衡。除了二府三司，宋代的中央管理机构还设有御史台负责监察、纠弹百官，谏院负责弹劾和讽谏。

在地方上，采用的则是三级建制，路为一级，府、州、军、监为一级，县为一级。县一级的官吏主要有知县、县丞、主簿和县尉，知县由中央直接派出的人员担任。府、州、军、监为县级建制的上级，同时又是各路的下级。

包拯在天长工作过三年，对基层的政治生态有一定的话语权。他结合自己的工作经验，向朝廷说出了“县令得人”的重要性，期望以此让朝廷加强对县级官员的重视。

让我们具体看一看宋代县令的岗位职责。

在宋代，县级官府掌管教化、劝课农桑、征收赋役、赈济水旱、安抚流亡等事，并宣布法令，平决狱讼。当时的知县都由哪些人来担任呢？

史载：“以京朝官、选人、三班使臣等阶官任职。”

然而，在当时的大宋朝，人们都不愿意去基层当县官。很多官宦子弟被安排工作时，甚至都故意绕过县官这一层级，宁愿在州里当吏属，当幕僚或佥判也不肯到基层当县官。时间一长，这种不良的风气已经泛滥。包拯发现，很多稍有志向或者稍有门路的人都不愿意在基层工作，导致当时在国家最基层担任县官的，大都是一些无能之辈。

为什么大宋官员都不愿意当县官？原因很简单：一是待遇差，生活清苦；二是县令是地方长官，事务繁剧；三是县治在最基层，难有政治前途。

如果县官们都能踏踏实实地把自己的工作做好，使朝廷的政令好好地落实，包拯相信国家并不难治理，至少这是个行之有效的办法。

于是，包拯强烈建议：国家必须强制出台规定，没当过县官、没有基层工作经验的人不予提拔。

这封奏议的原名为《乞非县令不得为长吏》，被后人记录整理在一本名为《诸臣奏议》的文集中。

对于基层政治生态的重要性，包拯一直有着极为清楚的认知。千百年后，即使以今天的眼光去看，这些论断都直接点中了吏治工作的要害。

包拯对县令这一职务的理解和认识，除了这封奏议，另外还有一些论断，比如《论先举三路知县不得令监当》。

臣伏睹先降敕节文，以河北、陕西、河东知县，比之诸路，民赋边备，岁计不少，尤须得人，委臣僚选择廉勤干事之人，于前任职官令录内同罪保举充京官知县者。自降敕文之后，臣僚或有保举之人，并降告敕，于本任改京朝官，仍于本处待阙，候逐路有知县员阙，即便就差。盖朝廷以边鄙未宁，财用不足，安民集事，尤在得人，所以委群僚精选良吏，不循常格，就转优秩，用绥疲俗，以济调度之深旨也。其所举之人，只合并充三路知县。访闻数内著作佐郎魏及甫，见监河中府白家盐场；大理寺丞唐叔夏，见监并州军资库；大理寺丞何澄，见监并州永利监；著作佐郎叶仲馆，见沧州盐山税；著作佐郎董之邵，见知坊州录事参军。臣细详敕意，为比逐路税赋科率稍重诸县阙人，是以不次甄擢，其前项官显是不合差于逐处监当并知录，深属不便。其魏及甫等，欲乞依应元敕，各与改差本路知县。切恐更有似此不系亲民者，亦乞勘会，一例移改。所冀繁剧之邑，庶可责成；侥倖之人，免或避事。

在这封奏议中，包拯所说的“三路”指的是河北路、陕西路和河东路。因为宋夏战争，这三路当时的情况比较特殊。

陕西路是前线，河东路既是前线又是大本营，河北路则时刻面临着处理当时大宋最重要的双边关系——宋辽关系。除此之外，河北路和河东路还同时负责着前线士兵和军粮的补充、供应。

此时大战刚过，恢复战后经济无疑是当务之急。因此，这三路官员的人选问题尤为关键。

本来，大宋对知县的任命有一套程序：“于前任职官令录内同罪保举充京官知县者。自降敕文之后，臣僚或有保举之人，并降告敕，于本任改京朝官，仍于本处待缺，候逐路有知县员缺，即便就差。”

即这三路县官的任命必须经人保举，然后才能给予其京朝官的身份，等待出缺时再去上任。

包拯在上这份奏议之前，朝廷已经对这三路县官的任命制定了章程，即“委群僚精选良吏，不循常格，就转优秩，用绥疲俗”。但在包拯看来，朝廷的这一办法并不合理。紧接着，他提出了魏及甫、唐叔夏、何澄、叶仲馆、董之邵这几个人的名字，这些人都是这三路的干吏。

包拯建议：不如打破常规，就地提拔这些人担任本县的县令。这样一来，既可以解决县令缺人的问题，这些人原来擅长的工作也不会荒废，这应该是个能够一举两得的办法。

包拯的奏议提出以后不久，朝廷果然采纳了其中部分建议。

随着这些建言陆续被采纳，包拯就像一只后飞的鸟，终于开始在大宋的官场振翅高飞。

剑指新政

见包拯没有继续攻击新政，而是没完没了地跟皇帝谈起了吏治，众御史都有些沉不住气了。毕竟，御史台需要的是一把尖刀，而不是这么和风细雨地东拉西扯。

众人都在密切地观察着包拯的一言一行，谁也不知道这个新人的脑子里到底是怎么想的。但也没有一个人敢站出来指责包拯，因为包拯不能轻易得罪。他的官职虽低，但他那帮同年进士的人现在的身份都不容小觑。如果把这些人都拉拢过来，对付改革派绝对是一个胜券在握的好办法。

就在大家都等得心急时，包拯终于不紧不慢地向新政祭出了一记杀招，上奏《请令提刑亲按罪人》。

> 臣伏见国家设按刑之司，盖虑郡县长吏或不得人，刑罚冤滥，俾之纠察，而大狱出入，未尝按问，细故增减，即务举劾，是小过必察，而大罪不诃，何以副圣人钦恤之意哉！今敢略举一二以明之：臣昨任端州日，狱中重囚七人，具案已就，适会提刑司巡历将至，闻其未断，即迁延引避；又邻近春州禁勘罪人，追捕甚众，缧系二百余日，凡该

大辟罪者四五人，徒罪不少，亦不闻提刑司推究淹延之状，洎转运司取公案委官定夺，果有失入死罪等。虽官吏悉行重典，而死者不可复生。窃恐天下刑狱，似此冤者至多。虽前后累降诏敕丁宁，罕或遵行。

臣欲乞今后诸州凡勘大辟罪不以军贼百姓五人已上并出违日限者，并委提刑司画时亲往审问决断，所冀刑狱无或冤滥。

在范仲淹主持下，朝廷颁布过一道新法令，这条法令的主要内容是在各路设按察使司，其部门长官称按察使。鉴于当时各路的官员设置情况，按察使基本都是由转运使兼任。而朝廷设置这个部门的目的是纠察治内各级官员，并会同提点刑狱司审理各种冤假错案。

虽然说哪个庙里都有屈死的鬼，但近些年大宋各级官府徇私枉法的情况越来越多，导致朝廷的公信力不断丧失。范仲淹及时发现了这一问题，而且对此提出了改革。

范仲淹这一措施很好，而且很得民心。然而，自按察使司设置以后，各路按察使总是理直气壮地干预各地的刑狱案件，这严重打击了各路提点刑狱司工作的积极性。

这个改革的初心是好的，但如何让它成为真正利国利民的好政策，或者说如何切实地贯彻并施行，这才是政令推行过程中至关重要的环节。

对此，包拯一边摆事实、一边讲道理地说出了提刑官的岗位、职责、权力以及这些人的岗位职权和现有职权的不对等的情形，然后提出了自己关于这类问题的建议。

首先，各类死刑案件提刑司一定要亲自过问，不能一概将案件推诿到按察司，按察司更不该对提刑司的职权横加干预，以不背离朝廷当初设置按察使司的目的。

其次，官员素质良莠不齐，新政推行得迫切，一时难免泥沙俱下。自从按察使到任以后，各路提刑官问案的积极性受到了打击，严重影响了各地案件的审理查办。

当下遇有重大案件，提刑官接到下级报上来的案子，为了逃避责任转手便交给按察使司，自己根本就不去审理，致使提点刑狱司已形同虚设，这是各路提刑官不作为的表现。对此类情况，包拯毫不客气地进行了批评。

最后，包拯又提出："不以军贼百姓五人已上并出违日限者"，意思是除了这类性质特别恶劣的案件，所有涉及死刑的案件提点刑狱司都要亲自过问并定夺。除非有重大过错，按察使不得横加干预。

从这封奏议中，我们可以看到包拯对于各类冤假错案的深恶痛绝，尤其是他对死刑案的重视。人命关天，人死不能复生。故包拯认为，朝廷一定要慎用各类死刑。

对各类民间冤情的关注，是包拯千百年来深得民心的原因所在。事实证明，包拯提出这一建议以后，确实解决了很多冤案。这也是他"为民申冤、为百姓作主"的开始，同时也是他为解决各类民间冤情开出的第一剂良方。

在宋代，御史几乎是所有官员的噩梦。只要被御史盯上，不管你是哪个级别的官员，这都会是你人生霉运的开始。即使没犯什么大过错，经过御史几次弹劾后，被弹劾的官员往往也都是颜面尽失、威风扫地。

所幸的是，虽然这次包拯批评了提刑官，却没有指名道姓地批评哪个人，也没有旗帜鲜明地公然反对新政推行的按察官制度。但大宋的提刑官们无一例外地受到了朝廷的严厉责问。

借着对按察使这一岗位设置的不满，包拯这封奏议似乎已经将自己的矛头指向了刚推行不久的新政。

挑战老臣权威

进入御史台以后，包拯并没有轻易让自己卷入保守派与改革派之间的斗争中。尽管这样，也不代表他能一身轻松地置身事外，冷眼旁观大宋朝堂的风云变幻。

虽然只是一个新人，包拯却有着自己的主见，就像小时候不肯与富人结交一样，他从不会受别人观点的影响，更不会人云亦云。他能在庆历初年的大宋朝堂上保持这份独特的清醒，并拥有自己相对独立的人格，这确实可圈可点。

在朝堂上，保守派和改革派的斗争你来我往，一度到了你死我活的地步。自从富弼被派出京城，范仲淹独木难支，宰相章得象装聋作哑，参知政事贾昌朝坐山观虎，没有人把太多的目光放在一个小小的监察御史里行身上。包拯虽能一时置身事外，但这样的好时光不会太长。

作为一名御史，包拯的职责就是监察百官，批评时政得失。尽管几次上言都言无不中，但身为御史台的新人，包拯仍需进一步证明自己的能力。

对新政的不当之处提出批评是名正言顺的，也是合情合理的，但他只是根据自己的认知和判断提出问题，而且也只是点到为止，绝不上纲上线。因此，包拯可以算得上时代挟裹下的一股清流。

包拯跟皇帝谈了几次用人，顺便含蓄地指出了改革派存在的一些小问题。在得到从皇帝到长官的初步认可以后，包拯突然画风一变，调转矛头，将自己的目光盯向了一位素有名望的朝廷老臣。

这位被包拯当活靶子的人名叫张若谷，他有幸成了被包拯指名道姓弹劾的第一人。

在这封名为《弹张若谷》的奏折中，包拯写道：

> 臣闻引年致政，抑有定规；殉禄贪荣，颇伤清议。窃见龙图阁直学士、兵部侍郎、知洪州张若谷，年近八十，自登膴仕，亟践清涂，久越从心之年，未有乞骸之请。虽圣朝眷待近侍，进退以礼；而大臣去就之义，安可罔然不知？
>
> 伏况江西重地，为一都会，兵赋繁盛，控扼上游，尤在得人，以之镇靖。兼检会御史台先有起请，乞行颁示，而张若谷未能引退，尚

此冒居。人之寡廉，一至于是！欲乞申明前命，谕之致仕，或与别移一郡。

张若谷是谁？包拯为什么要弹劾他？

原因难免让人忍俊不禁：张若谷已经年近八十岁了，却一直不肯退休。

在封建时代，每个时期都有很多老臣，弹劾泛泛之辈没什么意思，要啃就啃硬骨头。于是，包拯选中了张若谷。但是，位置太高又资格太老的人不好斗，一是他功劳和权势大，搞不好就会引火烧身；二是这么多年，他一定门生遍布天下，替他说话的人也多。当然还有很重要的一点：他资格太老，你去弹劾他，往往会被人诟病是哗众取宠，同时又是不尊老的表现。

可是包拯不管这些，他认准的事儿从来都不会动摇，更不会去考虑利害得失。

跟官场各种不良风气斗争无可厚非，但拿老前辈开刀确实是需要一定的勇气。

弹劾张若谷时，包拯用了一个很重要的词："寡廉"。

身为监察御史，对官场各种不良风气提出批评是包拯的责任，官员的个人品德当然也在他的批评之列。以今天的眼光来看，这多少有点儿像在搞个人攻击，但是张若谷老而不退、殉禄贪荣，这严重带坏了当时官场的风气。

如果大家都这样，那朝廷该怎么办？

其实，张若谷年轻的时候是大宋朝一位非常有作为的官员。他是南剑沙县（今福建沙县）人，进士出身。他入仕很早，是真宗时代的老臣，一直受宰相张士逊的欣赏和器重。

一开始，张若谷在巴州（今四川巴中）当军事推官。巴州一带寇匪猖獗，寇匪们经常大肆掠夺，百姓深受其害。张若谷到任以后，毫无惧色地亲率军民守城抵御。寇匪见张若谷态度坚定又指挥调度有方，只好自行退去。

不久，张若谷入京觐见，真宗皇帝一见他就高兴地问："你就是在巴州率众抵御寇匪的张若谷吗？”被皇帝点名代表着官员的好运，张若谷立即被升为大理寺丞、知蒙阳县（今四川彭阳）。

后来，三司奏报广宁（今广东广宁）铸钱工作不力，张若谷又被调去广宁，担任主管铸钱的主监官。因监管铸钱得力，他很快又被提升为处州（今浙江丽水）知州。

景德元年（1004年）六月，宋真宗从群臣中选拔出二十四名政绩突出、素有德名的官员进行嘉奖，张若谷就名列其中。在这次嘉奖中，张若谷被任命为三司盐铁判官。

期间，他还以辽主正旦使的身份出使辽国。而后，又因“河朔戎寇之后，耕具颇阙，牛多瘠死”，张若谷与时任三司使丁谓、时任户部判官王曾等共同参详删定《景德农田敕》。有幸同两位大宰相一起工作，为张若谷的人生添上了浓墨重彩的一笔。

到了仁宗时代，张若谷担任过江湖淮南益州路转运使，他积极推进了纸币“交子”在蜀地的发行和流通。后来，他又转任江淮制置发运使，继而调任三司度支、盐铁副使，累迁右谏议大夫、知并州（今山西太原），而后又历知澶州、成德军、扬州、江宁府，后来又调任审官院、通进银台司和应天府，知杭州、洪州。

因为活得久，张若谷的人生经历丰富多彩。也许因为他太能干了，虽然已经近八十岁，朝廷却一直没有安排这位老臣退休。

包拯认为，张若谷迟迟不退，对大宋官场的风气影响太坏了。就算朝廷没安排他退休，他都这么大岁数了，难道就没有一点儿自知之明？

知进退，在古代是官员品德高尚的表现。知进退的表现形式为“引退”，即自己年龄大了要主动申请退休，以给年轻人让路。在张若谷之前，因老而不退遭人诟病，以致“晚节不保”的名臣已有寇准、王曙和张士逊。

即使你年轻时很辉煌，可是现在的你已经老了，长江后浪推前浪，该给年轻人让路了。并且在高手如林的北宋政坛，谁没点儿辉煌的过去呢？所以，当年你做过什么并不重要，重要的是你一定要清楚自己现在的价值。

好在张若谷一生没什么其他过错，因为包拯的弹劾，张若谷最终告老还乡。

敢向张若谷这样一位老臣叫板，体现出了包拯过人的勇气和胆量，他广为后世所称道的“不畏权贵”在此时已初见端倪。

给国舅请赏

弹劾完老臣张若谷以后，包拯也意识到了自己的资历尚浅，尽管看不惯很多事情，但自己刚担任京朝官不能得罪太多人。同时，他也不能给自己贴上只会弹劾人的标签。身为御史，有捧有骂才是为官之道。紧接着，包拯再次向朝廷上表，请求公事公办，对李用和进行公正的奖赏。

李用和是谁，他又做了什么事，以至于包拯都给他叫屈？

庆历三年（1043年）八月，天下大旱。张海等人率领灾民在京西路（今陕南、豫西、鄂北一带）起义。张海义军一开始规模较小，后因另一股以郭邈山为首的义军加入，张海义军的规模迅速扩大，很快就影响到了京西路十余州。义军所到之处，各州县官吏闻风而逃。九月，义军进攻光化（今湖北老河口），光化守军倒戈，义军顺利占领光化城。十月，这股义军又转战到了川陕边境，并攻下了兴元府（今陕西汉中）。因声势浩大，而且战斗力极强，直到这年的十一月，这股义军才被朝廷平定，而平定张海起义的功臣名单上就有李用和。

除此之外，李用和还有一个尴尬而且特殊的身份：国舅。

在我们的印象中，大宋的国舅不都是庞昱这样欺男霸女的坏人吗？包拯怎么为国舅叫屈呢？

其实，国舅也不全是坏人，比如这位李用和。

李用和虽然是国舅，但他却活得有点儿窝囊。他是仁宗皇帝的舅舅，即真宗朝的国舅，但在真宗时代却没舒舒服服地当过一天国舅。因为真宗时代最正牌的国舅是一个名叫刘美的人，他号称是正宫皇后刘娥的亲哥哥，但却是个冒牌货。

刘娥去世以前，仁宗一直管刘美叫了二十多年的舅舅。直到刘娥去世，仁宗皇帝才知道太后不是自己的亲娘，自己的生母其实是李宸妃。

娘都不是亲的，舅舅当然也不是亲的了。更狗血的是，刘美真正的身份是刘娥的前夫。当年，民女刘娥结识了当时还不是皇帝的赵恒，赵恒被刘娥迷得神魂颠倒。刘娥的丈夫名叫龚美，他见媳妇攀上了高枝，于是忍痛割爱主动改名为刘美，开始对外与刘娥以兄妹相称。

刘娥成为皇后却不能生育，便将一位李姓宫女生下的孩子抱来据为己有，他就是当今的仁宗皇帝。仁宗即位不久，其生母因病逝世。刘娥在世时，这些事一直没人敢说。直到刘娥去世，仁宗皇帝才得知自己的身世。

后人根据这一事件，演绎出了“狸猫换太子”这一传奇故事。在这个故事里，包拯成为主角。

当年，真宗皇帝一直无子，而两位妃子刘妃与李妃同时怀孕，真宗大喜，说谁先生下儿子就把谁封为皇后。见李妃即将临产，狠毒的刘妃与内监郭槐合谋，用一只剥去皮毛的狸猫换掉了李妃刚下生的婴儿。真宗大怒，为此将李妃打入冷宫。刘妃命宫女寇珠勒死婴儿，寇珠于心不忍，暗中将其交给了宦官陈琳。陈琳用食盒将婴儿从宫中偷偷带出，交给了八贤王抚养。

刘妃生下儿子后，顺利地当上了皇后。六年后，刘妃之子病死。刘妃怀疑当年的婴儿没死，审讯寇珠。为了不透露风声，寇珠触阶自杀。为免后患，刘妃又心生毒计，在皇帝面前进献谗言想把李妃处死。为了救出李妃，小太监余忠换上李妃的衣服替李妃赴死，太监秦凤也因营救李妃自焚身亡。此后，李妃流落陈州，一直在民间乞讨为生。若干年后，被大家联手营救的婴儿登基成为皇帝。

包拯奉旨下陈州，去查办国舅庞昱放赈舞弊案。途中，他遇到了流落民间的皇帝生母李妃。包拯大义凛然地为其平冤昭雪。最终，包拯将国舅正法，为陈州放粮并迎李妃还朝，与皇帝母子团聚。

因此，“狸猫换太子”被后人广为传颂。可实际上，故事虽有原型，内容却有所虚构，并且跟包拯没任何关系。

包拯到朝堂工作是在庆历三年（1043年），李宸妃去世是在明道元年（1032年），此时包拯还在庐州乡下为父母守孝。如此看来，包拯为皇帝生母雪冤的事情根本就不存在。

为了突出故事的精彩和矛盾斗争的激烈，故事改编成戏曲时，包拯还有十位“后台”，即人们耳熟能详的“十保官”。他们分别是王延龄（恩师丞相）、八贤王（八主贤王）、呼延赞（呼延上将）、杨延昭（杨招讨）、曹玘（曹太师）、寇凖（寇天官）、范仲淹（范尚书）、吕蒙正（宰相）、吕夷简（宰相）和文彦博（宰相）。

北宋初年的大人物几乎都被拉进了这个故事。其实，不但王延龄和八贤王这两个人物并不存在，而且十保官中的其他人也不与包拯生活在同一个时代，很多人之间根本不可能产生交集。比如寇凖，他去世于天圣元年（1023年），而他去世时包拯还没有考中进士。不过在各类民间传说中，将他们硬拉到了一起，也许是他们都有一个共同的特点：都是权贵的克星。

当时，真正参与此事的人是吕夷简，其他九个人包括包拯都与这件事没什么关系。戏曲传说往往怎么热闹、怎么吸引人就怎么编排，其真实性反倒显得不重要了。

但是，包拯为他叫屈的李用和，却是历史上真实存在的人物。他是李宸妃的亲弟弟，即仁宗皇帝的亲舅。仁宗得知自己的身世以后，想到生母很可怜，悲恸万分，决定命人按皇后的规格进行厚葬，这时他发现刘娥早已用皇后的规格将李宸妃安葬了。皇帝生母前后两次安葬都是吕夷简主持的。第二次下葬时，李用和是代表李宸妃娘家的开棺人，这一事件史书中有着详细的记载。

可以看出，在李宸妃的身份被正式确认之前，真国舅李用和不但没有欺男霸女，而且一直活得挺憋屈。

为平定张海起义，朝廷曾进行悬赏。如今起义平定，朝廷自然要对有功之臣兑现诺言。谁知，朝廷在奖赏李用和时却出现了意外。李用和得到的赏赐不但比别人少，而且荣誉也比别人低。

制度要公平，不能因为一个人而升格，也不能因为一个人而降格。见朝廷对李用和奖赏降格，包拯不干了。他认为，朝廷应该按照悬赏的标准对李用和进行奖赏。

见包拯出头给李用和叫屈，众臣也纷纷说奖赏不能降格，仁宗皇帝顺水推舟，按此前的规定赏赐了自己的这位舅舅。

包拯这件事做得很有水平。他这么做一是出于公心，李用和有功，确实该赏，而不是因为他是皇帝的舅舅就去讨好；二是通过这件事，可以让朝廷的公信力得到重塑。在赏罚面前，不管是谁都概莫能外，这才是朝廷行之有效、让群臣服气的做法。

破格是徇私，降格同样也是徇私。一切照章办事，这才能体现朝廷法度和公信力。

就这样，包拯从大局出发，为类似事件提供了一个典型的范例。

通过这件事，包拯成功地给人留下了“这个御史并非只会骂人”的印象。

对新政的不同观点

成功替国舅李用和“主张权利”以后，包拯的做法既得到了从皇帝到大臣们的一致认可，又刷新了人们对他的认知。别看包拯年纪大、起步晚，他做起事来却比别人精明。

包拯是科举出身，对科举有着较为深刻的认知。同时他对科举过程中的弊端也了如指掌。在奏请朝廷依“赏格”奖赏李用和以后，包拯将自己的注意力转向了大宋的科举制度。

既然提到了科举，就绕不开庆历新政，因为最初的改革就是从贡举制度开始的。众御史等着盼着，包拯终于批判新政了。

自真宗大中祥符八年（1015年）起，宋代的科举开始实行封弥誊录制度。这一制度的目的是防止作弊。阅卷前糊上考生的名字，由专门的誊录官将考生的试卷誊录下来，然后再交给各考官阅卷。

当年范仲淹中进士时，这一制度刚刚施行，天下的士子都纷纷叫好。但是，到了庆历四年（1044年）九月，应范仲淹和富弼之请，朝廷对这一办法进行了改革。

早在庆历三年（1043年）九月，范仲淹、富弼等应诏上奏：

> 三曰精贡举。又外郡解发进士、诸科人，本乡举里选之式，必先考其履行，然后取以艺业。今乃不求履行，惟以词藻、墨义取之，加用弥封，不见姓字，实非乡里选举之本意也……臣请重定外郡发解条件，须是履行无恶、艺业及等者，方得解荐，更不弥封试卷。其南省考试之人，已经本乡询考履行，却须弥封试卷，精考艺业。

这是范仲淹《答手诏条陈十事》第三项“精贡举”的改革思路，要想贡举为官必须先考品德，前提是让人推荐，目的是限制有才无德之人上位。

范仲淹的建议提出以后，仁宗皇帝命翰林学士宋祁等人根据这一建议修订了大宋的贡举考试条例。经宋祁修改，“国子监、开封府发解，就试人数既多，其进士、诸科卷子并依旧封弥誊录外，诸州发解，已令知州、通判、职官、令录等保明行实，更不封弥誊录。”

仁宗批准了这一条例，准备在下一年推行。这一改革最主要的一条就是诸州解试时，“更不封弥誊录”。

封弥誊录明明是科举的进步，如今竟说不用就不用了，包拯觉得朝廷这是在开倒车。取士是朝廷大事，它直接关系到国家人才的录用和培养。有了这一想法，包拯不敢怠慢，忙上表陈奏：

臣伏睹新定贡举条制节文，诸州发解，令知州、通判、职官、令录等保明行实，更不封弥誊录者，此乃三代里选之法。盖朝廷欲先德行而后词学，责成有司，不欲烦以绳检，庶取士有以得其实才矣。

缘天下郡学自罢听读之后，生徒各以散去，一旦诏下，投牒求试者比比皆是，长吏等又安能一一练悉行实哉？不免只凭逐人递相保委，然而诈伪猥杂者亦无由辨明；兼每州用试官一员，是天下试官逾三百余员，必恐未能尽得其人，而悉心于公取也。或缘其雅素，或牵于爱憎，或迫于势要，或通于贿赂，势不得已因而升黜者有矣，又何暇论材艺、较履行哉！洎取舍一谬，则是非纷作，不惟抑绝寒素，窃虑天下因此构起讼端多矣。

况封弥誊录，行之且久，虽非取士之制，稍协尽公之道，若今来诸州发解举人，且令仍旧封弥誊录考校，于理甚便。若以敕命方行，难于遽改，即乞特降约束，其逐处试官、监试官如稍涉徇私及请托不公，并于常法外重行处置；不然，令别定刑名，庶使官吏等各知警惧。

对应试举子们先看品德，再看学问，以免录不法之人，这是庆历新政对贡举改革的一项重要内容。但因此废除封弥誊录，这样的办法真的好吗？对此包拯毫不客气地提出了批评。

包拯认为，如果按照新办法执行，容易导致各级官员作弊。因为各级官员手里都有不同数量的推荐票，只要获得他们的推荐，就有资格参加科举，官员们因此有了更多谋私的机会。

包拯所担心的问题归结起来就是两个字：徇私。他认为，朝廷必须采用公平公正的办法，以安天下士子之心。否则，会断送很多有才识的人的上升之路。

读书是宋代寒门学子实现阶层突破的唯一办法。一旦在官员中形成小圈子，普通读书人、特别是寒门学子就根本看不到希望了。当阶层突破看不到希望，这些读书人很可能会成为散落在民间的不稳定因素。考虑到朝廷的体面，以免出现朝令夕改的笑话，包拯委婉地说："鉴于朝廷刚刚颁布法令，以免朝令夕改，朝廷可另行下旨，各地主考官、监考官如有涉嫌徇私舞弊或荐人不公者，于常法之外另行处置。如果朝廷认为这么做不合适，那就单独另立一项罪名，以让各级官吏警戒畏惧。"

虽然包拯上任之后向朝廷提出的建议不少，而且这些建议大都被批准了，但这并不是御史台真正想要的。御史台最想看到的是包拯对新政的批评。

最初，他不温不火的表现引发了长官和同事们很多不满。尽管在《请令提刑亲按罪人》中，包拯的奏议与新政有关，但这明显达不到御史台对他的要求。包拯知道，如果自己再不给新政提出点儿意见，长官和同事那里实在不好交代了。经过一番深思熟虑，他终于找准了方向，果断地对科举提出了批评。

这一次，包拯的批评看似委婉，却掷地有声地反对改革派的主张。看到包拯的这封奏议，众御史的心才终于放了下来。

敢反对范仲淹等人的主张，证明这个人还是可用的。只要稍加培养，他一定会成长为御史台的利刃。

唯一美中不足的是众御史觉得包拯批评得还不够犀利。

关注民生疾苦

陈州放粮，是众多有关包拯故事传说中比较精彩的一个。

故事说，北宋仁宗年间，陈州三年大旱，颗粒无收，身为安乐侯的国舅庞昱不顾民生疾苦，在陈州抢男霸女、荼毒百姓、克扣赈粮并强征壮丁为自己建造花园。一时间，陈州民不聊生、怨声载道。

包拯奉旨下陈州巡查赈灾情况。临行前，军师公孙策出妙计让包拯向皇上讨来龙、虎、狗三口铜铡。得知包拯要来巡查，国舅庞昱怕自己的罪行暴露，偷偷派刺客暗杀包拯。但包拯被民间义士南侠展昭所救。随后，展昭陆续帮包拯查获罪证、保护人证，并捉拿了国舅庞昱。最终，包拯掌握了庞昱的罪证，并查清了案情，依法将庞昱送进了龙头铡。

铡掉国舅以后，包拯在陈州开仓放粮，在大灾之年救下了陈州数万百姓。除此之外，在陈州放粮时他还查清了“狸猫换太子”这一涉及皇家的冤案，陈州的百姓们无不感恩戴德、拍手称快，将包拯盛赞为敢于为民做主的包青天。

此传说来自清代石玉昆所著的武侠小说《三侠五义》。后来，又有人将这一故事改编成了戏曲，内容大同小异。包拯在陈州放粮的故事都是真的吗？当年他真有三口铜铡，并大义凛然地铡死了堂堂国舅吗？

其实，这些故事在历史上都没有发生过。在这一故事中，除了包拯，其他所有人物几乎都是虚构的。就连包拯身边的军师、手下和见义勇为的侠客也都不存在。尽管这些都是虚构的，但陈州当年确实闹过灾荒，包拯当时也确实到过陈州。虽然他没有直接开仓放粮，但他却为拯救陈州灾民起到了非常关键的作用。

庆历三年（1043 年），大宋的京西路多灾多难。张海起义好不容易被平定，但它对京西路民生的影响还未彻底消除。入冬以后的一场大雨雪，又给陈州百姓的生活雪上加霜。

庆历四年（1044 年）的年景更加不好。先是江浙、荆湖等路遭受春寒，冻死不少庄稼。不久，京西等路又遭大旱，整个春季没下一场雨。这一年，大宋京西及南方各路普遍受灾，其中京西路的灾情最为严重。尤其是陈州一带，多地颗粒无收，百姓们食不果腹，同时还要面对官府沉重的税赋负担。

不关心民生疾苦的御史同样也不是好御史。

批评了新政在贡举方面存在的弊端以后，包拯并没有继续搅在改革派和保守派的斗争中，他及时将自己的目光投向了大宋的民生和百姓。经历几次上言以后，包拯为自己总结出了一些经验和技巧，他在御史的岗位上越来越得心应手。因此，他向朝廷提出来的问题也开始越来越尖锐，观点也越来越犀利。

包拯发现，在大灾之年，各级官府的安民工作存在许多十分严重的问题，其中京西路的问题最为突出。

宋代的京西路辖境，大概包括今天河南的郑州、许昌二市，以及淮阳县以西，崤山、熊耳等山以东，沁、卫二河以南的大部分地区，另外还包括安徽西淝河以西、淮河以北，陕西秦岭以南，子午河及大巴山以东，湖北郧水以西，京山、钟祥等县市及荆山以北这部分地区。

不久前，朝廷接陈州知州任中师上奏，去年冬天大雨雪，今年春天又是大旱，请朝廷除了免掉陈州下辖五县的省税外，一并免除陈州百姓的“支移”钱和“折变”钱。

接到这一奏报，朝廷命京西转运司酌情减免，并将相关决定上奏朝廷。

御史中丞王拱辰虽政见与范仲淹不同，却也是位爱民如子的好官。见天下灾情严重，怕各级官府在政策执行过程中搞猫腻，以致朝廷的大好政令成为一纸空文，他便暗派包拯到陈州走访，实地了解一下灾荒之年百姓的负担情况。

接到长官的命令，包拯立即赶往陈州。经过一番深入细致的调查了解，包拯发现，京西路虽然在表面上执行了朝廷的旨意，但转运司巧立各种名目，变相地对陈州的百姓进行盘剥。因此在大灾之年陈州百姓的负担不但没有减轻，反倒比原来更重了。

将情况摸清以后，包拯立即回到京城，向王拱辰做了详细汇报。

王拱辰大惊，命包拯立即向朝廷奏报。在王拱辰的支持下，包拯毫无隐瞒地将自己在陈州的所见所闻一五一十地写在了给仁宗皇帝的奏议里，原文如下：

臣访闻知陈州任中师昨奏，为本州管下五县，自去冬遇大雨雪，冻折桑枣等，并今年养蚕只及三分五，二麦不熟，全有损失去处。除擘画不放省税外，只乞与免支移折变。已奉圣旨，令京西转运司相度闻奏。

窃知本路转运司牒陈州，令将今年夏税大小麦与免支移，只令就本州送纳见钱，却令将大小麦每斗折见钱一百文，脚钱二十文，诸般头子仓耗又纳二十文，是每斗麦纳钱一百四十文。况见今市上小麦每斗实价五十文，乃是于灾伤年分二倍诛剥贫民也，则民间钱货从何出办？兼将客户等蚕盐一斤，一例折作见钱一百文；又将此一百文纽做小麦二斗五升，每斗亦令纳见钱一百四十文，计每斤土盐却纳三百五十文。况一郡五县数十万口，非常暴敛，小民重困，体实非便。

欲乞特降指挥，令本州疾速依见今在市二麦实价，估定钱数，令民取便送纳见钱，或纳本色，庶使京辅近地不济人户，稍获苏息。兼虑本路应系灾伤州军，或有似此重行折变之处，亦乞特行勘会，速赐指挥，若少稽延，恐无所及。

不难看出，在大灾之年，朝廷体恤民生不易，出台了一系列减免政策，这本来是件好事。然而，陈州数万百姓却仍生活在水深火热之中。而要讲明白这到底是怎么回事，需要了解一下北宋初年的赋税制度，看一看当时宋代的“苛捐杂税”都有哪些。

第一类名词是包拯奏议中“除譬画不放省税外”的“省税”。

北宋初年，全国赋税归三司掌管，每年地方上的税赋征收由各路转运使司负责。等税收齐以后，转运使司会按朝廷规定留下一部分作为地方行政经费，其他大部分则在规定时间内交到三司。

因三司又称计省，由转运使司负责征收的这一税赋叫作省税。这部分税赋的上交流程是由县交到州，然后由州到路到三司层层上交。

第二类名词是“只乞与免支移折变”中的“支移”“折变”和由此衍生的“脚钱”和“仓耗”。

在当时，按朝廷规定直接征收的物品叫作正赋。正赋一般都是粮食，但各地情况不同，官府会根据需要，强制将正赋折合成其他物品进行征收，称作“折变”。其中将正赋折成钱币征收时称为“折色”。

本来民户纳粮有固定的地点，有时官府却下令将税粮运往边区，或移运到其他地点，这叫作“支移”。

纳粮户为免除远地运粮的劳费，便用现钱到指定地点缴纳，官府却往往会以官府需要搬运为由，设立名目向粮户索取支移的“脚钱”。

“仓耗”是指官府向百姓摊派的粮库损耗。

省税、支移和折变都属于正赋的范畴。“只乞与免支移折变”的意思，是申请免除支移和折变，即奏请这部分钱是不是可以不用交。

第三类名词是“头子”。

宋代的税赋，除了正赋之外，还需要按一定比例缴纳附加税，此附加税称作头子。

由此可见，当时官府向百姓所收这些税种都是有名目的，而且看上去似乎也没什么毛病，毕竟这些都是合理产生的费用。

但不要小看这些名目，实际操作起来，这里面的学问大了。

大宋的地方官在每年收税的时候，收什么东西常常会进行“折变”。比如正赋本来是绢，但政府却明令今年不收绢，改收麦子。这一改收看起来似乎没什么猫腻，但可操作的空间却大得超乎一般人的想象。

按朝廷规定，折变要“打折抵顶”，具体该怎么折，多少麦子折多少绢，地方政府都可以自行规定。这还没完，绢折成麦子后，百姓需要为此交运费即脚钱，另外还会因此产生仓耗等“名正言顺”的额外费用，这些钱不但都会被摊到纳税人身上，具体费用怎么定，也全由地方政府说了算。

自古以来，这都是封建官府盘剥百姓的一贯手段。

包拯发现，京西路存在的这类问题很严重。任中师请求免除的那部分税赋，转运使司确实都给免了。但经过一番操作，百姓的负担不但没有减轻，反而更重了。

正如包拯在奏议中所说：大麦和小麦转运使司虽下令免除了“支移”，地方州府却下令说，只能以现银的方式缴纳，而且是州府自己定价。他们规定，大小麦每斗折现一百文，另外还需要附加二十文的脚线和二十文附加税及仓耗，这样算下来，一斗麦合计需要缴纳一百四十文现银。如今的市价，每斗小麦只有五十文钱。如此一来，名义上虽免除了支移，实际上地方州府却是在大灾之年以多出近两倍的价钱盘剥灾民。

包拯很生气。朝廷并不是不关心民生疾苦，但政策具体执行起来就变味儿了。灾荒之年，官府却如此横征暴敛，还让不让老百姓活了？京西路转运使司那些无良官员只顾自己的利益，根本不顾百姓死活，这简直就是暴政。

可能有些官员会说，遇到这样的年景，官府和朝廷的日子也不好过。但他们说这话的时候想过没有，官府和朝廷的日子不好过，老百姓的日子就好过吗？

再说说这位为民请命的任中师。

任中师是曹州济阴（今山东定陶）人，真宗大中祥符二年（1009年）进士。他有个哥哥叫任中正，在真宗年间做过参知政事。后来丁谓罢相，任中正因替丁谓讲情被贬。任氏兄弟和大宰相吕夷简是山东老乡，一直很受吕夷简的喜欢，吕夷简曾推荐任中师当枢密副使。按说弟兄俩都进了两府，也算是人中龙凤了，可惜二人在历史上的评价都很一般。原因很简单，哥哥任中正跟已经失势的一代奸相丁谓深有私交，弟弟又跟吕夷简走得很近。

任中师“平居合约，性乐易”，官声倒还可以，但如何收税却不是一个州官能够决定的事情，而是他的顶头上司：转运使。

陈州属于京西路，当时的京西转运使名叫李绚。李绚是邛州依政（今四川邛崃）人，中进士后官授大理评事、通判邠州。史载：“少放荡亡检，兄綯教之书，严其课业而出，绚遨自若，比暮綯归，绚徐取书视之，一过辄诵数千言，綯奇之。稍长，能属文，尤工歌诗。尝以事被系，既而逸去。”

可见，李绚少年时就我行我素，不守规矩，还有点儿目无法纪。后来李绚升太子中允、直集贤院，历开封府推官、三司度支判官，为京西转运使。

李绚任京西转运使时，竟认为自己的四名属下范雍、王举正、任中师和任布都才不胜任，为此还向皇帝告过状。要知道，他这四名属下的身份可都不一般，他们都是当过两府大臣的人。一个人不才，也不能人人都不才吧？

由此可见，李绚是一个刚愎自用且自以为是的人。任中师的奏请本来对陈州的百姓来说是件好事，虽然转运使司也按朝廷说的做了，“令将今年夏税大小麦与免支移，只令就本州送纳见钱”，但在具体执行过程中，李绚又下令巧立名目，再次将陈州的百姓陷于水深火热之中。

就这样，朝廷明明一桩好的政令，到京西路却变成了官员鱼肉百姓的借口。

在各类文学作品中，包拯陈州放粮的对头是国舅庞昱。现实中，当年包拯并没有去陈州放粮，他只是针对陈州灾荒之年的横征暴敛给皇帝上了一封奏折。在奏折中，他封章奏劾的对象是京西转运使司，并没有指名道姓地弹劾哪个人，更没有跟谁针锋相对地作斗争。当然，他也没有提转运使李绚的名字。

但不要小看这封奏折，正是因为它，朝廷才了解京西路的真实情况，陈州的灾情才得到了缓解，陈州的百姓们才能在大灾之年得以活命。

包拯一封奏议，陈州的灾情终于得到了赈济。过后，陈州的数万生民才知道一切都是因包拯而起。为了感谢他的大恩大德，后世才陆续诞生了那些让人津津乐道的故事。

民生疾苦关系到统治的基础，不得民心终将失去民心。

换一个角度想，当年包拯这么做其实挺危险的。这些地方大员有一百个理由来反驳包拯的弹劾。

“你一个小小的御史，不当家不知柴米贵，只会闭着眼告黑状。让我们减减减，朝廷的税赋指标怎么办？任务完不成怎么向朝廷交代，朝廷花什么？”

官员们这么想也不是没有道理，而且理由也很充分。但他们却忽略了两点：一是朝廷出台免税赋决定的本意，二是灾荒之年民生疾苦的真实状况。老百姓连饭都吃不起了，你还闭着眼睛向他们收税，这不是官逼民反的节奏吗？

当官到底是给谁当的，历来是一个比较有争议的命题。在百姓死活和量化的指标之间如何取舍，成为衡量一名官员有没有良心的试金石。

朝廷明明出台了减免政策，相关官员仍不顾百姓的死活，变相进行征敛，这也是历来封建官府不得民心的重要原因之一。同样，这也是包拯千百年来一直深受百姓爱戴的原因所在，因为他举手投足之间首先考虑的是生民所期。包拯的大名能一直被民间流传并纪念，与他这一做法有着必然的联系。

奏折写好了，疾恶如仇的王拱辰看后也气了个够呛。奏折很快就报上去了，朝廷一见大惊，仁宗皇帝立即让宰相下诏严查，不但责令京西路转运使司务必在大灾之年将赈济工作落到实处，还对其他受灾各路的赈灾工作都进行了批评。

虽然包拯没有继续深究这次事件，也没有指名道姓地弹劾京西路转运按察使李绚，但陈州百姓在大灾之年所受的疾苦，从此却深深印入了他的脑海。

无论正史记载还是民间传说，包拯对陈州在大灾之年的赈济贡献巨大。这件事后，不管在官方还是在民间，包拯开始树立了关心并同情民生疾苦的形象。

江南疾苦

当时，大宋受灾的不止京西一路。对江南东路、两浙和荆湖路，包拯更是关心。在王拱辰的支持下，包拯又到其他受灾的各路进行了一番查访。

江浙和荆湖路历来是朝廷税赋的重地，此地的工作绝不能有半点马虎。包拯到各路走了一圈，发现这里的情况虽然好一些，但灾情也都很严重。

因为缺粮，当地百姓甚至到了连饭都吃不饱的地步，而朝廷竟对这些情况一无所知。

灾荒之年，让大宋最底层的百姓们先吃上饭，才是硬道理。包拯紧急上奏，请朝廷立即下令各路，用义仓之米赈济百姓，刻不容缓。

臣访闻江浙、荆湖等路自去秋亢旱，田苗一例灾伤，即日米价甚记，民食不足。若不速令救济，必致流亡。强壮者起为盗贼，老弱者转死沟壑。因此生事，为患不细。缘逐州除军粮常平仓外，别无大段斛斗准备。窃知王琪见起请义仓，所在见管米数稍多，州县未必敢专辄支用。若一一取候朝廷指挥，往复数月，当此艰食之际，恐无所及。欲望特降指挥，下逐路转运司勘会辖下元系灾伤州县，如委实人户阙食，即令昼时将义仓米速行赈济，以济贫民。如允臣所奏，即乞早赐指挥。

先解决眼下的核心问题，然后再去解决其他相关问题，这是包拯解决问题的一贯思路。

果然，经包拯奏议，朝廷下令大开义仓，以赈济灾区的百姓，江浙荆湖一带的社会才慢慢安定下来。

灾情得到缓解后不久，夏税就要征收，包拯联想到陈州此前的情况，又对江南几路灾区的夏税征收提出了免收折变的建议，在庆历四年（1044年）四月初九，上奏《请免江淮两浙折变》。

其一：

臣窃见淮南、江浙、荆湖等州军，数年以来，例皆薄熟，去秋亢旱尤甚，可熟三二分。当年夏税见钱，一例科折：内第一等折纳小绫，每疋一贯六百六十文省，官絁每疋二贯八大五十文省；其第二等已下至客户，并折纳小麦每斗三十四文省。续据发运司准中书札子，据三司奏，乞将庆历三年上供额斛斗六百万石内，将小麦一百万石、大豆十五万石折纳见钱。发运司遂相度：小麦每斗并耗添估九十四文省，大豆每斗并耗八十八文省，比逐处见糶价例两倍已上，应该小麦一石纳见钱九百四十文省。寻又准五月九日中书札子，据发运司奏，窃虑豆麦价高，人户难得见钱。奉圣旨宜令本司疾速指挥，逐路州军据合折夏税豆麦：令人户如愿纳见钱者，即仰逐处依起纳日在市价例钱数送纳；如只愿纳本色斛斗，亦听从便。虽有前件圣旨指挥，本处官吏并不遵禀，但一面仰令人户纳元估价钱，不许纳本色斛斗。以致豆麦益贱，钱货难得，下等人户尤更不易。

发运司但务岁计充盈，不虑民力困竭，上下相蒙，无所诉告，为国敛怨莫甚于此。且民者，国之本，财用所出，安危所系，而横赋暴取，不知纪极。若因此流亡相应而起，涂炭郡邑，则将何道可以卒安之？况已萌之兆，不可不深虑耳。兼自准以南及两浙、荆湖从去秋至春，并未得雨，二麦不秀，耕种失时，民心嗷嗷，日怀忧惧。

欲望圣慈特降诏敕，委逐路转运、提刑不住巡历体量，应是诸杂科率，权且停罢。若向去蚕麦稍熟，今年夏税诸色钱等，除第一、第二等户令依旧折纳外，其第三等已下并客户，特与免诸般支移折变，只令各纳本色，庶使重困之民稍获苏息。

江南这几路所存在的问题几乎跟京西路一样。

在大灾之年，各级官府阳奉阴违、变相加码的现象非常严重。他们为了完成朝廷的税收任务，不顾百姓死活，让频频受灾的百姓雪上加霜。究其原因，是各级官员只考虑自身的利益，他们为了保住头上的乌纱帽，根本不顾及基层疾苦。

其实，国家虽然需要税赋，但更需要的却是民心。如果失去民心，终将让朝廷失去统治的根本。

包拯的奏议在朝堂引发了一场巨大的争论。尤其是负责税赋的三司及各路转运使，他们对包拯的意见最大。税赋和民生本就是一对矛盾，朝廷不可能不征收税赋，而包拯上来就大喊减税、免税，没有税赋朝廷的日子怎么过？

众臣争论不休之际，仁宗皇帝和宰执大臣们一时也没想好如何平衡这两者之间的矛盾，于是，包拯这封奏折被朝廷压了下来。

见第一封奏折没有起到什么作用，包拯心急如焚。

夏税征收在即，如果江淮两浙折变钱不能及时免除，一定会成为影响当地社会稳定的大问题，此地前两年不断发生的民变就是最好的前车之鉴。于是包拯又一连上了三道奏折。

其二：

臣近曾上言，以江淮、两浙、荆湖等州军，自去秋至今春，未得大段雨泽，二麦不秀，耕种失时，并去年诸处夏税，一例折纳见钱，小麦每斗估价九十四文省，民间钱既窘迫，麦又无用，应急贱粜纳官，其直每斗不过三二十文，中等已下人户，绝更不易。今又时雨稍愆，蝻虫复作，民心愁苦，深可矜悯。况东南奥壤，国家仰之如帑府，尤宜保固，以制诸夏。若不急于优恤，继之以重困，兽穷则攫，窃恐更为朝廷之忧尔。

臣先乞应系诸般科率，权且停罢，如将来蚕麦丰登，中等以下且令各纳正税、本色钱等，权免今年折变，庶孤贫人户稍获苏息。至今多日，未蒙指挥。欲乞检会，速赐施行，兼乞下诸路转运司、提刑司不住巡历体量，或有蚕麦不熟之处人户申诉，州县不得抑退，并令依例疾速差官检覆开破逐色租税，免致流亡。

其三：

臣昨于四月九日札子上言，以江淮、两浙、荆湖等州军，自去秋至今春，未得大段雨泽，其中等以下人户，夏税乞不依去年折变见钱，只令纳本色。又于当月二十八日上殿札子，亦乞令中等以下人户权免今年夏税折变。至今多日，未蒙指挥。兼诸处见今纳夏税，若令一例折变，深属不便。缘逐路今岁蚕麦薄熟，雨泽久愆，耕种失时，蝗蝻复起，秋成未保，人心益怖。而又民间钱货绝难出办，若不特赐宽恤，窃虑下等不济人户，以官钱窘迫，必致流亡。强壮者尽为盗贼，老弱者转死沟壑，不独搔扰郡邑，抑亦离去畎亩。矧国家财用所出，尽在东南，不得不深虑也。又访闻京东、京西、河北、河东、陕西今夏蚕麦例皆丰熟，此乃天意欲少宽东南之民。若此数路稍旱，调度或急，则朝廷纵有矜悯之心，亦无所及。然臣职贱言轻，宜无采录。但事体至大，乞留圣意。伏望陛下特出宸断，速赐指挥，则一方生灵有再苏之望。

其四：

臣近者累次上言，乞江淮、两浙、荆湖等州军，中等已下人户，今年夏税权免诸般折变，只令各纳本色。寻奉圣旨，送三司相度访闻。三司已具申奏讫，至今未降指挥。缘诸路见纳夏税多日，兼有路分绝远之处，若更稽缓，窃虑后时，即陛下矜恤之心恐无所及。伏望圣慈悯此重困之民，速赐指挥，则天下幸至。

最终，因为包拯坚持奏请，朝廷终于适当减免了这几路的税赋。

时间到了庆历四年（1044 年）七月。

因为保守派一再攻击，且西北局势有变，在仁宗皇帝的安排下，主持庆历新政的范仲淹暂时离开了朝堂，奉命再赴西北巡视。

谁也不知道仁宗皇帝这么安排到底是什么意图。王拱辰一声叹息，范仲淹离开朝堂，对他来说也不知道是好事还是坏事。

总体来说，王拱辰对包拯对付改革派的表现有些失望。不过，王拱辰不是一个心胸狭隘、不识大体的人。自提拔包拯进入御史台不到一年的时间，他已经十分欣赏包拯的能力和品格，只是包拯没有按他的希望去盯着改革派，只是挑那些人人都知道的大问题去批，这多少让他有些遗憾。好在包拯一直表现得不错，不管弹劾还是建议，他的观点总能说到皇帝的心坎上。众御史跟王拱辰的看法基本相同，尽管大家都对包拯有意见，却只能装在肚子里。毕竟，人人都是朝廷官员，为国分忧才是正道。

再批新政

尽管同时站在不同的阵营，但人们所担心的事情并没有发生，包拯并没有跟范仲淹发生正面冲突，也没让自己的长官太过失望。

不知是否有意为之，范仲淹离开朝堂以后，包拯终于向岌岌可危的新政扔出了一枚重磅炸弹。

自新政推行以来，改革派和保守派间的较量不断升级，冲突也越来越激烈。范仲淹虽然暂时去了西北，但谁也不知道仁宗皇帝这么安排的用意，谁也不敢断定范仲淹会不会在哪一天突然回来。

在一轮轮的明争暗斗中保守派依旧不敢针对新政提一个字。当然，他们更不敢直接对新政提任何意见。

新政的发起人是皇帝，反对新政就是反对皇帝，他们才不会喊着口号去做这种傻事，这是满朝大臣都清楚的道理。保守派也都是老江湖，见惯了风云变幻，他们才不会自己主动往枪口上撞。这些人都精明得很，而且策略得当。他们比谁都清楚，在这场较量中一是要转移斗争方向，二是要想办法利用包拯这样的新人。

斗争指向的是人，关键也是人。保守派很清楚，只要抓住新政中的用人不当和这些人在工作中所犯的错误，把对新政的攻击变成对改革派的个人攻击，才是釜底抽薪的高明之举。只要范仲淹等人倒台，不愁新政不垮。

为了革新吏治，范仲淹曾提过一条十分重要的改革内容：朝廷向各地派出按察使，专门监督考评各路官吏。按察使大权在握，一句话就能决定地方官的黜陟生死。

推行这一改革时，朝廷考虑到各级的地方部门和权力部门不能设置太多，以免影响地方官府的行政。因此，朝廷没有专门向各路派驻按察使，而是将这一职能赋予了各地转运使司。

改革开始以后，各路转运使摇身一变，当上了手握监察大权的按察使。改革的最终指向也是人，由于有些转运使难当其任，在范仲淹的安排下，大宋各路转运使进行了一次大换血，一大批年轻有为的官员纷纷被派到各地担任转运按察使。

这些年轻官员们到岗以后，立即履行职权，很快就在各路刮起了一股官场风暴。没过多长时间，许多不称职的地方官员纷纷落马，保守派阵营遭到了严重的打击。

针对朝廷让转运使兼任按察使这一安排，从仁宗到百官看法不一，包拯对此也是有看法的。

此前，批评各路提刑官时，包拯就间接地指出，转运使的权力本来就很大了，兼任按察使以后，更是大权在握。这些人权力太大，而且对其他部门干预过多，以致地方的其他职能部门形同虚设。随着这一建议的提出，很快，朝堂上下关于“按察使”是否加重了吏治腐败的争论达到了白热化。

包拯的上言击中了新政的软肋，仁宗皇帝也开始意识到，改革派官员也不全是一潭清水，同样有人在其间浑水摸鱼。包拯这封奏议，让仁宗皇帝不得不去重新审视刚推行不久的按察使制度。

保守派喜出望外。谁也没有想到，这个资历甚浅的里行御史，竟成了指向新政的那把最锋利的尖刀。

如今，包拯针对这一话题，又一连上了两封奏折——《请不用苛虐之人充监司》。

其一：

臣窃见诸道转运司自兼按察及置判官以来，并提点刑狱等，体量部下官吏，章疏相继，颇伤烦碎。兼闻审刑院、大理寺日近奏案尤多，倍于往年，况无大段罪名，并是掎摭微累，不辨虚实，一例论奏。孤弱无援者则按以深文，权势豪猾者则纵而不顾，内则徇一身之利以殖其私，外则窃振职之名以图其进，效尤无耻，惟恐不及。至有公清守节之人，或不曲事左右，为众所嫉者，即被加诬，构成其罪，遂使守己之士或负终身之玷，可不痛惜哉！

且治平之世，明盛之君，必务德泽，罕用刑法。故董仲舒曰："阳为德为春夏，当和熙发生之时；阴为刑为秋冬，在虚空不用之处。"以此见天任德不任刑也。王者亦当上体天道，下为民极，故不宜过用重典，以伤德化。昔暴世法网凝密，动罹酷害，下不堪命，卒致溃乱。《老子》曰："其政察察，其民缺缺；其政闷闷，其民谆谆。"臣愿圣明鉴于此言而无忽焉。方今民力凋残，国用窘迫，若乃专用刻薄好进之吏，则民不聊生，窃恐非国家之福也。虽朝廷累降诏命约束，罕或遵禀。此弊不去，为患寖深。

欲望圣慈宣谕执政大臣，应转运、提刑等并令精选廉干中正之人，以充其职；苛细矫激之辈，屏而不用，天下幸甚。

其二：

臣先曾上言，以诸道转运使自兼按察及置判官以来，并提点刑狱等，体量部下官吏，颇伤烦碎。兼审刑院、大理寺奏案尤多，倍于往年，况无大段罪名，并是掎摭微累，不辨虚实，一例论奏。此盖苟图振举之名，以希进用之速尔，遂使天下官吏各怀危惧。其廉慎自守者，则以为不才；酷暴非法者，则以为干事。人人相效，惟恐不逮。民罹其患，无所诉苦，殆非陛下委任之本意也。其被体量之事，或智虑所不及，或人情偶不免，若非切害，亦可矜悯，虽欲改过，其路亡由，岂不痛惜哉！

兼访闻天下茶盐酒税，逐处长吏曲徇转运使之意，以求课额羡溢。编民则例遭配买，商旅则倍行诛剥，为国敛怨，无甚于此。且朝廷按察、提刑之职，盖欲去贪残之吏，无疲瘵之俗；今乃务为苛细，人不聊生，窃恐未为国家之福也。比者幸属郊禋盛礼，大霈庆泽，欲乞于赦书特行约束，凡官吏先被体量者，情非重犯，咸许自新，后或不悛，必置于法，庶使悔过之人免负终身之累。其诸处茶盐酒税，亦乞除元额外不得擅增客利，搔挠人户，应系自来诸般调率，且乞权罢，以安海内生灵之心，伏望圣慈少赐省察。

尽管包拯已经开始旗帜鲜明地批评新政，但他没有直接批新政不好，只是委婉地指出，朝廷存在许多用人不当的现象。比如在转运使兼按察使这一安排上，如今有很多严苛邀功之人在担任这一职务。近期各地针对官员各类无足轻重的责罚不断增多，导致人人“咸怀威惧”。

包拯对此类现象提出了自己的担心。

朝廷的本意是刷新吏治，整顿官场的不良风气，如今这一做法却适得其反，人人自危，这显然违背了朝廷的本意。

包拯认为，之所以出现这种情况，根本原因不是朝廷用人不当，而是制度不对，按察使这一职务的设置不利于大宋朝政的运行。为此，他恳请皇帝“特行约束，以安海内生灵之心”。吏治还需要谨慎从事，不如从提高官员的自身素质做起，首倡官员以德自处，这应该是当下处理这一问题比较好的办法。

包拯此言一出，举朝哗然。包拯的这封奏议等于是从根本上否定了新政的用人制度。连他都开始批评，范仲淹和他推行的庆历新政到底还能坚持多久？

直道而行

包拯这两封奏折交上去以后，立即给改革派带来了沉重的打击。

随着当年范仲淹改革措施的不断推进，新政不但触及了许多朝廷大员的利益，而且还限制了很多官员的特权。日子没以前好过了，这些人当然对改革派恨之入骨，他们纠集在一起，开始变着法儿地对新政进行攻击。

这些人找不到别的理由，就诬蔑范仲淹、富弼、欧阳修等私结朋党，甚至捏造谣言说富弼有另立新主之心。他们还串通宦官，不断地到仁宗皇帝面前散布改革派的各种谣言。

虽然这些话仁宗皇帝未必全信，但身边的人都这么说，而且范仲淹所任用的几乎都是他自己的人，特别是包拯奏折中所说的，新任各路转运按察使经常利用自己手中的大权鞫问官员，如今各路官员人人自危，如果这么继续下去……仁宗皇帝不敢再往下想了，他已经开始动摇了。

结果，在庆历四年（1044 年）六月，因西北边境有变，范仲淹先以参知政事的身份兼任陕西、河东路宣抚使，被安排去处理西北事务。此时范仲淹参知政事的身份还在。

八月，朝廷进一步限制了范仲淹的权力，命他只管理刑名律法方面的事务，其他事务交给了另一名参知政事贾昌朝。紧接着，和范仲淹共同主持改革的富弼直接被调离朝堂，改去河北路任宣抚使。

此时，身在两府的新政主将只剩下杜衍一人。

十一月，岌岌可危的新政再临灭顶之灾，新政得力干将刘巽、苏舜钦、王洙、刁约、江休复、王益柔、章岷、宋敏求、吕溱等人遭人陷害，全被贬离了京城。在这期间，以支持新政名闻天下的"庆历四谏官"也已经四去其三，王素、欧阳修、蔡襄都失去了谏官身份，只有余靖还在孤零零地苦苦支撑。

随着范仲淹和富弼相继离开朝堂，两位推行新政最关键的人物离开了大宋的权力核心。在保守派的围攻下，仁宗皇帝慢慢将自己一年前慷慨激昂、励精图治的初心全忘光了。最终，他听信谗言，下诏废除了范仲淹所有的改革措施，并罢免了范仲淹参知政事的职务，坚持了一年零四个月的"庆历新政"宣告失败。

至于失败的原因，官方的说法是仁宗皇帝怀疑范仲淹、欧阳修等人互结朋党，这一说法勉强说得过去。历来皇帝最忌讳的就是大臣私结朋党，实际上，保守派最终取胜的关键是他们成功地让仁宗感受到了改革派的威胁。从根本上讲，新政之所以遭到这么多人反对而最终导致夭折，是因为它动摇了权贵阶层的利益，至于范仲淹到底有没有私结朋党，并非其成败的根本原因。朋党之说是否属实不关因果，它只是保守派对付改革派的借口和手段。

偏偏在这个时候，见保守派攻击范仲淹私结朋党，正义感爆棚的欧阳修来了一个“神助攻”。他写了一篇当时有欠考虑、事后火上浇油的文章——《朋党论》。欧阳修旗帜鲜明地将朋党分为“君子之党”和“小人之朋”，并大言不惭地公然宣称自己与范仲淹等人为“君子之党”，以示改革派的光明磊落。这一做法虽是心不藏奸，可它不但没有消除仁宗对范仲淹的戒备心，反倒让他对改革派的警惕心更加强烈。

包拯公然站出来批评新政，并前后上了这样两封奏折，其实当时他的本意并不是反对庆历新政。在包拯看来，仅仅是“转运使加按察使”这一做法不合理。尽管从结果上来看，包拯的《请不用苛虐之人充监司》加速了庆历新政的败亡，但在包拯眼中，客观公正地去看问题才是他这么做的初衷。改革派的工作确实需要改进，但不能一棍子打死新政，这才是包拯真正的态度。

包拯对新政的很多做法还是支持的。比如新政失败以后，他又上了一篇名为《请依旧考试奏荫子弟》的奏疏，大谈范仲淹用考试的办法去选拔士大夫子弟的政策应该推行下去。这一举动，让已经将包拯视为“同道”的保守派瞠目结舌。这是后话暂且不提。

耐人寻味的是，包拯正式弹劾新政时恰好范仲淹刚刚离开朝堂，此时他还保留着执政的身份，谁也不知道这位“先天下之忧而忧，后天下之乐而乐”的范执政会不会卷土重来。

另外还有一个不可忽视的事实，天圣五年那批同榜进士都已经在朝堂身居要职。所有人都会联想到，包拯这一批评不是只代表他个人的看法，尽管韩琦也是新政的支持者。

到庆历四年，王尧臣已经当上了三司使，文彦博已经担任河东路转运使，吴育正权知开封府，吴奎担任武信军判官，韩琦更是当上了枢密副使。这些人是同榜进士，虽然他们的政见小有不同，但这些人到底是不是同一个阵营，谁也说不清楚。比如前段时间，因为陈留移桥案，吴育和王尧臣就闹得很不愉快，期间范仲淹还当过他们的调解员。

在保守派和改革派的争斗之间，各人有各人的立场，而且大家的表现都很微妙，谁也说不清下一步大宋的朝政会是什么走向。

需要你卖力的时候出工不出力，眼见新政崩溃在即，你却又狠狠地踩上一脚？包拯这两封奏议把所有人都搞蒙了。

从另一个角度看，这恰恰表明了包拯看待庆历新政的态度。他既没有受保守派的暗示，也没受到改革派的影响。一生直道而行，说自己的话做自己的事，从不受外界因素的影响，也从不会考虑顾忌这么做的利害得失，包拯一生被后世广为称颂的“直”就是这么来的。

关于包拯的直，相关史料有着十分精彩的记述。

当时有个叫毕从古的人，此人天生介直，与时人多有不合，且从不攀附权贵，却有五个权贵之人都很欣赏他，他们是：杜衍、范仲淹、包拯、田况和刘湜。尽管这样，毕从古却没跟这几个人有过任何私交。

欣赏毕从古的这五个人不但都是当世名流，而且无一例外全是以清廉著称的朝廷重臣。在这些人物中，杜衍当过宰相，范仲淹当过参知政事，田况当过枢密使，又是宰相富弼的妹夫，刘湜虽是草根名士，却也担任过大宋的龙图阁直学士。

自古英雄惺惺相惜，人以群分，刚当上御史就能与这些名噪一时的一流人物齐名，说明包拯当时已经得到士林的认可，这段话虽然不是直接写包拯的，但它同时却反证着当时人们对包拯的看法与评价。

第四章　铁面御史

法办阎士良

按照朝廷制度，监察御史里行任期两年方能正式升任御史。因为工作出色，任职未满一年的包拯于庆历四年（1044 年）八月提前升任了监察御史。这一身份的取得，标志着包拯在御史台已经站稳脚跟。随着这一任命，他的本职差遣也随之改成了“权度支判官、三司户部判官”。

度支隶属三司，判官是佐理本司长官度支使处理事务的僚属。由于包拯是首次出任这一职务，他的职务里有一个“权”字，即“代理度支判官”。代理期满后，他得到的差遣又被朝廷改成了“三司户部判官”。

身份转正以后，包拯正式有了让人胆寒的御史身份。御史的主要职责是监察百官得失，一个人不管能力有多出色，他必须把本职工作做好，这才是他安身立命的前提。

正式担任御史以后，包拯突然话锋大变，他一改以前委婉含蓄的上言风格，开始一连串指名道姓地对多位朝廷官员进行了弹劾。包拯对这些人的弹劾毫不客气，几乎没有任何商量的余地。在此期间，仅经他指名道姓弹劾而受到朝廷处罚的有阎士良、张可久、魏兼、任弁等人。

第一个遭包拯弹劾的是人人喊打的宦官阎士良。

阎士良本在御药院工作，郭皇后被废以后，因为想掺和新立皇后的事情，阎士良被仁宗贬出了御药院，去了蔡州（今河南汝南）担任驻泊都监。都监即监军，驻泊的意思是指阎士良这一职务不是挂名，而是实际任职。

宋代很多官员都是贴职挂名，并不需要到岗位履职。

在蔡州期间，仗着自己当过皇帝的保健医生，阎士良根本不把蔡州的地方官放在眼里。飞扬跋扈的他在民间大肆买卖牲口，巧取豪夺，惹得当地人不断到州府告状。但阎士良是宫里出来的人，知州拿他没办法，从此阎士良更加肆无忌惮、无法无天。后来甚至连州府的官吏、庙里的僧尼都受到他的欺压，纷纷到官府告状。

后来，蔡州来了一个新知州，此人名叫陈述古。陈述古跟前任知州不一样，他来自鼎鼎大名的阆中陈家，而且是宰相陈尧佐的儿子。宰相府出身的陈述古，从骨子里就看不起宦官出身的阎士良。阎士良在蔡州骄横惯了，陈述古的到任让他感觉很不舒服。知道陈述古不好惹，阎士良不得不有所收敛，却已对陈述古怀恨在心。

严冬到来，雨落为冰，大片大片地结到了树上。见此异象，陈述古对国家大事发表了几句感慨。早就对他心怀不满的阎士良听说以后，断章取义，把陈述古的话密报给了朝廷。

来而不往非礼也。陈述古闻讯大怒："我还没收拾你呢，你小子倒告起了我的黑状！"于是，陈述古开始煽动蔡州受害的群众，让他们一起到州衙状告阎士良的不法行为。

阎士良长年在皇宫工作，什么事情没见过？见陈述古敢煽动他人告自己，他将陈述古私役兵士，骄纵成性导致蔡州民怨的丑事全抖了出来。

二人告来告去，结果事情越闹越大。

因当事双方是蔡州军政大员，朝廷只好派人异地办案。前来办案的人名叫张士安，职务是许州通判。让人没想到的是，张士安见告状的案子太多，牵连的人员太广，阎士良和陈述古不但不认罪而且都指责对方有罪，一时不如何处理，便把球又踢回了朝廷。

获知案情以后，包拯认为，张士安不敢处理此案，是畏懦怕事、没有担当的表现。不能因为案情复杂，而且涉案双方都有背景就知难而退。为此包拯上奏朝廷，请求将此案严加查办。

接包拯上奏，仁宗皇帝对这一案件特别重视，他亲自下令让御史台前去查办。负责处理此案的人改成了监察御史刘湜。御史出面，事情就好办多了。刘湜很快就查清案情，最终，阎士良和陈述古两个人同时被朝廷罢官。

后来，陈述古还因妄奏军情受过朝廷处分，并遭宰相司马光弹劾。司马光愤愤地称其为“所至之处，残虐吏民”。

包拯与阎士良之间的故事到此并没有结束。

几年以后，不知阎士良打通了哪个关系，先当上了六宅副使，后竟越级又升任崇仪使，对此朝廷内外议论纷纷，一时间“物议喧然”。

一个这样的人居然屡屡升官，疾恶如仇的包拯岂能容他！包拯再奏一本，老账新账一起算。他将阎士良当年在蔡州的种种劣迹，以及他自作主张疏通黄河，导致不少村子被大水淹没的旧事挖了出来。

见包拯如此坚决地反对，仁宗只好收回成命，将阎士良改派他任。最终，阎士良没能如愿升职，包拯疾恶如仇的形象也开始渐渐为世人所知。

重审张可久

阎士良虽然官职不高，却是内臣，包拯敢接二连三地弹劾阎士良，可见他的勇气确实不小。

此案过后，包拯再次向朝廷提出奏请，要求重新审理存在严重包庇问题的张可久案。

本来，张可久案只是一个比较典型的知法犯法案件，而且也已经审结。但包拯发现，相关部门在审案时存在着严重的包庇现象，为此他要求相关部门重审此案。

张可久，青州益都人，太宗时代枢密副使张宏的儿子，以父荫得官。

后来，张可久官运不错，竟去富庶的淮南路当上了转运使。在淮南转运使任上，一心想发财的张可久不好好当官，竟与部下做起了贩卖私盐的生意。

宋代对盐、茶、酒、矾、香等物资实行了专卖制度，这些物资都禁止不经官府私自贩卖。当时对贩卖私盐的处罚很重，太宗时期曾经规定："贩卖私盐二百斤以上，杖十七，配役一年半；三百斤以上，杖二十，配役三年；五百斤以上，杖二十，刺面送赴阙。"

有人不禁会说，不就是打板子，这有什么重的？你如果这么认为，就大错特错了。

让我们先了解一下宋代的杖刑。讲清宋代的杖刑有几个关键问题：一是用什么打，二是打哪儿，三是怎么打。

宋代法杖"长三尺五寸，大头阔不得过二寸，厚及小头径不得过九分，重量不得超过十五两"。法杖一般用荆条制成，且规定"不得以筋、胶及诸物装钉"，这就是执法工具。

为什么这么规定呢？在宋代以前，酷吏们通常会在刑具上做手脚，用灌胶、夹金属片、放大尺寸等办法加重板子的分量，用保留竹节、嵌入铁钉等办法增强杖刑的伤害力。

再说说打哪儿。

在唐代以前，杖刑基本都是照着背部打，即所谓"脊杖"。贞观年间，唐太宗见其过于惨烈，把"杖脊"改为"杖臀"，从此"打屁股"才成了杖刑的主流。

最后说说怎么打。

受脊杖的人需要跪着受刑。因脊背靠近人体器脏，杖刑的杀伤力可想而知。随便打一下运气不好的人就会被打断脊椎，或者打在腰上把脾脏打烂，或者把肋骨打断刺穿内脏。杖臀虽看起来好受了许多，但是也很容易把人打残，甚至打死。

衙门里掌刑的衙役，绝对是靠手艺吃饭的，怎么打是一门高深学问，法杖在手，生杀、轻重全在他们一念之间。《历代刑法考》中记载，执行杖刑的衙役们，事先都要接受训练："先缚草为二人，一置砖于中，一纸裹其外，俱以衣覆之。杖置砖者视之若轻，徐解而观，则砖都裂；杖纸裹者视之极重，而纸无分，能如是则入选。"

清代方苞在其《狱中杂记》中记载了一件他亲眼所见之事：三个犯人同受杖刑，一个贿赂了三十两银，结果被打伤骨头；一个送了六十两银，结果只伤皮肉；一个送了一百八十两银，打完当天晚上还能健步如飞。贿赂了三十两银子仍然被打伤骨头，那些没钱行贿的人会是什么下场？恐怕能活下来都是奇迹了。

宋代实行折杖法，但一般也不用脊杖，只有处罚重罪或将流刑折成杖刑时才会使用，而且，脊杖的次数最多为杖二十，打多了即便打得再轻，人也会被打死的。

由此可见，杖刑绝不是我们今天想象得那么轻松。而杖二十已经很重了，这说明宋代贩卖私盐属于非常严重的犯罪行为。

一开始负责查办这一案件的人是包拯的老熟人、已经担任武信军节度判官的吴奎。经初步审理，吴奎已经将案情查清，并按程序将案件交给了大理寺。哪知道，大理寺不但很久都不能定案，而且还存在严重的包庇现象。

张可久非常狡猾，每次贩卖私盐时，他都会迅速转手，而且从来不留库存。因此，虽然涉案数量惊人，但被当场查获的数量并不多。尽管这样，据张可久等人招供和现场查获，他们贩卖私盐的数量也已达万斤。大理寺想以查获的数量给张可久定罪。

包拯对大理寺的做法很不满意，他认为大理寺对张可久定的罪太轻了。

此时，针对大理寺在张可久案上存在的明显舞弊行为，吴奎已经提出弹劾。包拯发现，给张可久等人定罪时，大理寺存在严重的包庇行为。

包拯认为，一是审案人应该查清其历年来的总涉案数额，以此作为标准实际论处，而不是草草了事，以当场查获的数量定罪；二是朝廷官员执法犯法，必须重判以警示天下。为此，他向朝廷建议重审此案，同时也算是对吴奎的声援。

最终，因为包拯的不依不饶，首恶张可久责授保信节度副使，其他人也都依法受到了严厉的处罚。

除了阎士良案和张可久案，包拯正式当上御史以后，还对魏兼以权谋私在所任之地购买田产案、任弁在任内私役兵士为自己谋利案提出了质疑，最终这些人都受到了法办。

在处理这类事情上，仁宗一向优柔寡断。虽然大臣们犯了错，但他常会念及这些人的种种功劳，最终都选择从轻发落。包拯对这几桩案子一直据理力争，如果没有他的不依不饶，相信这些人都将逍遥法外。

自从包拯正式当上监察御史，一旦见到欺压百姓、作威作福的行为，他都会挺身而出。在处理这些案件时，各类知法犯法、相互包庇的现象更让他怒不可遏。尤其是各类官员目无法纪的谋私行为，包拯更是不能容忍。他义正辞严地要求朝廷不能轻饶这些人。

几个案子办下来，包拯疾恶如仇的名声迅速在民间传开了。

吊诡的兵变案

除了讨论国家政策、弹劾不法官员，包拯还参与了保州兵变的处理。

保州兵变，是北宋仁宗年间一桩异常吊诡的士兵哗变事件。说其吊诡，是因为这次兵变的起因最终也没有查清，而且很多人都稀里糊涂地丢掉了性命。更可笑的是，带头造反的人居然成了朝廷的功臣。

庆历四年（1044 年）八月初五，位于宋夏战争前线后方的保州（今河北清苑）发生了一场性质十分恶劣的兵变。起因是保州通判石待举和云翼军都监韦贵因赌酒发生了冲突。韦贵和石待举竟打作一团，一时间官兵对立、剑拔弩张，还闹出了人命。

云翼军和保州府的矛盾由来已久，韦贵乘醉大骂石待举“减削兵粮”，由此激怒了一向对官府不满的云翼军士兵。士兵们持刀造反，相继趁乱杀死通判石待举、知州刘继宗和都监王守一，并占领了保州城。

韦贵是有后台的，他本是章献太后刘娥娘家侄子刘从德的家奴。刘从德死后，韦贵经朝廷恩补为官。

据李焘《续资治通鉴长编》记载：“保州、广信、安肃军，自五代以来，别领兵万人，号沿边都巡检司，亦曰天策先锋。以知州军为使，置副二人，析所领卒为三部，使援邻道。太祖常用之有功，诏每出巡，别给钱粮以优之。其后州将不复出，内侍为副，数出巡。部卒偏得廪赐，军中以为不均。通判保州秘书丞新昌石待举计于都转运使张昷之，仍请合三部兵更出入，季一出，即别给钱粮，余悉罢。”

保州因北邻辽国前线，一直由云翼军负责镇守。因为历史原因，云翼军编制比较复杂，当时是由三部分兵马组成。保州知州指挥带领一路兵马，朝廷派两名内侍官各自带一路兵马。按照朝廷安排，驻军有守边巡边的任务，因此他们的待遇很好。军队每巡边一次，朝廷还会给予一定的补贴。后来，归知州指挥的这支兵马不再巡边，也不再领取朝廷补贴，剩下的补贴就分摊给了另两路兵马。

大家都是当兵，本来待遇一样，现在却突然不一样了，通判石待举认为此事不公，便向河北都转运使张昷之进行了奏报。后来张昷之下令，仍由三路人马一起守边出巡，补贴均分。

石待举觉得这样挺合适，但军头韦贵不干了。改作三路兵马轮流巡边以后，影响了他和手下士兵们的待遇。韦贵认为这是石待举故意搞鬼，就对石待举心怀不满。于是，趁着赌酒故意挑起事端，韦贵带人杀死石待举，进而引发了一场兵变。

司马光在《涑水记闻》中对这件事是这么记载的：

天章阁待制张昷之为河北都转运使，保州界河巡检兵士常以中贵人领之，与州抗衡，多龃龉不相平，州常下之。其士卒骄悍，粮赐优厚，虽不出巡徼，常廪口食。通待石待举以为虚费，申转运使司罢之，士卒怨怒，遂作乱，杀知州、通判等，枭待举首于木上，每旦射之，箭不能容，则拔去更射。推都监为主，不从，即以枪刺之，洞心，刃出于背。又胁监押韦贵，贵曰："若必此，能用吾言乃可。"众从之，遂立贵为主。贵以言谕之，令勿动仓库及妄射杀人，且说之以归顺朝廷，众颇听之。

李焘和司马光对此事的说法虽大同小异，却有本质的区别。二人说法相同的是，这次哗变确实是由于士兵不满待遇引起；不同的是，李焘说是州军分走了云翼军的补贴，导致云翼军不满，韦贵大骂石待举是兵变的导火索。而司马光的说法则是云翼军一贯骄横，石待举见其领空饷却不好好地履行守边义务，建议转运使司取消了巡边补贴，云翼军恼羞成怒，才出现了这次兵变。

真相到底是什么已经无从考证，但此事因军饷补贴而起却是事实。不过在这场兵变中，最吊诡的却是始作俑者韦贵角色的前后变化。

按司马光的说法，韦贵不但是无辜的，而且还对叛军进行了劝谕。这跟李焘的说法截然相反，但李焘却也含糊地补充"韦贵既劝谕乱军"。

韦贵在叛乱之始，到底是在约束部下还是在煽动部下直接决定了他在这场兵变中的角色。因此兵变平定以后，如何看待韦贵在整个叛乱中起到的作用，无疑是给这场兵变定性的关键。

后来，朝廷在处理此案时果然遇到了这一难题。不久兵变平定，关于如何处置韦贵，众人说法不一。为了进一步了解事情的真相，我们再说说这次哗变平定的过程。

八月初五，保州发生兵变，朝廷直到初九才得到消息。十一日，朝廷派知制诰田况前往保州"相度处置"，而且许其"便宜从事"。与此同时，诸路平叛大军也陆续赶到，大军将保州城团团围住。叛军先是“杀党中懦弱十余人，指为首恶”，希望得到朝廷招安。田况犹豫不决，叛军“遂复固守拒命”。于是，“招之未肯开门，击之未能速破”，一时形成僵局。

二十五日，朝廷发出最后通牒，开城受降即可得到宽大处理，如拒命顽抗，则大军一举攻城，城破之日城中老幼皆戮。

田况派定州知州王果去城下宣诏。叛军不相信王果，说朝廷必须派李昭亮来宣诏，他们才肯开城投降。李昭亮是太宗明德皇后的侄子，多年来一直带兵，不但是皇亲国戚，而且在军中威望极高。田况万不得以，只好请来李昭亮。

李昭亮与田况同到城下宣诏，城中叛军仍不信任。随后，田况又多次派人到城下喊话，经数轮交涉，大多数叛军才放下武器开城投降。事后，田况率军入城，将不肯投降顽抗到底的四百二十名叛军坑杀。九月初三，田况报“保州乱平”。

至此，持续了二十八天的保州兵变结束。

关于如何处理这类突发事件，早在兵变之初，包拯曾向朝廷提出一个建议：

> 欲望圣慈于内臣选择素有材辩可任者，令赍密诏往彼，缒入城中，以诏旨一二亲自宣谕，俾逆党知朝廷并贷前罪，普与昭洗之意。纵逆党迷惑，未即信从，其间诖吴协从之人，以使命在彼，必有他变，或翻然改图矣。

由此可见，知制诰田况奉命前往保州，朝廷可能是听从了包拯的建议。不过，他的建议朝廷并没有全部采纳。因为包拯当时的建议是“令亲信内臣赍诏入城，论以赦宥，许其自新，事必可济，于理亦便”。事实上，田况到保州以后并没有赍诏进城。

兵变平定后，朝廷立即启动问责程序。对军头韦贵的处理，无疑是所有人关注的焦点。包拯与大多数人的看法不同，他认为首恶必除，即使不将其砍头，也要流放至荒蛮边远之地。

综合考虑多方面因素，朝廷没有采纳包拯的意见，而是将韦贵降为右侍禁、监岳州茶盐酒税。包拯想不明白朝廷为什么会对一个煽动士兵哗变的人如此宽容，为此他又上表一道，继续坚持自己的观点。

朝廷“不从”的原因应该有二：一是招降时曾经答应“宽大处理”；二是可能认为保州兵变中韦贵确实属于被胁迫，而且在招降工作中起到了一定作用。

至于在兵变之初韦贵到底扮演着什么角色，此时似乎已经不重要了。

朝廷尽管没按包拯的提议去做，但通过这次兵变事件，仁宗皇帝和大臣们领略到了他明察秋毫的过人本领。

宰相选谁

保州兵变案处理完毕，朝廷对韦贵在这场兵变案中扮演的角色终于盖棺论定。虽然这一处理结果让很多人大惑不解，但其背后折射出的却是地方州府和军队之间不可调和的矛盾。

最近这段时间，大宋朝堂内部又发生了许多重大的变化。改革派接连遭受打击，人们发现离开朝堂的范仲淹再也回不来了，保守派对新政的攻击更加肆无忌惮。自王素被派去淮南担任都转运按察使到富弼离开朝堂，最终以范仲淹的去职为标志，改革派的势力已经被保守派瓦解得支离破碎。

欧阳修是新政坚定的拥护者，尽管他一直深受仁宗皇帝青睐，但近些年却在朝堂得罪了太多人，而且一点儿也不讲敬老尊贤的规矩，因此他的名头虽然响亮，却一直遭受许多朝廷大员的排斥。

比如晏殊。晏殊曾是欧阳修的省试主考官，可以说对欧阳修有着知遇之恩。欧阳修却口无遮拦，常常一时兴起就忘乎所以。早在宋夏战争的时候，有一日天降大雪，晏殊好意邀请欧阳修到自己府上饮酒，不想欧阳修却作了一首《晏太尉西园贺雪歌》，尤其末尾的“主人与国共休戚，不惟喜悦将丰登。须怜铁甲冷彻骨，四十余万屯边兵”，彻底把时任枢密使的晏殊给惹恼了。

师徒从此反目，老死不再往来。如今晏殊已是宰相，见欧阳修在政治上还是那么“不成熟”，经常毫无顾忌地公然树敌，胆小怕事的晏殊认为欧阳修不适合再当谏官。在晏殊的建议下，朝廷先将欧阳修由谏官升知制诰，然后直接调出京城，派到河北路担任转运使。

随着欧阳修离开皇帝身边，当时名噪天下的“庆历四谏官”已经四去其二。欧阳修升任知制诰后，孙甫接任了他谏官的位置。事后人们才知道，提议将欧阳修调离皇帝身边的竟是晏殊，谏官们不干了。在宋代，谏官们从没受过谁的气。虽然与御史合称台谏官，都负责告人，御史台要归宰相管，谏官却不受宰相的约束，还可以直接给皇帝提意见。

众谏官认为晏殊这是在报复欧阳修，决定给欧阳修报仇。于是，孙甫和蔡襄不依不饶、接二连三地给朝廷上本弹劾，将这些年晏殊做过的错事全挖了出来。最终，一套让人眼花缭乱的组合拳打下来，晏殊被罢去相位。

晏殊被罢相虽然有些无辜，却也是历史的必然。晏殊罢相不是因为他哪里做错了，而是因为他不应该继续待在大宋宰相的位置上了。自晏殊当年因反对张耆当枢密使被罢到应天府以后，这些年他虽屡次身居高位，却一直安于守成，不见有什么建树。

先皇真宗一直是拿晏殊当宰相来培养的，因此他年纪轻轻就身居高位，而且一路顺风顺水。但是他却有一个致命的弱点：太聪明。

一个人但凡聪明，做事便喜欢抄近路，而且犯过的错误不会再犯。被刘太后一记闷棍打蒙以后，晏殊学聪明了。从那时起晏殊就开始小心翼翼，生怕再有什么差错。无论当御史中丞、三司使还是宰相，他一概人云亦云，明哲保身。这种落个树叶都怕砸到头上的小心，让仁宗皇帝很失望。

于是，借着谏官们弹劾他的机会，仁宗将晏殊贬去了颍州（今安徽阜阳）。

大宋不需要碌碌无为的宰相。宰相被罢是件大事，此时中书宰相只剩下章得象一个人。到底选谁进补，无疑是仁宗眼前的当务之急。鉴于这一情况，包拯在晏殊被罢以后第一时间提出了他的建议，上奏《晏殊罢相后上》。

臣闻帝王之德，莫大于知人，知人则百僚任职，天工无旷矣。夫宰相者，上佐人主，以道治天下，固非庸材所堪，当历选群卿，以补其阙。得其人则舆议厌伏，非其人则大职堕斁，治乱之本，在兹一举，可不慎乎！

臣伏见晏殊罢免，朝廷必再命相，此乃陛下慎择材之时。况今日百度或阙，生民未泰，契丹、夏贼，交臂伺边。宰相得人，则可以上尊朝廷，外威夷狄，陛下庶宽宵旰，垂拱仰成矣。若但取左右毁誉，容易以付大柄，恐非国家之福。况近臣才与不才，皆圣心所尽知，在裁之圣断，勿牵群疑尔。臣非次，不敢求上殿进对，惟陛下特留圣意。

包拯知道自己只是个监察御史，人微言轻，朝廷宰相人选问题过于重大，他在奏折末尾特意用了一句“臣非次，不敢求上殿进对，惟陛下特留圣意”，以示分寸。

包拯的这封奏折也颇具玩味，显而易见，他并没有给晏殊鸣冤。

晏殊这次被罢免的理由很牵强，官方的说法是晏殊当年给李宸妃写墓志时不实话实说，实际上只是他上殿面君时先迈的左腿。为了平息谏官们的愤怒，同时也为了朝堂上的平衡，加上对晏殊无所作为的失望，仁宗皇帝才罢去了晏殊的宰相一职。

历朝历代的领导者需要做的事情一是布局，二是用人。用对人天下垂拱而治，用不对人既操心又费力，天天焦头烂额手忙脚乱，不但国家治理不好，而且还会被后世痛骂。这是一个世人都知道的道理，但如何选人用人，却又仁者见仁智者见智。

吕夷简当宰相的时候，仁宗就很省心。虽然有些年轻人不服气，也有些人骂吕夷简私德不好，但总体来说那段时间国家治理得还可以。后来，两府大臣进进出出，尽管有的人同样也出色，但他们不是当宰相的料，比如这位刚刚被罢免的晏殊。

宰相出缺，谁补进来合适呢？

包拯说："皇帝您一定要自己决定，千万不要乱听别人的意见。"当时很多人都在盯着这个位置，有资格当大宋宰相的人有杜衍、陈执中、贾昌朝、宋庠和吴育，另外背后还有一个虎视眈眈的夏竦。夏竦虽然没资格当宰相，但有能力让他想要的人当上宰相。

仁宗皇帝思来想去，终于选定了一个人。这个人后来在史册里也成了一代名臣，他的名字叫杜衍。

难以判断包拯这次的建议在大宋宰相的挑选上起到了多大作用，但在这封奏折中，他对宰相人选提出的标准和要求，杜衍无疑哪一条都是符合的。特别是在仁宗皇帝面对诸多人选犹豫不决时，包拯这封奏议一定给了皇帝宝贵的指引和决心。

自建议州县官选人到对贡举发表意见，再到建议宰相选人，包拯的人才观已经初步形成。

庆历和议

除了对朝堂大事有自己独到的见解，包拯对大宋的时局和外交政策也有着非同一般的敏锐。自宝元元年（1038 年）李元昊称帝，第一次宋夏冲突爆发起，包拯就开始关注这类话题了。

先说说第一场宋夏战争。李元昊造反以后，宋夏之间大大小小发生过多次军事冲突。大宋不许李元昊自立，李元昊开始带兵攻宋。他攻宋并不是为了扩大自己的领土和版图，而是想通过武力逼使大宋承认自己的身份，并顺手牵羊地掠夺一些财产。

宋夏战争中，第一次大规模的战役是李元昊兵发延州，随即发生的三川口之战，谁也没想到李元昊攻到延州城下就撤军了。

李元昊选择撤军的目的无非是想告诉大宋：我不是不能打，我只是不打。如果你允许我立国，答应让我当皇帝，那我就不打了。

而对大宋来说，李元昊的行动无疑是在挑战自己的底线。大宋君臣对李元昊的态度很明确：钱粮、待遇、称号等等都可以商量，这些统统都是小事儿，前提是不称帝。

一个闹着要称帝，一个坚持不让。于是，在接下来的几年时间里，双方大大小小发生了多次军事冲突。打来打去，谁也没想过真正去占领对方的领土。

大宋没有进攻，一是因为当时宋军的斗志不强，更重要的是历史上失败的教训太多。即便把西夏的地盘全打下来，最终也得让当地人镇守，与其这样还不如让李元昊知难而退。只要李元昊放弃称帝，大宋乐于让他继续去经营这片土地。宋军不占天时，不占地利，前线各统帅意见也不统一，于是双方就这么你来我往地耗上了。

从战略上看，其实大宋不该心急，心急的是李元昊。然而，宋军前线的将帅们却很心急。李元昊心急，是因为他的军队擅长运动战，兵马粮草不能保证持续供应，消耗战他打不起。宋军前线将帅急，是因为朝中一道道圣旨的催促，他们需要尽快向皇帝交差复命。

就这样，接下来又发生了好水川之战和定川寨之战。客观地说，这几场战役李元昊都打赢了，尽管打赢了，他却没真正得到多少好处。

自韩琦和范仲淹来到前线以后，尤其是范仲淹经营鄜延路以来，他似乎招招都能准确地击中李元昊的要害。别看范仲淹不动声色，也从不主动出击，但他拿准了李元昊的心理，用坚壁清野搞得李元昊一点儿脾气都没有。白豹寨、青涧城、水洛城，宋军的阵地防线还在一点点地向前推进。不但如此，宋军的防御能力也明显地得到了提升和加强。

持久战李元昊打不起，于是他孤注一掷地发动了定川寨之战，但虚晃一枪就撤军了。

从严格意义上来讲，第一次宋夏战争开始的时间是李元昊兵发延州和三川口之战，结束的时间是定川寨之战。

从时间上看，自仁宗康定元年（1040 年）三月到仁宗庆历二年（1042 年）十月初，共历时两年零七个月。

也有人认为，这次宋夏战争要从宝元元年（1038 年）李元昊称帝算起，到庆历四年（1044 年）十月初二宋仁宗赐对方誓诏结束，前后共历时七年，这一说法也不无道理。

宋夏战争只打了不到三年，停战后仅谈判就谈了两年多。一是因为双方都打不起了，二是双方都为了实现自己的目的而争取主动，为谈判争取条件。在谈判中，谁先沉不住气谁就主动让步，这是惯例。

就这样，你来我往，宋夏使者们进进出出，李元昊坚持只要称帝别的什么都不要，而大宋则坚决不许，说条件可以随便谈，只要你不称帝。双方达不成一致，便一轮轮没完没了地谈起来。

谈条件就谈条件吧，但谁也摸不清对方真正的底线，不知道对方的底线，那就一点点地试探，一点点地拖，以争取自己权益的最大化。就这样，今天你来明天我往，互派使者，他们都既搞不清对方的虚实，又搞不清对方的底线，只好以静制动，以不变应万变。这好像小孩过家家，大家都是为了谈判而谈判，谁都不清楚最终会谈到哪个地步。

总这么僵着对大宋来说也不是好事儿，大臣们需要给皇帝一个交代，同样皇帝也需要给百姓们一个交代。于是各种建议如雪片般飞向朝廷。

终于，在庆历四年（1044 年）十月，宋夏和议达成一致。李元昊答应不再称帝，但大宋需要册封他为夏国主；除了例行赏赐，大宋每年还要赐给他绢十三万匹、银五万两、茶二万斤，最终折合绢十五万匹、银七万两、茶三万斤；边境重开保安军（今陕西志丹）、高平寨（今宁夏固原）等沿边榷场贸易。

包拯对于宋夏两国之间的形势一直有着清楚的认识。庆历四年八年，谈判工作已经接近尾声，但还是迟迟不能敲定。大臣们纷纷为谈判建言献策，包拯也向仁宗提出了他的建议，上奏《论昊贼事宜》。

臣窃闻余靖近进北虏回书，其意未顺。今杨守素朝辞将发，未审朝廷如何处置。今若纳元昊诚款，仍赐誓书，窃恐北虏因之得以为词，于理未便。缘北虏结好四十年矣，事无纤钜，莫不徇从，一旦骤违其意，非计之得也。况事体至大，若不出于成算，岂可容易拟议哉！设欲恃北虏之旧好，纳西戎之新款，纵无后患，亦防他变，得此失彼，恐未为福。万一虏情忿戾，乘衅而动，则曲在我矣。欢盟一失，追悔何及！此乃系国家安危之机，可不慎乎！

兼知元昊先所陈请，或未尽从，且可再令商量，稍缓其事，数月之内，彼中事机尽见，然后图之，惟陛下特赐省察。

在这封奏议中，包拯建议朝廷一定要审时度势，不能只看宋夏关系这一个问题，在确定和议条款时，一定要考虑一下大宋另一个重要邻国——辽国的感受。

包拯担心与西夏的和议会直接影响到宋辽关系，他直言不讳地向仁宗皇帝提出了自己的忧虑，劝仁宗皇帝定和议条款时一定要慎重。

另外，包拯觉得还有一条需要说一下，那就是谈判一定要有耐心，一定要把握最好的时机，千万别急于求成。

上完这封奏折以后，包拯感觉还有一个十分重要的问题不能忽视。他听说李元昊的使者杨守素曾经提条件说，大宋需要同意西夏用青盐换取中原的茶货。包拯发现这件事大有猫腻。

西夏之地富有盐矿，它既是西夏的战略物资，又是其换取其他战略物资的来源。宋夏战争打响以后，大宋曾下令对西夏进行贸易封锁，西夏的青盐运不出去，其他的战略和生活物资也断了供给。西夏人为什么会提这个要求呢？包拯再三思考，终于想明白了。李元昊和他的西夏部落不能只靠吃青盐过日子，用青盐换茶货，等于是在为自己换取生活物资。想到这里，包拯发现事关重大。他担心朝廷一旦答应李元昊，此举一定会酿成大患，不但会使西夏顺利得到各种紧缺的物资，而且还会影响大宋本国盐业的发展，便上奏《论杨守素》。

> 臣伏见西贼再遣杨守素诣阙请命，而朝旨方议纳其诚款，此亦安民御边之长策也。风闻道路云：元昊欲岁纳青盐，贸易茶货。然未审虚实。缘元昊数州之地，财用所出，并仰给于青盐。自用兵以来，沿边严行禁约者，乃困贼之一计尔。今若许以岁进数万石，必恐禁法渐弛，奸谋益炽，不惟侵夺解盐课利，亦虑浸成大敝，关防或未能制。若稍行捉捕，则弃前恩，结后怨，此亦必然之势也。议者复欲令运于关东支用，或许客人裨贩，则又不免配率车乘，转成搔扰，固朝廷所宜慎重。此举如不获已，则不若于前来许赐帛缯茶货数量与增加，亦可以弭亡厌之求。兼此剧贼猖狂难保，沿边塞栅备御之具，亦不可少懈。缘臣疏外之职，素不预议；但采于物论，知所以然，敢罄公言，少裨万一。

在奏议中，包拯一针见血地指出了西夏人的险恶用心。包拯认为，对方提出的条件也不是不能答应，如果答应的话，不能以贸易的形式，可以提出直接让他们把青盐运到关东支用。不过还是建议多赐给他们一些帛缯茶货等物资，将其打发了事。

包拯很有远见，此时的他对处理外交关系和外交策略已经有了独到的见解。一场较量既要有战略，也要有战术。在坚定战略的前提下调整并选择有效的战术，才是制胜的法宝。知己知彼，百战不殆。谈判双方，不管是个人还是国家，既得知道对方想要的是什么，还得知道自己想要的是什么，更得知道值钱的是什么，自己的底线是什么。

包拯这封奏折很受仁宗皇帝认可，仁宗皇帝没想到包拯不但是块当御史的好料，在处理外交关系上也同样深有远见，他的能力得到了进一步的认可。

皇帝的陆续认可，为包拯以后的仕途奠定了坚实的基础。同时，在处理对外事务上的娴熟，也为他日后出使辽国创造了一定的条件。

零容忍

成为大宋御史以后，包拯凭借自己出色的表现，在朝堂中逐渐获得了越来越多的关注和赏识。

从监察御史里行升为监察御史以后，包拯不但将自己的目光更多地投向了民生疾苦，当仁不让地站出来公开跟那些知法犯法的人死磕，通过弹劾张若谷、保赏李用和进一步刷新了人们对他的认知。

包拯年龄大，起步晚，在很多人眼中他就像一个勤勤恳恳、冷峻、古板而又不善言辞的老黄牛，不管有什么苦活儿累活儿，人们第一个想到的自然是他。然而，就是在这平淡的日常事务中，他却抓住了宝贵的机会，踏踏实实地完成着一个御史应该履行的职责。他不但对庆历新政的不足之处提出了批评，更是在宰相任命、军队治理和外交策略上给了朝廷有效的建议。

一开始，大家都认为他最终会是一个御史台的庸吏，可几件事办下来，大家不得不对他刮目相看。谁也没想到，这个平日里话也不说一句的人，才是御史台那把最犀利的刀子。按照这一势头发展下去，相信他很快就会有一个更加光明的前程。

在担任监察御史期间，弹劾蒋堂也是包拯的一个经典事件，他在《请重坐举边吏者》的奏折中写道：

臣伏睹近降敕命，以枢密直学士知益州蒋堂为奏举前保州通判秘书丞石待举不当，罚铜四十斤，放。按石待举残虐屯兵，刻削廪食，群凶相扇，固守城壁，杀害民吏，几成大患。原其情状，免死犹未塞责，而保任之者，止从轻典，窃恐不足以诫其滥举也。缘河朔三路，军民财赋，事务繁剧，长吏僚佐，尤在得人，所以申命近臣，同罪保举，盖国家慎重选擢，如是之至也。而论荐之人，不能体认朝廷求实才备急用之意，但缘其雅素，或暱于爱私，或迫于势要，或通于贿赂，势不得已，因而举之，又何暇论材器，较治行之详悉哉！致一旦用之，为国生事，不可不深虑也。

臣欲乞今后应河北、陕西、河东知州军通判兵马都监已下，依旧令两制以上臣僚，举曾历三路差遣，谙悉边事京朝官及武职等，委是精当，方得以次选用。如擢用后稍不如举状，并乞同坐，重行朝典。

宋代官员有着向朝廷推荐优秀人才的职责。前段时间，保州发生士兵哗变的事还没有处理完，虽然都监韦贵没被处以重刑，但其他哗变人员都得到了最严厉的处分。大失体面的朝廷决定进一步追究责任，这件事该如何处理立即摆上了议事日程。

约束兵士不力的知州刘继宗、通判石待举和都监王守一已在哗变中被杀，接下来，他们的保荐人需要为此承担责任。

在宋代，选人转官担任新差遣，需要有高级官员保举，这些事情都要一一记入档案。如被推举人不称职或作奸犯科，保举人必须一同论罪。因当时对文臣格外宽厚，到论罪环节时往往会法外开恩，只要没人盯着不放，就会对保举人轻论，甚至不予追究。

这次保州兵变，负有首要责任的是石待举，而他的保举人是蒋堂。

蒋堂这个人不简单。当年仁宗皇帝的废后风波中，是他和孔道辅、范仲淹一起大闹宫门伏阁请对的主要人物之一。伏阁请对时，他的身份已经是侍御史。后来，带头反对仁宗皇帝废掉郭皇后的孔道辅和范仲淹均被贬出京城，蒋堂则被罚铜四十斤。可见，他在朝廷和仁宗皇帝心目中的位置。

受罚之后没多久，蒋堂又当上了侍御史，后来又被派到江南东路当转运使，再后来还当上了江淮制置发运使。可见，蒋堂资格老、能力强，而且官声还不错。范仲淹后来到苏州上任时，蒋堂正是他的上司。

没有一条法律规定，不是赃官做了错事就可以不受责罚。更何况，保州兵变事件确实因石待举而起，他需要承担责任在所难免。虽然人已经死了，但其在通判位上“残虐屯兵，刻削廪食”倒也基本属实。

当时庆历和议刚谈下来，大宋和西夏的和议书还没有签订。保州的地理位置特别敏感，它既紧邻西夏前线的河东路，又是北防辽国的重地，敢在这个时候给朝廷添堵，仁宗皇帝的恼火可想而知。事情既然已经发生，而且叛乱也已平定，处理完直接责任人以后，其他相关责任人必须论罪，否则皇帝没法向百官交代。

朝廷一再强调，必须严格保举制度，尤其是身负边防任务的缘边官吏，如果被保举人行为不当，必须对保举人进行重罚，否则大宋的官场风气将会越来越坏。

自从亲政以后，仁宗皇帝一直对大宋的官场风气深表不满。此时唯有严厉地处分蒋堂，才能遏制这股歪风邪气。

尽管蒋堂并不是赃官，但包拯对蒋堂的弹劾丝毫没有手软，这也正是他作为一名御史的本色。包拯认为，朝廷对蒋堂只“罚铜四十斤”处理得太轻了，他建议对蒋堂从重处罚，以儆效尤。毕竟，今天放过一个蒋堂，明天不知会有多少庸才被推荐到朝廷。

说完这些，包拯还建议：从此以后必须严格执行“官员连坐”制度，只有这样，高级官员们才不敢再随意推荐人。

至于蒋堂，身为朝廷老臣，既然朝廷规定了制度，就必须带头为自己的行为负责。

除此之外，包拯在这封奏折中还对当时的人才举荐制度进行了痛批。大家向朝廷推荐人，往往不是依据真才实学，有时是因为此人有名望，有时是因为个人欣赏，有时还是受人胁迫或受人贿赂，这是人之常情，也是当时官场普遍存在的现象。包拯对此极为担心。

这一现象便是从古至今人人想要却又人人痛恨的任人唯亲，当然它还可以总结为两个字：徇私。

河北、陕西、河东三路都是缘边之地，地理位置重要，因此对这三路官员的选用朝廷一向谨慎。因蒋堂一案，包拯向朝廷提出了一个关于这三路官员选用的行之有效的建议：边事重大，边吏的选派必须按照原来的办法，由翰林学士及知制诰以上的官员推荐，这些人可以是当地有工作经验的官员，也可以是熟悉边事的京朝官及武官，最终他特别强调推荐人必须连坐。

宋代的官场，人才井喷而且处处是坑，不论你是好官坏官，只要稍有不慎就会自毁前程。最终，包拯不依不饶地坚持原则，让蒋堂付出了代价。

庆历四年十二月，知益州蒋堂迁知河东府，这说明包拯这封奏议起到了重要的作用。与此同时，包拯对于官员徇私零容忍的态度，更是让大宋朝堂上下为之胆寒。

接替蒋堂知益州的是包拯的熟人，也是包拯的同科进士兼好朋友，龙图阁直学士、吏部员外郎、知秦州文彦博。

随着朝廷这一任命的下达，文彦博也由龙图阁直学士升为枢密直学士。文学士这一升职，包拯虽然没做出什么直接贡献，但蒋堂受罚贬职，客观上为文彦博的升职腾出了可晋升的空间。

动大家的蛋糕

自批评了新政的不足以后，保守派认为包拯已经站到了自己这方阵营。虽然不见他接下来有什么大动作，但保守派相信，早晚有一天，这位不声不响、总喜欢单打独斗的“老新人”会继续交出让他们满意的成绩单。与此同时，随着建言被不断地采纳，包拯的表现吸引了更多人的关注。

这段时间，包拯犀利的批评给人们留下了深刻的印象，而朝廷对他的建议的不断采纳，更是证明了他个人能力的突出。一时之间，包拯的锋芒盖过了他的领导，那个一向以才高胆大著称的御史中丞王拱辰。

不过，尽管包拯已经声名远播，但他仍旧板着脸在御史台进进出出，从不轻易跟人说一句话，也不随便跟人提一件事，身边所发生的一切似乎都与他无关。

客观地讲，虽然包拯此时已经是一个不错的御史了，但在向朝廷建言方面他跟欧阳修还是有很大的差距。

尽管欧阳修早已经不当谏官，而且已经以河北都转运的身份奉命按察河东，因为有着仁宗皇帝的口谕，不改谏官本色的他仍不时地对他看不惯的一切向仁宗皇帝提意见，闹得满朝大臣心惊胆战。

欧阳修比包拯小八岁，但是无论资历、阅历还是建言成就都比包拯强太多了。包拯内心有一个属于自己的平衡。他知道，欧阳修跟自己领导的特殊关系和特殊矛盾，也知道领导快人快语喜欢意气用事，最看不惯欧阳修不管对谁都指指点点的行为，因此包拯一直恪尽职守，刻板且小心翼翼地做人做事，不管在什么场合都不多说一句话，平日里除了工作跟谁都不交结，这在文人至上的北宋绝对算得上是遗世独立般的存在。

欧阳修的特点是对人不对事，包拯却是对事不对人。如此看来，包拯与欧阳修的区别一目了然。尽管批评过新政，但在包拯眼中，改革派的举措未必全都不好。这段时间，他一直在思考一个很敏感的问题，同样还是跟吏治有关。为搞清这个问题，他调阅了很多资料，终于冒天下之大不韪地又向朝廷上了一封奏议。

这封奏议的名字叫《请依旧考试荫子弟》。

臣伏睹先降敕节文，应奏荫子弟京官及二十五以上，其选人遇南郊大礼，限半年许令铨投状，京官每年春季国子监投状，并差两制官于逐处考试。内习词业者，或论或诗赋；习经业者，各专一经，试墨义等。及格者与放选、注官及差遣。自敕下之后，天下士大夫之子弟莫不靡然向风，笃于学问，诏书所谓“非唯为国造士，是乃为臣立家”，实诲人育材之本也。

近闻有臣僚上言，欲议罢去，是未之熟思尔。且国家推恩之典，其弊尤甚，因循日久，训择未精，今诏命方行，遽欲厘革，则务学者日以怠惰，一旦俾临民政，懵然于其间，不知治道之所出，犹未能操刀而使之割也，所伤实多。其前项条贯如有闻说未尽事件，欲乞只令有司详定，依旧颁行。

为什么说包拯这一奏议是“冒天下之大不韪”？

庆历三年（1043年）十月庆历新政开始，范仲淹改革里有一条很重要的政策叫“抑侥幸”，这条政策直接伤害了许多朝廷大员的利益。

在改革之前，范仲淹告诉皇帝，当下的恩荫制度导致官僚滥进的情况非常严重，高官子弟受荫即进，很多人无才无德却占据高位，这不但限制了很多才识之士的进迁，而且严重影响了国家的治理。为此，范仲淹建议朝廷将改革恩荫制度列为庆历新政的一项重要改革内容。

新政开始推行以后，最早实施的就是这条“抑侥幸”，即庆历新政首先是拿高官们的特权开刀的。这一具体改革方案是范仲淹等人定的，结果政策一出来，众多高官和高官子弟们都傻眼了：它不但对受荫条件进行了限制，同时还要求受荫人必须通过考试，根据考试情况量才录用。

有“压迫”就有“反抗”，已经到手的蛋糕谁也不想让别人动。

见范仲淹敢这么干，很多当朝高官纷纷开始表示不满，眼见仁宗皇帝一心改革，他们却又不敢公开“反抗”，于是这一矛盾暂时被压了下去。

掩盖问题不等于解决问题，改革的时间越长，改革推进得越深，这种不满就会越强烈。就这样，因保守派的处处阻挠作梗，新政受到的阻力越来越大。随着改革的不断深入，连仁宗皇帝自己都动摇了，领军人范仲淹和富弼也深陷朋党，远离朝堂，庆历新政宣告失败。

由于新政的最终失败，新政推行的各项改革举措也悉数废止，其中也包括范仲淹当初对恩荫制度的改革。

恩荫制度在大宋一直是一个谁也不敢碰的雷区，因为它影响的人太多，范仲淹的失败就是前车之鉴。敢动大家的蛋糕，稍有不慎就会万劫不复。谁也没有想到，包拯竟突然上了一封奏折，旧事重提，建议朝廷恢复此前范仲淹推行的那套恩荫制度。

包拯的奏折一出，满朝哗然。

这不是在公然支持范仲淹吗？这不是公然跟满朝高官作对吗？恩荫是朝廷给予大臣们的特权，它既不是范仲淹给的，也不是你包拯给的，你凭什么建议朝廷改掉？你这是要改革派死灰复燃吗？

包拯这一奏议明摆着是在招惹众怒，但他不管那么多。他不分什么改革派还是保守派，也不管新政还是旧政，只要对国家和百姓有好处的事他都支持，如果对国家和百姓没有好处，他就反对。至于自己的话说出来会得罪谁，或者跟谁结仇，他一点儿都不在乎。如果在乎这些，他就成不了一名合格的大宋御史。

就这样，包拯本着事实出发，列举了对受荫人进行考试的种种好处，还指出了旧恩荫制度的弊端：旧办法积弊已久，朝廷明明已经下令改革，这本来是件好事。可如今又要废除，这样一来，将会导致“士大夫之子弟”不再精进求学。如果让这样的人去做官，天下能治理好吗？这就像一个人还没学会握刀，你就让他去下厨，事关重大，请皇帝三思。

包拯这一奏议就是请皇帝下令，继续沿用范仲淹的办法，通过考试录用官绅子弟，这也正是朝廷刚刚废止的新政内容。

当时，新政刚刚失败，保守派正在得意之际，包拯却不合时宜地提此奏议，大谈恢复新政里的改革措施，结果这一奏议刚提出来，满朝官员都将包拯当成了自己的对立面。几乎在一夜之间，包拯陷入了孤立无援的境地。

然而，朝廷没有采纳包拯的建议。

其一，保守派刚刚大胜，他们有一百个办法对包拯的建议进行批驳和阻挠，保守派绝不会允许新政卷土重来。

其二，仁宗已下诏废除新政，如果再重提新政，皇帝的脸面何在？

其三，就算仁宗采纳了包拯的奏议，这一举措由谁来负责实施？谁敢冒天下之大不韪地去得罪满朝大臣？

一件事情会因为没人肯干而没有成功，这样的例子屡见不鲜。直到二十五年后，一个名叫王安石的人横空出世，才再次将积弊日久的大宋王朝带入改革的轨道。

可能有人会问，这件事包拯自己去做不行吗？

这件事包拯根本做不了。原因很简单，一是没能力，二是没资格。包拯跟范仲淹不一样，他的身份只是一个小小的监察御史，职责是监察百官和朝廷中的各项事务。更深一点说，他当时是一个只负责提意见不负责提供解决方案的人。

但是，包拯不能装死，他不能眼看着这类不合理的现象存在而装聋作哑。身为监察御史，包拯认为自己必须提出自己该提出的问题。至于别人怎么想、具体能不能执行、怎么执行他没有考虑太多。当然他也不需要考虑太多，因为那不是他的职责。

不管新政还是旧政，只要对国家有利、对朝廷有利，包拯都是支持的。可见，这封奏议也正是他一心为公、不畏权贵，从不在乎个人利益得失这一高尚品行的具体表现。

这个御史啥都管

向朝廷建议受荫子弟必须经过考试才能获得录用以后，包拯也知道这一话题过于敏感，因此他在接下来的很长一段时间内都保持着沉默。

好在没有引火烧身，不过他也没闲着。经过一段时间的观察，见自己的奏议没有惹出大乱子，他又对一些当时社会的不良现象进行了批驳。

在宋代，道教虽然仍是国教，但佛教的兴起让佛教界人士的地位不断上升。

太平兴国二年（977 年），太宗皇帝诏令在京城重建毁于五代的龙兴寺，并将这一年的年号定为寺名。第二年，他又下令将“太平兴国”这一年号赐予天下所有没有名字的寺庙，这就是北宋年间全国各地都有太平兴国寺的由来。

京城太平兴国寺因是皇家敕建，又有着唐代龙兴寺的背景，所以规模比较宏大，而且在当时的地位比较高。寺内除了常规建筑，还建有译经院和印经院。到了真宗年间，皇帝赵恒还曾专门将御书匾额赠予该寺。

太平兴国寺中有个名叫绍宗的僧人，不知什么时候开始自号“鹿皮道者”，他不断故弄玄虚、宣传包装，京城一带的善男信女纷纷将其奉若神明。

庆历四年，绍宗竟以铸造佛像为名，大肆向信众聚敛钱财。为了让人信服，他不惜自残肢体，蛊惑人们说自己已经发下宏愿，一定要完成这一无上的功德。

见绍宗如此虔诚，京城的达官贵人、走卒百姓都趋之若鹜、慷慨解囊，甚至宫中也有人为其出资。绍宗很快敛集了巨额财富，并且还在寺内聚集了很多聋哑人，成了威胁当时社会安全的不稳定因素。

包拯上奏《请安置鹿皮道者》认为绍宗是一个非常典型的“民蠹”，即吸食百姓血汗钱财的蠹虫。

也许因为绍宗属于宗教人士，包拯还特意向朝廷作出了解释，说真正的佛家弟子不是绍宗这样的。

包拯认为这一现象必须立即予以制止，否则将遗患无穷。怕仁宗皇帝迷信神怪，他还举出了唐代名相狄仁杰制止武则天建造大佛像的旧事，劝仁宗皇帝早作决断，以止此风。

包拯这一建议得到了长官御史中丞王拱辰的大力支持。

> 臣闻善为国者，必务去民之蠹，则俗阜而财丰；若蠹原不除，治道从何而兴哉？窃见兴国寺僧鹿皮道者绍宗，自残支体，稔怀奸诈，煽诱聋俗，聚集凶党，创修寺宇，熔铸佛像，糜费货实，不知纪极。方国家多事，财用窘急，岂容此辈恣行掊刻！且佛者觉也，在乎方寸，假有万象之广，不出五蕴之中，但平等慈悲，即成正道，有为功果，非所崇尚。
>
> 昔唐朝欲造大像，狄仁杰上疏论列，即时罢役。伏望皇帝陛下俯矜庶品，博采群议，凡所兴造，速赐禁止。其僧绍宗，亦乞于外处安置，庶免惑众。

在这一奏议中，包拯用了一个很重要的词“民蠹”。

包拯是一个疾恶如仇的人，他同情民间疾苦，容不得半点鱼肉百姓的行为。不管对方是皇亲国戚，还是朝廷大员或是打着宗教旗号的人，只要吸食民脂民膏，他必会挺身而出，丝毫不在乎自己的进退得失。

时间过了很久，关于恩荫制度的建议并没有引起轩然大波，包拯这才稳下心来。

接下来，包拯还试着对一些看似平常，但朝廷很敏感的事情发表了自己的看法。比如在这期间，他上了一封《论日食》。

这篇奏议说明包拯开始碰触一些涉及皇室和国家命运的话题，同时也标志着他在朝廷话语权的提升。奏议原文如下：

臣伏见四月旦，日当薄蚀，陛下特降德音，亲决庶狱，饬身修政，以应天变，此诚古之圣后明辟克谨天戒之至意也。臣闻《汉书》云："夫至尊莫大乎天，天之变莫大乎日蚀。"盖日者，阳之精，人君之象也。君道亏，为阴所乘，故蚀。日者，德也；月者，刑也。故圣王日蚀修德，月蚀修刑。《诗》云："彼月而食，则惟其常；此日而蚀，于何不臧。"说者云：月蚀非常，比之日蚀，固常也；日蚀则不臧矣。然于正阳之月，法尤忌之，由是有伐鼓用幣之事。故人君或遭兹变，必避殿撤膳，克己责躬，明君臣，正上下，延纳众议，以辅不逮，如是之至也。今正阳之月，晻然日蚀，而又亢阳益甚，火灾继作，害孰大焉！得非上天有以丁宁垂诫于陛下邪？

伏望陛下奋乾刚之至德，畏天地之大异，发号施令，审思乎利害，赏德罚罪，无间于疏昵，听断不惑，勤俭为先，抑阴尊阳，防微杜渐，然后日御便殿，博延公卿，询访直言，讲求古道，励精为治，以答天戒。如此，则积异消于上，厉阶绝于下，足以导迎善气，驯致太平，惟陛下留神省察。

包拯这封奏议牵涉到了我国古代一个非常敏感而且神秘的领域：天文历法学。

在古代中国，作为正统的儒家学说，天文历法一直受封建统治者的尊崇和推广。统治者一贯利用天文学说为自己的统治戴上神圣合法的面具，同时却对其传播和发展制定了严格的禁限法令。

《唐律疏议》明文规定："私习天文者，谓非自有书，转相习学者，亦得二年徒坐。”五代时期，周世宗时也同样颁布了严格的法禁政策，到了宋代，相关规定更加严格。

大宋之所以对天文历法颁布更加严格的法禁政策，既有其久远的历史原因，又有其复杂而独特的现实原因。

古代天文学的预测可以被用来做善恶的评判，甚至是政治的衡量，而且被认为关乎一个国家的命运和王朝的兴衰。如果不加以约束控制，有可能引起各种流言蜚语，进而影响社会稳定，危及统治。

另外，宋代对于天文学说的态度也与其复杂的政治背景密切相关。

周世宗生前对赵匡胤恩宠有加，其去世后，身为禁军都点检的赵匡胤开始利用天文学为自己代周自立创造舆论条件。发动陈驿兵变前，“京师间喧言出军之日当立点检为天子，富室或挈家逃匿于外州，独宫内不知之”。与此同时，军中有一名号称知晓天文历法的军士说“见日上复有一日，久相磨荡，指谓楚昭辅曰：此天命也”。

由此可见，天文学对宋朝改朝换代起到了巨大的推动作用。既然赵匡胤能据此自立，他一定会防止其他人也这么做。建立政权之初，赵匡胤立即颁布刑律，严禁习论天文之学。后来兄终弟及，太宗皇位来得比较蹊跷，他也借天文学说编造了一个“明日乃晋王利见之辰”的说法，其即位之后亦即大行天文之禁。

再后来的真宗皇帝玩得更大，因与辽国签订城下之盟，为洗刷自己的耻辱，他盲目树立自己的文治武功而大搞神道设教，我国古代历史上最后一次封禅活动就是他搞出来的。当然，这些都是自我粉饰的闹剧，为了防止面具被人揭穿，其厉行天文之禁也在情理之中。

大宋不仅对天文术数资料印刷和传播有着严格的规定，同时对天文信息的外泄和流传也有着严密的防范措施。

《宋刑统》规定：“其司天监、翰林院人员并不得将前见图书等，于外边令人看览。”同时皇帝还屡次颁诏，严格限制天文书籍和信息的泄露和外传，比如真宗时就规定“其本监职官出宫者……不得带阴阳天文书出外”。

因此，涉及天文历法方面的话题，就成了国家王朝的顶级机密。

看到这里，你应该明白包拯这封奏议的重大性和敏感性了。也就是说，在古代不是谁都有资格或有胆量敢议论这一话题的。

但包拯敢。

见天有异象，包拯劝皇帝说：臣跪求陛下您圣明烛照，敬天畏地，充分认识到出现这类事件是上天对您的警示。自此以后，您每一个决策与号令都应深思熟虑，一切从利害出发，无论赏赐功德还是惩罚罪行，都不要考虑远近亲疏。您还应不混淆视听，并自奉勤俭、约束后宫。当错误的思想和行为刚有苗头或征兆时，立即加以预防与制止，坚决不让它继续发展。另外，臣还建议您每天到便殿听政，以广开言路，多听取臣子们的意见，如此励精图治，以示对上天惩戒的回应。

姑且不论日食现象和王朝的统治以及国家命运之间的关系，包拯这一奏议不失为为人臣者借机委婉劝谏的一种积极表现。

我国古代对官员们的约束很多，尤其在礼制方面，特别是官员上殿面圣的规矩更多。在这些规矩中，有一条说的是官员面圣时不准私自邀进，即该汇报什么事儿就汇报什么事儿，不准借机向皇上提个人要求。

朝廷这么规定无非是想让官员通过正常渠道进迁，如果聊得开心皇帝一高兴答应了大臣的要求，宰相和吏部办还是不办?

宋代的吏治一直让人头疼，尽管早已明令禁止，但各官员，尤其是那些不经常有机会见到皇帝本人的官员，还是会趁着面圣的机会跟皇帝说私事儿。

兵部郎中马绛和群牧司判官吕昌龄就曾趁着面圣的机会直接向皇帝求官。虽然二人都已被台谏官弹劾，但朝廷并没有对他们进行责罚。

曾在宋夏战争中立功的许怀德也趁机奏请，想让仁宗皇帝改任他为权大责小的节度观察留后。宋代担任节度观察留后的一般都是朝廷亲信，这一职务是被派驻到地方上监督约束节度使。

如果官员都这么邀进，还要进迁考核的磨勘制度何用？还要审官院何用？包拯认为，官员进迁必须照章办事，许怀德私向皇帝邀求这是无耻的表现，他决定弹劾许怀德，上奏《奏许怀德上殿陈乞》。

弹劾许怀德时，包拯用了一个很重的词："寡廉"，即无耻。这是他第二次将这个狠词用在被弹劾对象身上了。上一次，被他用上这一词的人是老而不退的张若谷。

在奏议中，包拯向仁宗皇帝提出两点建议，一是许怀德这一行为必须处理，不但不能答应他的请求，而且该贬的贬该罚的罚，一切按制度办事；二是诫谕天下臣僚，不要抱着侥幸心理再像许怀德这么做。如有再犯，绝不轻饶。

> 臣伏详近降条贯，应系臣僚上殿，不得陈乞恩泽，并令阖门报告，如违，仰御史台弹奏者。窃见近日臣僚殊不遵禀，例以奏公事为名，因而侥求者多矣。昨兵部郎中马降差知越州，因上殿叙述乞改官；续又群牧判官吕昌龄自河北印马回，上殿亦乞省府差遣。虽各有台谏官论列，然并免勘罚，致今来马军副都指挥使许怀德复上殿乞转观察留后。缘怀德近授观察使，累任别无显效，而不顾邦宪，冒渎圣聪，人之寡廉，一至于是！欲望特赐取勘施行。仍乞今后但是臣僚因奏事陈乞恩理者，或有弹奏，并乞依条勘劾，重行朝典，庶使僭妄之辈稍知警惧。

本职差遣不能丢

转眼间，包拯从端州调进京城已经两年多了。在这两年多的时间里，他以出色的表现获得了人们的认可，同时又以自己广博的学识、深远的见识、疾恶如仇的性格和过人的胆量履行着一名御史应该承担的责任。不过，虽然正式当上了御史，包拯还有着属于他的本职差遣。

包拯的本职差遣是“权度支判官、三司户部判官”，户部掌管着全国的土地、赋税、户籍、军需、俸禄和粮饷，包拯的具体工作是襄佐三司使、三司副使处理相关事务。因此在批评各种不良现象的同时，在本职工作上包拯也下了不少心思。

这一年，怀州（今河南焦作）、卫州（今河南新乡）二麦大熟，粮食丰收固然是好事，但包拯却发现一个亟须解决的问题。

既然粮然丰收，按理说朝廷肯定会在此二地扩大收储。然而，御河（永济渠）水运船只的数量太少，而且大多数都已经损坏，如果这一问题不解决，一定会影响此地夏粮的外运工作。

这是解决运输问题。当时，在北京（今河北大名）有一个官办造船场，但多年以来该造船场不但管理不善，而且还缺乏造船所用的木料。见此情况，包拯建议朝廷直接下令，让河北路在盛产木材的地方提前就地取材，伐木制筏，然后将它们运到御河，不必等着造船场造船。木筏也一样可以运粮，这样就可以保证御河两岸的粮食运输问题了。

朝廷重视夏粮收储工作，及时完成这个任务一是可以充足边备，二是丰年价低，可以为朝廷节省不少开支。

包拯说的没错。

庆历五年（1045 年）河北路年景不错，尤其是京城以北的怀、卫二州，千里沃野、一片金黄，夏麦丰收在即。不但说得没错，包拯的建议也很好。根据他的建议，朝廷立即进行了相关安排，怀、卫二州的夏粮运输问题得到了解决。

在夏粮收储过程中，包拯还提出并解决了一些问题。

当时官府收储用的方式是“便籴”，即用“钞引”买粮，用今天的话说就是官府收粮时打一个收条，凭此收条可以去相关部门领取对应数量的茶、盐、香叶、钱币等物资。

后来，仁宗皇帝曾下诏对此办法进行改革，新法称“三说新法”，它缩小了钞引可兑换物品的范围。如今，凭钞引只可兑换一份现钱、一份茶货和一份香叶。

再说说宋代官府收粮怎么收。

因收粮工作过于烦琐，而且官府不能直接跟百姓谈生意，便出现了很多专门为官府收粮的商人。商人们用现钱收粮，将其交给官府换成钞引，然后用钞引兑换相关物资，再把它们卖给民户从中牟利。因实行三说新法，钞引能兑换的物资种类少了，导致夏粮收储时愿意来河北收粮的商人很少。因此，这一带夏粮收购工作做得很不好。

见此情况，包拯建议朝廷早做规划，取其所需，改变一下现有的交易办法。

根据实地调查，包拯了解到河北紧缺的是现银和绢匹。知道三说新法刚颁布不久，不宜改法，包拯建议朝廷可以在内库支借部分银、绢，总数量合计一百万匹（两）左右，先调拨给河北路，由河北路转运司分发至各沿边各州军。凭钞引可以直接在地方官府兑换银绢，这样一来，秋粮的收购工作就可以顺利进行了。

这一办法确实能够解决问题，而且切实可行。

在物品流通不发达的古代，不拘于成法，用紧缺物资直接贸易确实是一个十分有效的流通办法。有办法解决问题，这才是为人臣者的优良表现。

解决这一问题后，关于粮食对国家的重要性，包拯觉得有必要再提一提。

吃饭是大问题，对一个国家来说也一样，粮食问题直接影响着国家的外交和国防。家中有粮，心中不慌，历代因为粮食问题引发的祸患屡见不鲜。

包拯发现，河北路各沿边州郡的军粮储备都严重不足。屯兵较少的地方储备大概可以维持两年，像定州这样重镇大州的军粮储备只够吃上一年有余，万一打起仗来，这可是个大问题。为此他建议朝廷，应该立即下诏，趁着现在的好年景广作储积，以充边备。

在建议朝廷及时收储时，包拯引用了《孙子》中一段十分重要的话：“无恃其不来，恃吾有以待之也；无恃其不攻，恃吾之不可攻也。”这段话后来也曾被他多次引用。

用今天的话来说，其意思就是“有备无患”。这一精神也正是包拯料理国家大事、国际形势以及对其他各类事件判断和筹划的指导思想，同时也是他思考各类问题的出发点，这一观点甚至可以称为他一生立身谋事的前提。

辽国馆伴使

庆历五年（1045 年）夏天，包拯有幸当了一回馆伴使，奉命陪同前来祝贺仁宗皇帝生日的辽国使者返程。

这只是包拯的一个临时性职务，馆伴使的任务是将对方的使者送到国境线上，不得出国。正是因为这一差使，让包拯得以有机会到河北路北防重地走了一圈。趁着这个宝贵的机会，包拯对河北路各项情况进行了一番实地了解，从而对边将选人和沿边军州官吏的选拔问题，向朝廷提出了自己的建议。

包拯发现，大宋北防存在的问题不少，特别是宋辽分界线拒马河以南的雄州（今河北雄县）、鄚州（今河北任丘）、瀛州（今河北河间）三地，皆是控扼咽喉，尤其是雄州的高阳关路，易攻难守，但这些地方的防务工作做得都不够好，主要原因还是用人不力。包拯建议朝廷应该“特选慎重有才略及武艺之人”，委以重任，同时“责以抚驭守边之术，凡事递相关防”。

三年后，包拯竟被调任河北转运使、高阳关路安抚使。也许是因为这封奏议，朝廷认为他比较熟悉情况，才做出了如此安排。

因为这次河北之行，包拯还对各缘边重地的边将任命提出了具体的办法，尤其是对代州（今山西代县）知州郭承祐表达了强烈的不满。

包拯又准备要弹劾人了。这一次，他弹劾的人可是个不折不扣的大人物。

郭承祐不但是名门之后，而且还是皇亲国戚，他的曾祖父是五代时期就已经发迹的沙陀人郭从义，他的岳父则是太宗皇帝的第七子、舒王赵元偁。

郭承祐在仁宗皇帝还是皇太子的时候就跟着混，因此深得仁宗皇帝器重。郭承祐蒙恩荫以武官入仕，仁宗即位以后，仗着自己的身份经常给朝廷提意见，被人戏称为“武谏官”。郭家发迹于太原，朝廷派他当代州知州自有原因。

包拯一向看不惯这类没有真才实学的皇亲国戚，他认为，像代州这样的重镇必须由有能力的人镇守，朝廷任用郭承祐属于典型的用人不当。

为此，他请朝廷召回郭承祐，早日委派有才干的官员去做代州知州。同时，他还建议朝廷，将其他不称职的边将也都尽快换掉，否则后患无穷。

这次馆伴使之行既让包拯开阔了眼界，又让他增长了不少见识。

在包拯不断努力的同时，他的各位同僚也都在飞速地成长进步，大宋的政局也在发生着让人意想不到的变化。

庆历五年（1045 年）正月，先是右谏议大夫、参知政事范仲淹以资政殿学士任陕西四路沿边安抚使，并出知邠州（今陕西彬县）。而后右谏议大夫、枢密副使富弼以资政殿学士、京东西路安抚使兼知郓州。紧接着，刚当上宰相没多久的杜衍被罢，枢密使贾昌朝拜相，包拯的同科进士吴育由权知开封府升枢密副使。

三月，枢密副使韩琦被贬扬州。自此庆历新政的主要倡导者均已被贬出朝堂，庆历新政失败，包拯终于不用再担心同事们对自己不满。

四月，首相章得象罢知陈州，贾昌朝升首相，陈执中进集贤相，包拯的同年进士吴育由枢密副使升任参知政事。吴育是天圣五年那批进士中第二个荣登两府的大员，此前，得以身居两府的第一人是韩琦。

除了韩琦和吴育，王尧臣的表现也不错，虽然没进入两府，他却早已经当上了主管大宋财赋的三司使。另外，文彦博也已经升任枢密直学士、益州知州，吴奎的进步速度虽然慢了一点儿，却也已经由武信军节度判官升为大理寺丞，他的任职差遣“监京东排岸司”。此前，当里行御史之前，包拯也曾任“勾当京东排岸司”这一差遣。

虽然大家都是同年进士，但无论职位还是热度，包拯此时仍无法与这些优秀的同年们相提并论。

也正是在这一年，在大宋朝堂传得沸沸扬扬的欧阳修“盗甥案”终于尘埃落定。欧阳修被降为知制诰并出知滁州，开始了他“醉翁之意不在酒，在乎山水之间也”的滁州太守生涯。日后，欧阳修不但会给包拯提供多次帮助，而且还会对他提出许多中肯且严厉的批评。

出使辽国

自澶渊之盟以后，宋辽已经确立兄弟关系，为体现交好之谊，每到春节两国都会互派使者进行祝贺。因为包拯此前有过馆伴使的经历，庆历五年（1045 年）八月，他再度被朝廷委以重任，由他担任祝贺辽国春节的正旦使出使辽国。担任他副手的是内臣、阁门通事舍人郭琮。

一路通畅，到达辽国以后，该庆贺的庆贺，该祝福的祝福，过程倒也顺利。

本来，完成使命以后包拯和郭琮就要按计划回国了。回国的日期定在正月初五。按照惯例，当日辽国皇帝需要设午宴为其送行。午宴结束后，包拯等人将在对方馆伴的陪伴下返回自己国家。

碰巧的是，当时大宋还有一拨使员身在辽国。这拨人是被派来祝贺辽国皇帝生日的，带队的人是生辰使、户部判官张尧佐和副使张希一。

在他乡见到了亲人，而且对方又要回国了，张尧佐和张希一便在正月初四安排了晚宴为包拯送行，晚宴由各自的馆伴陪同。

大宋两位生辰使的身份都不简单，正使张尧佐是仁宗宠爱的张贵妃的娘家伯父，副使张希一是曾垂帘听政的章献刘太后眼前第一红人、前枢密使张耆的儿子。

没想到，这次晚宴却出了一个小插曲。

开席前，双方正喝茶聊天，负责接待张尧佐的馆伴副使张宥突然问包拯："你们雄州城（今河北雄县县城）最近在东南方新开了一道便门，听说是专门为了方便招纳我方的奸细。有人说，只要刺探到情报，不管大小都会赐给钱物，你们前前后后招纳了很多人，有没有这回事儿？"

这话问得包拯一愣。

对方外交官在私下场合突然问出这么一个不合外交规矩的话，他既不知该如何回答，更不知道对方问话的目的。包拯有点儿懵：一是这不是一个馆伴该管的事，二是即便要问，他也应该去问张尧佐才对。

外交无小事，包拯不能随便回答。

好在对方也没有刁难包拯，而是委婉地说，不管这事儿真相如何，大宋这么做很不妥当。让包拯回朝以后跟雄州的官员说说，不要再这么做了。

酒宴散后，包拯考虑再三。第二天送别午宴开席之前，包拯告知代表辽国皇帝出席午宴的馆伴，自己有事要说。

落座以后，包拯提起了昨晚张宥所说的雄州之事。

包拯说，当时没调查了解事情的详细情况，所以没有答复。一会儿等宴会结束后，大家一起详细说一下事情是怎么回事，然后再作定论。

按规矩午宴结束以后，包拯让辽国馆伴召来几个熟悉雄州情况的人员。经了解这才知道，雄州近段时间并没有开创便门，所有的便门都是以前开置的。

见此，包拯告诉对方馆伴："这件事纯属道听途说，不可采信。如果真是为了招纳奸细，正门一样可以出入，何必再开置便门？再说，即便有所开置，也是为了方便出入，这属于正当权利，与两国外交根本就扯不上关系。”对方馆伴点头称是。

包拯继续说：“如果你们燕京（今北京，时属辽地）或涿州（今河北涿州，时属辽地）开创便门，我们也要对此进行抗议吗？自签订盟约以来，我们两国一直都严加遵守，以免生事。倒是贵国近年来屡屡犯界，私下有些将领在边界创立城寨，这些事儿估计你们朝廷不知道吧？相信你们朝廷知道了，此事也一定不会被允许。”听了包拯的话，辽国馆伴的脸上颇有愧色。

回国以后，包拯专程路过雄州，了解了事情的真实情况。雄州官员告诉他说，城上确实有一个东南便门，那是当年李允则在任时开的，事情已经过去很多年了，后来没人再开过什么便门。包拯心里这才真正踏实了。

入京回朝，包拯第一时间将此事的来龙去脉汇报给了仁宗皇帝。汇报完毕后，包拯没忘了提醒仁宗皇帝，朝廷一定要密诫雄州，如需体探辽国军情一定要慎重从事，避免让对方抓住把柄。

出使任务顺利交差后，包拯感觉自己的使命还没有全部完成。

这次宝贵的出使经历让包拯对大宋边防工作，尤其是辽国的军备有了更深一步的认识。作为大臣，皇帝派你出访了一趟，除了正常使命以外你怎么也得写点儿心得体会吧，这才是为人臣者的优良表现。

见此前自己关于优选边将的奏议迟迟没有下文，包拯迫不及待地再次上书，请求皇帝立即优选边将，以充实缘边诸路边防：令于武臣中不以职位高下，但素有武艺才略，可为将领者，精选三数人，若先有微累，亦弃瑕录用，俾分守沿边要郡，训练兵甲，大为之具，庶几上下熟其节制，缓急用之。

这些事情都是当务之急，且事关重大，包拯还建议朝廷对有能力的人可以破格任用。包拯认为，只有边界稳定，朝廷和国家才能稳定。

这次出使，包拯不但出色地完成了本职任务，同时还让赏识他的仁宗皇帝收到了一个意外的惊喜。

庆历六年（1046 年）正月，包拯主动梳理了自己出使辽国的所见所闻，并结合大宋本朝的各类情况，将自己的观点整理成奏折《论契丹事宜》报给了朝廷。奏议的主要内容是对大宋边防工作的建议。

在奏议中，包拯再次强调了“无恃其不来，恃吾有以待之也；无恃其不攻，恃吾之不可攻也”这一重要的观点，同时他还提出了许多具体的措施和办法。另外，他还建议朝廷：选择边将一是要慎重，二是要放眼长远。一个国家要想边防稳固，边将绝对不能频繁换人。

七弹王逵

担任监察御史期间，是包拯一生与人斗争较多的阶段，也是包拯疾恶如仇、不畏权贵这一形象的肇始，后世许多脍炙人口的故事就发生在这一时期。比如“七弹王逵”，就是他这一性格的最好体现。

自从当上御史以后，有件事情一直压在包拯心中。虽然这件事已经过去了很久，但一想起它，包拯心中就愤愤难平。这件事就是当年陈州的灾情和某些地方官员在大灾之年不顾民生的作为。

由陈州的灾情，包拯又联想到了当下江南西路的灾情。这两年，江南西路的年景也一直不怎么好，这属于天灾。遇到天灾，连皇帝都带头裁减用度，以赈济各地的灾民。灾区的赋税减免工作也做得很认真，按理说，灾区百姓应该能够感受到朝廷的关怀和温暖。哪知道，事情落实到基层却并不是这个样子，各地的灾情不但没有得到改善，百姓们的负担反而更重了。包拯深知，这一切属于人祸。

仁宗皇帝和两府大臣们只是通过奏折获知地方消息，因此，他们以为政令一下，一切万事大吉，他们并不知道，经地方官吏层层盘剥，大灾之年的百姓们仍生活在水深火热之中。

为此，早在一年多以前，包拯经实地访察，曾向朝廷写了一封奏议。

但那封奏议只是恳请朝廷免除陈州添折见钱，并没有对人祸现象进行深层次追究，也没有指名道姓地弹劾地方官员。

因为亲眼见到了灾区百姓的疾苦，特别是陈州千里赤地饿殍遍野的景象，这件事一直压在包拯心里放不下。“免除陈州添折见钱”只能解决一时的问题，朝廷的政策都是好政策，最根本的问题还是人的问题。

如果人的问题不解决，等于这件事情根本就没有解决。时间越长，这件事在包拯心头的分量越重。尤其是当看到江南西路的大旱和受灾的百姓，包拯心中更是难受。为此他盯上了一个人——历史上臭名昭著的江南西路转运使王逵。

王逵，字仲达，开德府（今河南濮阳）人，真宗天禧三年（1019 年）进士。初为广济军（今山东定陶）司理参军，后以秘书省校书郎改知万年县（今江西万年），历知处州（今浙江丽水）、福州（今福建福州）、虔州（今江西赣州），升任荆湖南路转运使。因荆湖南路转运使任上为官不法，降知池州（今安徽池州），后转扬州（今江苏扬州）。庆历四年，升任江南西路转运使。

王逵比包拯大八岁，他进入官场很早，而且曾在多地为官，有着丰富的从政经验。

据包拯说，王逵“行事任性，不顾条制，苛政暴敛，殊无忌惮，州县稍有不徇从，即被捃拾，吏民无告”。

意思是这个人刚愎自用、自以为是，而且毫无顾忌。整人也很有手段，属下如果不按他的意思来，他会为了报复，将这些人的所作所为搜集起来。王逵在江南西路一手遮天而且肆无忌惮的情况已经很严重。

这是典型的酷吏特征。

那么，现实中的王逵是不是这个样子呢？

王逵多年的为官经历令其早已在官场游刃有余。他在荆湖南路任转运使期间，因为行不法之事被贬，说明他这个人确实是有一些问题的。而且能在短短几年之内再获升迁，其为政为人虽然不一定像包拯说得这么不堪，但以当时的史实来看，这些情况也多半都是真的。

天灾可违，人祸难容。为了彻底解决江南西路百姓的疾苦问题，包拯决定弹劾王逵。为此他搜集了王逵多年以来违法的证据，尤其是其在荆湖南路担任转运使时不按朝廷规定，私自增加百姓税率，逼得无处诉苦的当地百姓逃入深山并聚众造反，这一事件尤为恶劣。

包拯将这件事扒出来，意在提醒朝廷，像王逵这样的人绝不能重用，虽然因为当年百姓造反王逵已被贬职，结果他却很快又当上了一路大员。包拯认为，王逵的名声已经这么差，如果再让他去当一路转运使，绝对是一种极其失策的做法，这无异于是朝廷主动为自己敛取民间怨恨。

扒完王逵的黑历史，讲清了他不能担任一路大员的原因，包拯还以当年与王逵同时被朝廷处分的江南东路转运使杨纮为例子，告诉朝廷：当时杨纮仅仅是考核下属严厉过当，就已经受到了降职处分。如今王逵“害民蠹化，众议不容”，包拯请朝廷对王逵降职改任。

杨纮、王鼎和王绰都是推行新政时被提拔的人。因为推行新政时考评下属过于严苛，他们在官场被称为“江东三虎”。新政失败以后，他们属于范仲淹重用的新人，均被贬职。

早在出使辽国之前，包拯就将这封奏议交上去了。时间已经过去了大半年，却仍不见任何动静。包拯深知，只要王逵在任一天，江南西路的百姓们就要受苦一天，他再也等不下去了。

决定再次弹劾王逵之前，包拯先了解了一下自己上一封奏折的处理情况，结果又让包拯大吃一惊。

他发现，这件事朝廷不是没有处理，而是已经处理了。但是，不知是谁安排的，自己的奏折居然交给了江南西路提刑司去“体量定夺”。

包拯很生气，因为提刑官和转运使都是负责地方事务的监察官，他们“事相关连，宁无私徇，纵使情状的著，恐未必能遵朝旨”，日常在一起办公，而且工作相互关联，低头不见抬头见，人情世故导致徇私舞弊在所难免。义愤填膺的包拯强压怒火，他认为这件事情必须高举高打，把它交给提刑司去“体量”肯定会存在包庇现象。为了澄清自己的初衷，包拯向朝廷递交了弹劾王逵的第二封奏折。

在第二封弹劾奏议中，包拯解释说，自己与王逵根本就不认识，没有私仇，之所以不依不饶，只是因为王逵的所作所为众所不容。包拯恳请参照杨纮案为例处理王逵，将其处以小郡任职，借此给天下酷吏以警示。

哪知包拯的奏议刚刚上交，事情又有了新的变化。

本来，在包拯第二封奏议批下来之前，事情应该按原来的流程进行，即由江南西路提刑司负责体量处置。包拯十分关心自己奏议的处理进度，又经深入了解，这才摸清此案的具体进展。

王逵一案背后的复杂关系又让包拯大吃一惊。

当时江南西路的提刑官正在交接，担任此职的前后共有两个人：一位名叫李道宁，另一位名叫高良夫。案子发到江南提刑司时，李道宁已经离任，高良夫还没有到任，临时负责提点江南西路刑狱的正是王逵本人！接到告自己的案子，王逵大怒。王逵并没有想到是御史在参他，他最大的怀疑对象是洪州知州卞咸。

因为政见不同，卞咸一向与王逵不合。

洪州是江南西路治府所在地，即我们今天所说的省会。王逵当时的职务相当于今天的省委书记，卞咸相当于省会城市的市委书记。省委书记怀疑省会市委书记告自己的黑状，王逵自然有一百个办法能去处理。

于是，王逵唆使手下到提刑司告状，说卞咸任内不法。提刑司受理案件以后，此案顺理成章地由自己负责查办。如今，在王逵的陷害下，卞咸已被革职鞫问将近一年。为了掩盖自己的罪行，同时坐实卞咸的“罪证”，王逵又特意请前提刑官李道宁在卞咸的案卷上签了字。

王逵的所作所为简直无法无天。

包拯发现，这才是自己弹劾王逵一直没有结果的真正原因。

得知这一情况，包拯立即上表向朝廷进行了说明。因涉及冤假错案和挟嫌报复，包拯恳请朝廷将卞咸案交异地审理，并立即将王逵调离本路。

朝廷见状也是大惊，很快就派专人到江南西路审理此案。因为包拯不依不饶地弹劾，目无王法的王逵最终被免去了江南西路转运使，朝廷上下无不拍手称快，饱受苦难的当地百姓都纷纷叫好，朝堂上下也都为包拯惩恶扬善、不屈不挠的行为喝彩。

这是包拯对王逵的第三次弹劾。

这次弹劾以王逵被罢职结束，但包拯与王逵的斗争却远远没有结束。

后来，到了仁宗皇祐二年（1050 年），正担任徐州（今江苏徐州）知州的王逵也不知用了何种手段，竟从徐州知州升任淮南转运使。得知此事，疾恶如仇的包拯又不干了。

这时，包拯已经以天章阁待制的职衔知谏院。见小人得志，包拯立即上表弹劾，态度坚决地反对王逵升迁。

包拯了解到，在这次升职以前，王逵曾任河东转运使，又因“恣性狂率”被降为光州（今河南潢川）知州。后来又转任徐州知州，可见这些年他的老毛病一点儿都没改，而且愈发肆无忌惮。包拯奏请朝廷立即收回成命，让王逵继续回徐州当他的知州。

可惜的是，朝廷一开始没有采纳包拯的建议。见是如此，包拯决定再次上奏弹劾。

接下来在第五封弹表里，包拯历数了王逵在各地为官时的罪状，并再次重申了自己反对重用王逵的理由：“虽该霈泽录用，缘王逵奸险惨毒之性，无改悔之理。”

同时，包拯还提出了淮南转运司的重要性以及自己对王逵担任此职的担心：“且淮南财利错出，朝省仰给，发运司岁运军储六百万石，亦藉本司公共协济，方能办集。以王逵狠复任性，必也违戾败事，不止一路官吏军民独受其害矣。据其事状，众议所不容，岂可更令居表率之地。”

对于朝廷如何安排王逵，因为此时徐州知州朝廷已经安排了人选，包拯没有再提让他“依旧知州”，即回徐州的旧任，而是请朝廷“且与一郡”。

然而，这一次朝廷还是没有对包拯的弹劾表态。见此，同为谏官的陈旭和吴奎也各自上奏请求罢掉王逵。这两个人都来头不小。

关于吴奎，我们在前文已经讲过，此时他已经从右司谏改知谏院。吴奎后来的人生成就也很辉煌，他曾任大宋翰林学士、权知开封府，后来还当上了左谏议大夫、枢密副使，并于神宗年间拜参知政事。

陈旭，字升之，建州建阳（今福建建阳）人。仁宗景祐元年(1034 年)的进士，后历知封州（今广东封开）、汉阳军，任监察御史、右司谏，起居舍人、权知开封府、升枢密副使，于神宗熙宁元年（1068 年）拜相。

有一年，陈旭因公干路过扬州，当时韩琦正担任扬州知州。这天，韩琦花园里的芍药“金缠腰”突然花开四朵，韩琦便邀朋友一起来赏花饮酒。相传“金缠腰”一开，城中必出宰相。后来，不但组织这次宴会的韩琦当上了宰相，受邀的王安石、王珪和陈旭也都先后当上了大宋的宰相。这就是扬州城“四相簪花”的故事。

不管遇到多难啃的骨头，包拯始终有着开弓没有回头箭的倔强和不达目的不罢休的决心。于是，他又向朝廷上交了自己的第六封奏议。

包拯不理解朝廷为什么要重用这样一名酷吏，在第六封奏议中，他甚至有些生气地说：“按王逵前后三四任转运使，惟务掊尅生灵，凌辱官吏，任性率易，不顾条制。虽朝廷未欲废弃，只与一郡，已是宽恩，于逵何损？”

他再次重申了淮南路对朝廷的重要性：“今淮南幅员数千里，最为富庶，财赋错出，朝家仰给；若命酷吏为之职司，而令一路之民独受其患，是一夫之幸，而一路之不幸也，窃恐伤陛下爱民恤物之心。”

包拯这席话与当年范仲淹勾决不法官员时的说法如出一辙。此时，包拯对百姓的爱恤之心已然溢于言表，这也是当初他坚持要弹劾王逵罢官的原因所在。

为了成功地弹劾王逵，包拯在这封奏议中再次向仁宗皇帝举出了薛绅和杨纮的例子。

杨纮的事情前文已经讲过，薛绅是真宗时代御史中丞薛映的儿子，他同样也是受范仲淹赏识和重用的旧人。范仲淹主持改革时，薛绅被派到了京东路担任转运使，庆历新政失败后遭罢职，关于这段史实史书记载得很清楚。史载：

（庆历七年）四月己酉，内出诏曰：前京东转运使苏绅，任部吏孔宗旦、尚同、徐程、李思道等为耳目，侦取州县细过，以滋刑狱，陷害人命，时号四瞪。前江东转运使杨纮、判官王绰、提点刑狱王鼎，皆亟疾苛察相尚，时号三虎。是凯称朕忠厚爱人之意欤？纮已降知衡州，而绅等故在，其降绅知陕州、鼎知深州，绰方居丧，候服除日取旨。自今皆无得用为监司。宗旦等四人，并与远小处差遣。

记载里还意味深长地补充了一句：（苏绅等人）皆范仲淹等所选用也。

然而，王逵依旧在淮南转运使的位置上稳如泰山。包拯不信搞不掉王逵这样的酷吏。他继续不依不饶地对王逵启动了第七次弹劾。

他在奏议中有些诙谐地自嘲道：“是不是皇上您认为臣等所说的这些事一点儿也不靠谱啊？臣是又羞又怕，简直都不知该如何是好了。”

为了让仁宗皇帝相信自己所言非虚，包拯再次一五一十地罗列了王逵此前的种种劣迹，将它们有理有据地奏明以后，还说了各地百姓对王逵的憎恶，以及其被罢职时民间的庆贺情形。

除了这些，包拯还义愤填膺地指出了王逵在任期内数次语出狂妄、与同僚争斗等毫无大臣之风的行为。同时还批评宰执大臣说，对王逵的重用，是宰相们失职的表现。

最后，包拯还坚持为杨纮、薛绅等大臣喊冤，并恳请仁宗皇帝对其所言之事“特赐裁处”。

王逵成为包拯一生中唯一连上七次奏折弹劾的人，这是他的耻辱。若非如此，此人不一定能在史上留名。

包拯此次上疏大义凛然、义正辞严，朝野震动。最终，王逵被罢。

从开始交锋到王逵被罢，包拯不屈不挠地与他斗争了九个年头。王逵被罢以后，只要一提起包拯的名字，贪官污吏便都闻风丧胆。

顺便交代一句王逵的人生结局。据其墓碑记载：……迁尚书工部郎中、淮南转运使。岁饥，又多所全活。就加直昭文馆，知越州浙东兵马钤辖……请知兖州，坐法免。起知金州，提举兖州景灵宫，知莱州。迁尚书兵部郎中，知西京，留司御史台，提举崇福宫，皆不赴，遂乞致仕。居郓州，熙宁五年四月癸亥终于郓州昭庆坊之私第，享年八十有二。

由“坐法免”三字看来，此后王逵还做过不法之事，但获免于处罚。

王逵高寿，在“人生七十古来稀”的宋代一直活到了八十二岁。其墓碑之文虽不可全信，却也能看出个蛛丝马迹。

古代立碑多是本着“抑大恶、扬小善”这一微妙的潜规则，只要基本符合事实就能过关。另外，后世也有人为王逵叫冤，说他曾经帮助过不少人，也做过不少好事。其实，即便再坏的人，谁一生没做过几件好事呢？

王逵墓志里还有一段文字，算是对他一生的盖棺论定：

> 君为人志意广博，好智谋奇计，欲以功名自显，不肯碌碌。所至威令大行，远近皆震。然当是时，天下久平，世方谨绳墨，蹈规矩，故其材不得尽见于事，而以其故，亦多龃龉，至老益穷。然君在撼顿颠踬之中，志气弥厉，未尝有忧戚不堪之色，盖人有所不能及者也。君尤笃于好善，一时与之游者，皆当世豪杰、知名之士。若予者，亦君之所厚。故君之葬，其子来属以铭，而予不得辞也。君葬于其卒之岁某月某甲子，而墓在郓州之某乡某原。

为王逵写墓志的人是唐宋八大家之一，人称“南丰先生”的曾文定公曾巩。

王逵这个人到底怎么样，是非功过自有后人评说。

当仁不让

从辽国回来以后，除了将此行总结汇报之外，包拯不但不屈不挠地弹劾了王逵，还对翰林学士承旨（负责起草圣旨的翰林学士）丁度遭右正言（宋代谏官之一，掌规谏讽谕）孙甫弹劾一事发表了自己的看法。

事情的起因是前不久孙甫曾弹劾负责起草圣旨的丁度私自向皇帝求官，丁度却说自己没这么做。为自证清白，丁度吵着要与孙甫当堂对质。

吵架的两个人都是皇帝身边的近臣，自然得由皇帝当裁判员。在这件事上，包拯竟戏剧般地当上了仁宗皇帝的助理裁判。

见丁度和孙甫吵起来没完，包拯对丁度说："作为皇帝的亲近大臣，得靠努力来赢得皇帝和两府班子的认可，而不是仗着自己能接近皇帝，就想抄近路私自跑官要官。"

丁度这个人胖胖的，一走路就擦汗。虽然看上去很憨厚，却精得很。因为精明，趁给皇帝奏事的时候，搭便车提个人要求也很正常。

包拯继续说："既然孙甫说你跑官了，你说他是诬告，你们两个人当堂对质一下，不就真相大白了？"

说实话，包拯这事儿做得挺绝。

不管是朝廷还是朝廷官员，大家都需要体面，即便你们不要脸面，皇帝还得要自己的面子，这种事情能摆到明面上说吗？

换个角度想，包拯应该是故意这么做的，这正是包拯大胆和磊落的表现。世间所有见不得光的东西都是经不起折腾的。既然你们都不要脸面，朝廷索性就不给你们面子，看你们怎么收场。孙甫是不是诬告，当堂对质一下自然水落石出。

丁度有没有私自求过官，仁宗皇帝心里跟明镜似的，他之所以不表态，是故意要揣着明白装糊涂。

包拯这封奏议算是把窗户纸给捅破了。最终，丁度斯文扫地。

不过，丁度后来还真进了两府，他不但先当上了枢密副使，后来还当上了参知政事。表面上憨厚，实际上比谁都精，这是他的高明之处。只是小聪明难成大智慧，后来丁度在两府待了没多长时间，就被仁宗皇帝罢掉了。

不久之后，朝廷又有一桩涉及官二代的案子，这个案子的影响面也比较大，最主要的原因是涉案人是宰相向敏中的儿子向绶。

此案的起因，是当时掌管永静军［真宗景德元年（1004 年）改定远军置永静军。永静军属河北路，治地东光（今河北东光），辖境包括今天的山东德州市及河北东光、吴桥、阜城等地］的向绶因不法被人告到了朝廷，他怀疑告他的人是自己的手下江中立。于是，向绶私设刑狱，逼得江中立在狱中自尽身亡。

案发以后，向敏中的故旧大臣纷纷偏袒向绶，尤其是宰相贾昌朝。

贾昌朝和向敏中私交甚厚，变着法儿地想为向绶开脱罪名，曾暗中授意审刑院相关人员如何处理此事。

宰相有命，谁敢不从？于是，在审刑院的“配合”下，向绶三番五次地故意翻供，搞得案子审来审去，一时不能定论。

包拯最痛恨这种官官相卫、徇私枉法的行为，想到江中立的冤情，明知贾昌朝在袒护向绶，他却大胆地向皇帝奏请：严惩凶手，以戒将来。

包拯这一呼吁得到了他的同年、参知政事吴育的支持。吴育虽是参政副宰相，却跟宰相贾昌朝不对付。为了替江中立申冤，吴育曾多次跟贾昌朝争执，并公然喊出了“不杀绶，示天下无法”的口号。

最终，向绶被削官除名，减死一等流放南方，编管于潭州（今湖南长沙）。

另外，真宗杨皇后的弟弟杨景宗出任磁州（今河北磁县）知州，包拯也向朝廷表达了自己的反对意见。

杨景宗本是一个游手好闲的无赖，为人暴虐，既没有才能又没有品德，只是仗着仁宗皇帝按辈分得管他叫舅爷而胡作非为，如今住着奸相丁谓的宅子，却是个只会享受花天酒地，不懂政务的无能之辈。这样的一个人，怎么能当一州长官呢？

包拯告诉仁宗皇帝，自己反对杨景宗当磁州知州。从另一个角度讲，不让杨景宗当州官，也是为了保护他不让他闯祸。包拯建议，将杨景宗留在京城差遣，也许他自己根本就不愿意去担任这个差使、不想离开京城的花花世界呢。

仁宗皇帝想想也是，没多久就把杨景宗从磁州调走了。多年以后，杨景宗居然再次向仁宗求官，结果被仁宗毫不客气地拒绝了。

史载：帝谓辅臣曰："景宗性贪虐，老而益甚，郡不可予也。"仁宗皇帝这番话，正是包拯当年给杨景宗下的定论。

这一年朝廷大兴土木，前后在皇城修建了太祖开先殿、看池楼、福圣院等殿宇。因修造有功，相关负责人员纷纷乞求赏赐和改任。见此情形，包拯也向皇帝上了一封奏折。

在包拯看来，这些人虽然有功，但朝廷对他们不能滥赏，这些人可以只赏钱、不赏官，这才是朝廷的处理原则。

包拯这一建议入情入理，很快也得到了仁宗皇帝的采纳。

自从来到京城，在端州任职的那段经历让包拯尤其难忘。广南地处偏远，人烟稀少，经济相对不发达，官员都不想去广南上任。归根到底，这还是官员队伍的建设问题。因此，这些年广南东西两路的治理工作一直搞不上去。

结合自己的实地经验，包拯就广南官员的任用问题给朝廷上了两份奏议，请朝廷给广南东西二路增派职事官员，并因地制宜地制定考核办法，以便官员们能安心在这里工作。

经包拯奏报，朝廷果然向广南二路增派了官员，当地的官员队伍得到了一定的充实。

盗贼四起

庆历六年（1046年）上半年，各路潦旱相继，灾异频发。接踵而至的自然灾害，导致了京东路盗贼四起，民不聊生。

见此情形，身为御史的包拯紧急上奏朝廷，请求尽快下令翦除京东一带盗贼，以免日后养成大患。

仁宗年间，大宋先后发生过几次民变，北宋朝廷均将他们定义为“盗贼”。京东路的盗贼多如牛毛，最为猖獗。这里不但吃不饱饭的百姓纷纷造反，连读书人也起义造反。比如在这年的五月，一个名叫刘沓的进士就带着刘沔、胡信两个读书人扯起了造反的大旗。虽然刘沓一伙最终被朝廷镇压，但这些事情搞得人们惶惶不可终日。

包拯深刻分析了盗贼产生的原因，“累年以来，旱潦相继，特价踊贵，民食艰阻”。

在中国历史上，自然灾害不是产生民变的根本原因，其中的“民食艰阻”才是根本原因，用今天的话来说就是老百姓都吃不上饭。人吃不上饭就没有活路了，看一看历次民变，从陈胜、吴广大泽乡起义，到西汉末年的绿林军、赤眉军，到东汉末年的黄巾起义，再到隋末的瓦岗军起义、窦建德起义，江淮地区的杜伏威、辅公祏起义，几乎全是这个原因。

所以，老百姓能不能吃上饭是关乎国家稳定的大事。而地方上对这些民变是怎么处理的呢？包拯说：“上下蒙蔽，不以实闻。”最终会导致“稔成大患，为朝廷深忧”的严重后果。

包拯说得没错。前几次民变已给大宋王朝带来了严重的内伤，朝廷必须以此为鉴，吸取教训，及时处理，否则后果将不堪设想。

包拯在上奏的《请速除京东盗贼》奏折中提到的王伦起义，发生在庆历三年（1043年）。当时，东部沿海地区连年灾荒，京东路沂州（今山东临沂）饥民不断起义。五月，沂州虎翼军士兵王伦杀掉巡检使朱进，发动了起义。当地农民纷纷响应。

义军北上攻入密（今山东诸城）、青（今山东青州）二州。很快又乘虚南下攻克泗（今江苏泗洪东南）、楚（今江苏淮安）、泰（今江苏泰州）、真（今江苏仪征）、扬（今江苏扬州）等州及高邮军（今江苏高邮），直逼滁州（今安徽滁州）、和州（今安徽和县），义军所过之处，州县皆望风而降。见此王伦遂穿黄衫、立年号、置官署，建立政权。战士皆面刺"天降圣捷指挥"字号。最终，因流动作战力量未及补充，王伦于这年七月在历阳（今安徽和县）败亡。

同样还是庆历三年，陕西大旱。因赈济不力，饥民人数多达二三百万。八月，张海、郭邈山等人聚众千余人于商州（今陕西商洛市商州区）起义。

义军转战于陕、豫、鄂三省边界，京西路各地农民纷纷响应。朝廷派大军镇压，义军遂长驱南下，进迫豫西及鄂北之襄（今湖北襄阳）、邓（今河南邓州）、均（今湖北均县）、郢（今湖北钟祥）等州及光化军（今湖北光化）界。

光化军邵兴率兵五百余人及铸钱监三千余役兵响应，义军声威大震。这次起义直到庆历三年年底才彻底平定。

几年前的教训就摆在这儿，这些问题朝廷怎么看？

包拯认为，导致这一情况出现的关键还是朝廷对地方官员用人不当。用人不当主要表现在两个方面：一是日常治理，二是对民变的处理。为此包拯对朝廷的建议是：精择逐路按察之官及诸州长吏，有不任职者，即令黜罢。其巡检、县尉等，并委安抚、转运、提点刑狱司，专切举察，如庸懦不才者，速具体量充舒坦。应有盗贼，不以多少远近，并须捕捉净尽，免成后害。或少涉弛慢，并乞重行朝典。

包拯这封奏折起到了多大作用，朝廷又是怎么做的呢？

说实话，当时朝廷对京东路的事情非常重视。早在盗贼兴起之初，朝廷就派出了两名御史去督察地方官吏进行捕捉盗贼。

这两名御史一名是侍御史，另一名是监察御史。包拯认为这还不够，翦除盗贼只是朝廷需要做的工作之一。只有民心稳了，国家的基础才能稳定，盗贼出现的条件才能被根本杜绝。也就是说，包拯认为只是一味地捕捉盗贼解决不了根本问题。他建议朝廷应该尽快向京东路派安抚使，大灾之年，维护社会稳定之重还是安民。

然而，朝廷并没有对包拯的建议作出及时安排。

包拯很着急。

因为京东路太重要了，而且包拯对这里很熟悉。抛开地震、天灾等客观因素不说，这些地方本就民风剽悍，这里的老百姓根本就不把造反当回事儿，只要有什么风吹草动就三五成群地“揭竿而起”，如果形成规模，后果将不堪设想，因此他提醒朝廷说这里易起“盗贼”。

见自己的建议没受到重视，包拯又上了一封奏折，内容还是关于尽快向京东路派安抚使：“不然，则败事，虽悔无及。伏望圣慈特许检会臣先进札子所乞近差曹、兖等州长吏，并差台官安抚事，早赐施行。”

包拯所言非虚。

虽然当年京东路的各路“盗贼”此起彼伏，但因为有朝廷的安抚和弹压，这些人很快就被平定了。但到了后来的北宋末年，京东路又出现了大规模的聚众造反，其中最为出名的是徽宗宣和元年（1119 年）宋江等三十六人在梁山泊发动的聚众起义，以这个起义为背景，诞生了《水浒传》这样一部中国古典名著。

话归当年。为了解决京东路的盗贼问题，当时的北宋朝廷选好人了吗？

就京东路的问题包拯一连上了三封奏折，朝廷选来选去，才终于在这年的六月敲定了人选。谁也没有想到，最终被派到京东路的人居然是包拯。不过，他去京东路的任务不是安抚，而是担任地方大员——转运使。

随着任命的下达，包拯担任御史的时代宣告结束。

自庆历三年（1043年）十一月到庆历六年（1046年）六月，在担任御史不到三年的时间里，包拯共向朝廷上了近六十封奏折。其中有三十六篇是关于各种国家大事的建议，二十篇是对各级不法官员的弹劾。他的很多建议都被采纳，仁宗皇帝和百官都领略到了他过人的能力和见识。

可见，在御史台工作期间，包拯称得上是一名合格的好御史。尽管如此，包拯的权力却很有限。身为监察御史，他没有独自上奏的权力。因此，当时包拯的很多建议、弹劾都是有人把关的。从御史台到中书，再到皇帝，包拯的奏议需要逐级上报，同时也意味着他的奏议会被层层过滤。因此他的建议没有那么尖锐，观点没有那么犀利。无论说话做事，此时的他看起来还有些束手束脚。

当了两年多的御史，包拯再次被朝廷派到地方去工作。在地方工作不比朝堂，而且担任的还是转运使这样的地方大员，包拯能胜任朝廷交给他的工作吗？

第五章　主政地方

京东转运使

北宋仁宗庆历六年（1046 年），四十八岁的监察御史包拯接受任命，以监察御史的身份出任京东转运使。

自庆历三年（1043 年）进京以来，这是包拯第一次被朝廷派任外职。

在御史台，包拯一脸严肃，他不与任何人私交，总是带着一股拒人于千里之外的冷漠。在大家眼里，他是一个很难接近的人。然而，不声不响间，他却时不时地会扔出一个炸弹，搞得大家瞠目结舌。

单打独斗、闷声干大活儿是包拯担任御史时期最大的特点，别看他总是不言不语，他明察秋毫的本领足以让所有人胆寒，而且他交出的成绩单比任何人都要优秀。不管什么人、什么事，只要被他盯上，都难逃被弹劾的噩运。

两年多的监察御史生涯让包拯学到了很多，同时也收获了很多。

这次工作调动，虽然差遣成了转运使，但他的职衔并没有提升。这意味着这个京东转运使的差遣对包拯来说可能只是一个临时性职务，或者说，京东路的治理已经刻不容缓，朝廷派他去只是一个仓促的决定。

包拯要去上任的具体地点是宋州（今河南商丘），在当时，这里不但是京东路的治所，同时也是大宋南京，即应天府的所在地。

临行前，他只跟同在京城工作的吴奎简单道了个别，便匆匆踏上了前往宋州的路程。宋州在京城东南方向三百余里，宋代的京东路，广义是指京城以东，北到徒骇河、南到江苏宿迁的黄河下游区域，其辖境大致包括今天的山东大部、河南东南部、安徽北部以及江苏的东北部地区。

京东路下辖五府十七州，五府分别是应天（今河南商丘），袭庆（今山东兖州），兴仁（今山东菏泽），东平（今山东郓城）和济南（今山东济南），十七州分别是宋州（今河南商丘）、徐州（今江苏徐州）、兖州（今山东兖州）、曹州（今山东菏泽）、郓州（今山东郓城）、济州（今山东巨野）、单州（今山东单县）、濮州（今河南范县、鄄城）、拱州（今河南睢县）、青州（今山东青州）、密州（今山东诸城）、齐州（今山东济南）、沂州（今山东临沂）、登州（今山东蓬莱）、莱州（今山东烟台）、潍州（今山东潍坊）和淄州（今山东淄川）。

京东路治地共八十一县，另还设有广济军（今山东定陶）和淮阳军（今江苏邳州）。

在北宋，京东路凭借其优越的地理位置和发达的经济实力，牢牢占据着大宋北方地区最重要经济区的位置。因徒骇河和黄河在这里穿过，各州军自东向西连成一体，形成一个连续的隔离带。因此，京东路既是拱卫京师的东大门，又是河北路防御辽国的战略依托与后方基地。

这里也是大宋中央财政的主要供给区之一，朝廷对京东转运使的人选一直非常谨慎。总领京东路以后，包拯不能再按做御史时的思路去考虑问题。他已经成为名副其实的一方大员，不但总领一路的经济、军事、民政，还要担负眼下灾民的安抚工作。

到任以后，包拯会同提点刑狱司，轮流与各州府郡县长官商讨安抚灾民的办法，以便解决本路最突出的社会治安问题。

当时的京东路，只设有转运使司和提点刑狱司，并没有安抚使司。虽然朝廷前后任命了不少州府长官当安抚使，但全面系统化的安抚工作还得由包拯总领。

对于京东路的工作如何开展，早在上任之前，包拯就已经有了系统的规划。他认为，当务之急，就是安民，在大灾之年首先要解决的就是百姓的吃饭问题。只要老百姓的吃饭问题解决了，民心稳定下来，其他一切问题都会迎刃而解。

哪知道，正当包拯做好部署想大干一场的时候，意外来了。

登州（今山东蓬莱）一带突然发生了地震。包拯顾不得多想，急命登州官员在第一时间救灾。虽然灾害损失不大，但灾后的处置一定不能马虎。

早在这场地震发生之前，镇阳（今四川乐山）、雄州（今河北雄县）也接连发生过几场地震，连续发生的地震引起了包拯的警觉。当年并、代二州地震后，李元昊称帝造反，广南英、连州二州地震后，蛮寇内侵。包拯觉得，这一问题必须立即向朝廷反映，以便引起朝廷的重视。

包拯想起了不久前自己关于日食的奏议，他就登州地震也向朝廷写了一封奏议。在这封奏议中，包拯重申了自己当时的观点：居安思危，提高警惕，早作预防，最关键的工作还是边将选人和军备训练的问题。

奏折交上去以后，包拯随即开始了整路的安抚和赈灾工作。

一转眼几个月过去了，在包拯的布置安排下，京东路的安抚工作进行得比较顺利。眼见盗贼都被缉捕得差不多了，不少盗贼本是良民百姓，慑于官府威严，又见赈济工作得力，他们便纷纷放下武器向官府投降，老百姓能吃上饭，谁也不会再去考虑造反了。

安抚工作稍作缓息之后，包拯开始思考一个大问题。平定盗贼安抚百姓只是一时的任务，如何将京东频生盗贼的问题从根本上解决掉，让它不再继续发生，这才是朝廷的长远之计。

为此，包拯动了很多心思。他详细了解了各路盗贼产生的情况，然后总结出三点原因：一是民风基础，二是科率政策，三是自然灾荒。

京东路盗贼最大的一个特点就是各类起义多，人们经常动不动就造反。不过，大多数都是小祸小乱，有时候一二十人就可以起地为盗。引发造反的原因也多种多样。包拯还发现了一个规律，这些人虽然造反，但他们似乎没有连在一起，也不成气候。包拯认为，这一现象与当地崇勇尚武、豪爽强悍的民风有关。

关于税赋问题。京东路科率一直居高不下，而且各种摊派比较严重。丰年还好，到了荒年百姓们连饭都吃不上，税也就交不起，而官府再逼着交各种摊派，百姓没有活路，岂有不反之理?

最后，近几年自然灾害严重，虽然自然灾害非人力可控，但大灾之年朝廷的赈济和减免不能只喊口号，相关工作一定要落到实处。朝廷政策出台了，各级官员层层盘剥、官逼民反，这样的情况也一定要杜绝，京东路绝不能出现当年陈州那种情况。

依据这三个方面，包拯开始从根本上着手解决京东路的问题。

天灾非人力可控，包拯着重在减免税赋、降低科率、教化百姓方面做文章。

包拯在制定相关政策时的指导思路还是《孙子兵法》中的那句话："无恃其不来，恃吾有以待之也；无恃其不攻，恃吾之不可攻也。"即一切工作都以预防为主，先把防范工作做足，从社会层面切断盗贼产生的条件。如果整个社会不具备盗贼出现的条件，盗贼自然也就不会再度产生。即使盗贼出现，地方各级部门缉捕措施得力，也可以随时消灭他们。

本着这一思路，包拯奏请朝廷，一方面申请免除贫困军民所欠的官府钱物，一方面全方位深度进行体量安抚，同时又在军事上加强各州军的军备。随着这三项工作的陆续开展，京东路大灾之年的社会问题终于得到了有效的解决。

与此同时，包拯还注意到一个十分严重的问题。这两年天下盗贼四起，但大部分都难成气候。声势较大的只有王伦和张海，这是因为他们的起义均都有军人参与，而且参与造反的全是宣毅军。

宣毅军来头不小。当时因为西北战事正紧，朝廷不得不调禁军到前线。为了解决后防空虚，朝廷陆续在各地招募了一批士兵，这些士兵就是包拯所说的宣毅军。

宣毅军属于禁军序列，前方打仗，宣毅军负责在内地守城。因为属于临时招募，待遇又好，导致人员良莠不齐，且多是骄悍狂悖之辈，这些人对朝廷的忠诚度可想而知。

后来遇灾荒之年，宣毅军的军饷也成了问题，他们竟然纷纷跟随各地义军造反。张海起义中的邵兴就是宣毅军头目，王伦本人也是沂州守军的小头目。

养兵千日，用兵一时。朝廷用高额的军饷养你们，是为了让你们造反的吗？

问题很严重，朝廷不能不重视。所以包拯立即向朝廷进行了汇报。

将宣毅军的有关问题上奏以后，想到自己此前建议的几个问题还没有落实，尤其是边将人选、军粮储备、河北路收储和蔡河水运的管理问题，包拯又将这些问题一一向朝廷进行了催问。

然而，就在包拯刚刚把京东路的情况摸透，准备在这里大展身手时，一纸诏令却突然将他调回了京城。

回朝以后包拯才知道，自己已改任工部员外郎、直集贤院，并将以此身份调任陕西转运使。

一切都来得太突然了，包拯一时感觉有些不知所措，以为是自己的工作出了问题。

后来经过反复了解，包拯才知道是朝廷见他治理京东路比较有思路、有办法，眼下陕西路各方面的工作陷入了困境，朝廷才决定派他去重振陕西的民生。

为了表示对包拯的器重，朝廷还特意将他的职衔和官职都升到了相应的等级。搞清楚原因以后，包拯才放下心来。

包拯来宋州担任京东转运使的具体时间是庆历六年（1046 年）六月，去担任陕西转运使的时间是仁宗庆历七年（1047 年）四月。在京东转运使任上，他前后工作了仅仅不到七个月而已。

陕西转运使

包拯到陕西主政的时候，宋夏战争刚过去没几年，整个陕西路百废待兴。转运使司管理一方的政务民事，陕西路地广人稀，情况特别复杂。

当时的陕西，除了路一级的行政机构，同时还有好几个经略安抚使司主管着前线的防务作战，另外还有永兴军路等常规军路，负责统协国防、作战、后勤等常规军务工作。这些部门的职权都不比转运使司低，他们之间的工作既有分工，又有交叉，工作的职责划分一点儿都不明确。因此，当时的陕西路是块烫手的山芋，谁都不敢去接。

情况复杂、工作不好干，但不代表干不好。领职以后，包拯第一时间上殿谢恩，并上奏折一道：

臣昨任京东转运使日，窃见辖下州军诸色人等，系积年欠负官物钱帛斛斗等，共约二万贯石。其干系人数不少，并是主持仓库，以年岁深远，因循消折，即无欺蔽，或本身死亡，或家产荡尽，见今均在干连及保人处理纳，皆是不济人户。看详先降条贯，合该除放。臣在本任日，累次保明申奏，终未奉指挥。省司凡下文牒催理，州县逐次承禀举行，终无毫忽钱物纳官，但虚成搔扰，重困疲民，于国未有小益，于民乃为大害。官中纵不除放，人户亦无可送纳。

欲望圣慈令检详前状，特降指挥，庶破荡之家稍获存济。兼恐天下诸般欠负官物，内有别无欺弊，合行除放，见行催理者不少，亦乞下诸路转运司勘会保明，如依应得先降条贯，并与放免。

虽然此时已经身为陕西转运使，但包拯还挂念着京东路的百姓。人都已经离开了，对京东路的百姓还能念念不忘，这正是京东路百姓深切怀念他的原因之一。

后世为了纪念包拯，将这里的汴河称作了包河，另外还在这里建了一座包公庙，当年他工作过的放粮池、晾米台等古迹也都完好地保存着。千百年来，包拯的故事也一直在民间传唱，如今的豫东非物质文化遗产四平调，也是以包公戏为主。

民间传说虽不可全信，但包拯在京东路工作期间，确实是为官一场造福一方，值得后世永作纪念。

庆历七年(1047 年)四月，包拯从京城动身，前往陕西转运使司上任。陕西转运使司驻地在京兆府，即今天的陕西省西安市。京城离京兆府五百余里，需要先经河南府（今河南郑州）到达西京（今河南洛阳），穿过京西路后，自河中府（今山西永济）再一路向西，才能到达陕西路境内。

在包拯上任途中，还出了一个有意思的小插曲。

按相关制度规定，担任转运使的官员，需要更换三品官服以示尊荣。当时包拯没有在意这件事，当然也许是因为没有时间计较，便匆匆上路了。

没想到刚出京不久，朝廷又有人升任转运使，此人直接向朝廷提出，应该给他更换三品官服，这让仁宗皇帝很不高兴。但该官员的要求合情又合理，他没有理由拒绝。这时仁宗皇帝才突然想起来，已经去上任的包拯根本就没提这事儿。于是，仁宗没好气儿地对宰相说："刚升职就急于换章服，人家包拯怎么就不提这事儿？"

皇帝这么一说，搞得宰相也不知如何答对。随后仁宗皇帝亲自下令，派使臣带上官服立即骑快马追赶，朝廷的三品官服一定要让包拯穿上。没想到包拯一行走得很快，使臣一直追到华阴县（今陕西华阴）才追上他们，并将三品官服授予包拯。

人与人之间的差距就在这里，是三品大员就是三品大员，穿什么官服你都是三品大员。事情虽小，包拯此举却赢得了仁宗皇帝的好感。

刚到陕西时，素知包拯的性格和为官的作风，很多当地官员都很不喜欢他。北宋王铚在他的笔记文集《默记》里记载了这样一则故事：

华阴县西岳庙原有一座唐玄宗封华山为西岳的石碑，碑上文字是他亲赐的御笔。此碑高大雄壮，为保护石碑，当年曾建有碑楼一座。

后来，黄巢起义入关，当地百姓纷纷逃到碑楼避难。黄巢一怒之下将碑楼烧掉，御赐碑文也被破坏得所剩无几。

包拯上任路过华阴，当时华阴县的知县是姚嗣宗。得知此处有西岳庙，包拯便在姚嗣宗的陪同下前来拜谒。

包拯不知黄巢毁碑的旧事，见石碑毁坏，便问姚嗣宗说："可惜好碑为何人所烧？"

姚嗣宗是华阴地本人，故意用陕西的地方话答道："被贼烧了。"

包拯一听恼了："要县官何用？"是啊，要你县官是干什么的？怎么能让贼人把这么重要的文物毁了呢？

姚嗣宗却说："县里只有弓手三四十人，奈何贼不得。"

包拯顿时大怒："安有此理？若奈何不得，要县官何用？且贼何人？至于不可捉也？"

姚嗣宗平静地说："却道贼姓黄名巢。"

包拯这才发现，从一开始姚嗣宗就在戏耍自己，他也没有再说一句话，默默地离开了华阴。

这则故事颇耐人寻味。

从姚嗣宗对包拯的不尊重，可以看出当地官员对新任转运使包拯的态度。而从包拯的急白，则可以看出他关心陕西政务之迫切。

仁宗年间，陕西尽是奸胥猾吏，一个小小的知县也敢戏耍堂堂三品转运使。如此复杂的官场生态，包拯能应付得来吗？

三遇贵人

在陕西，包拯发现这里的情况比他想象中的还要糟。

自与西夏议和之后，虽然战乱已经平息，但多年的战争给当地百姓造成的创伤并未恢复，以致整个陕西“凋残尤甚，物贷踊贵”，陕西的百姓都处在水深火热之中。

见此，包拯立即做了三件事：改革吏治、整顿兵伍和减税减赋。当然，千方百计地减轻百姓的负担是他最主要的任务，他向朝廷上书说：“当今之际，切在安而勿扰之。安之之道，唯在不横赋，不暴役。”为此他大声疾呼：“大缓吾民，以安天下。”另外他还请求朝廷“且以内币（国库）钱帛借助，以惠元元”，其爱民之声发自肺腑，溢于言表。

在陕西工作期间，除了正常的工作，包拯对一些朝廷大事也发表了看法。比如对一些地方大员的任命和地方税赋的征收工作，包拯就给朝廷提出了不错的建议。

江淮一带一直是朝廷的税赋重地，但转运使却如走马灯似的换来换去，甚至有些人把这一职务当成镀金，这既不利于经济的发展和民心的稳定，也形成了恶劣的官场风气。包拯建议朝廷，像江淮这样重要地区的各重要岗位，一是要选择有清望才干者担任，二是必须干满三年才能升迁。

而对江南西路“和买”的情况，包拯也有话要说。

北宋初年，官府会在春季预贷库钱给当地的百姓，这些借贷会折成相应数量的绸缎，至夏秋时随税一起向官府交纳，这一办法称“和买”，和买是解决当地民困的一种办法。

本来，朝廷制定这一政策是好意，但到了贪官污吏手中，却成了盘剥百姓的工具。

对于官吏巧立名目盘剥百姓的小伎俩，包拯心里一清二楚。为了彻底杜绝这类事情，包拯言辞恳切地说："今本路转运司显是故违制旨，专辄施行。且命令者，人主之柄，而治乱系焉。凡朝廷降一命令，所以示信于天下。若有司承受，委而不顾，乃是命令之不足遵守，俾四方何以取信？……欲望圣慈特赐勘问施行，所有斛斗，并令依旧例和籴，不得抑配人户。"

在和买落地过程中，中间利益都被官员们拿走了，国家没占到一点利好。包拯知道这类情况不止出现在江南西路，因此，他每次奏议都希望朝廷能将相关政策推行到全国。尽管他也知道，这一切很难实现，但这是他内心最大的愿望。

包拯在陕西各方面的工作很快就有了明显的改善。这期间，大宋朝堂上的斗争一直没有停止。

宰相贾昌朝因与参知政事吴育争斗二人双双被罢，文彦博先升枢密副使，后升参知政事。同年一升一贬，包拯既高兴又难过，也不知这对自己来说是不是一个好消息。但他还没来得及想明白一切到底是怎么回事，文彦博竟出人意料地当上了宰相。历朝历代，封侯拜相都是为人臣者的最高梦想，包拯真为文彦博感到开心。

时间很快就到了庆历八年（1048 年）五月。忙于工作的包拯突然接到一纸调令。看到调令，包拯才知道自己已经被调到了河北路，差遣还是转运使，但职衔由工部员外郎改为了刑部员外郎。

朝廷有命，不敢不从，包拯只好放下手头的工作，回朝谢恩赴命。

颇具戏剧性的是，包拯在河北路任转运使只有短短的几十天，他甚至还没来得及摸清河北路的情况，朝廷就对他的工作又有了新的安排。

六月，接朝廷诏令，包拯由河北转运使改任三司户部副使，即主管户部工作的三司副使。

包拯当时并不知道，这一改命要得益于文彦博的大力推荐。

这年正月，工作一直特别扎实的文彦博正式拜相。因为天圣五年同时金榜题名，文彦博很了解包拯，他知道这位老同学懂经济、有办法、有操守而且有爱心。尽管满朝大臣都认可他的能力，但是没有人推荐他去担任要职。

拜相以后，文彦博发现朝廷特别需要一个在税赋、钱粮方面有能力的人到三司工作。他知道包拯在钱粮、税赋方面一直深有见解，与其让他在地方上处理复杂的军政事务，不如回到中央，总理全国的钱粮、田亩、人丁和税赋。

于是，包拯只当了短短几十天的河北路转运使，便再次履新，回到了人人羡慕的朝堂。

文彦博是包拯在仕途上遇到的第三个贵人。

自庆历六年（1046 年）六月出任京东转运使，到庆历八年（1048 年）六月到三司上任，包拯在短短两年时间内辗转了三个岗位。

从京东路到陕西路，再到河北路，虽然他在各地任职的时间都不长，甚至河北路的情况都没来得及摸透，但是，他每到一处都给当地带来了不小的改变。

能把包拯从地方调回中央，代表着朝廷对他能力的肯定。在接下来的工作岗位上，包拯又会做出哪些不凡的业绩呢？

第六章　入主户部

三司户部副使

三司户部副使，在当时的大宋不但位高权重，而且还是个人人垂涎的肥差。

仁宗年间，三司主管着天下的税赋钱粮。三司是盐铁司、度支司和户部司三个部门的统称，三司长官称三司使，各分司长官分别称盐铁使、度支使和户部使。户部副使则是户部司协助本司长官管理户部工作的副使，具体职责是主管全国户口、土地、钱粮的政令，以及贡赋、征役之事。

据《宋会要辑稿·职官》和《宋史·职官志》记载：

其长官为户部使，“掌天下户口、赋税之籍、榷酒、工作、衣储之事，以供邦国之用”。其下置副使一人，签度支部事、判官三人，孔目官一人，都勾押官一人，勾覆官四人。

户部有五案，一曰户税案，“掌夏税”；二曰上供案，“掌诸州上供钱帛”；三曰修造案，“掌京城工作及陶瓦八作、排岸作坊、诸库薄帐，勾校诸州营垒、官廨、桥梁、竹木、排筏”；四曰麴案，“掌榷酤、官麴”；五曰衣粮案，“掌勾校百官诸军诸司奉料、春冬衣、禄粟、茶、盐、酱、傔粮等”。

各案长官为判官，其下由孔目官，都勾押官，勾覆官辅佐。

如此，户部的工作一目了然。包拯当御史的时候，他的具体差遣是户部判官，因此他对户部的工作比较熟悉。这也是宰相文彦博推荐他担任户部副使的原因之一。当时，大宋的三司使为长洲（今江苏苏州）人叶清臣。

权力大必然责任大，包拯刚刚担任这一职务时，大宋正经历着一场波及南方各地的自然灾害。

据史料记载，庆历八年（1048 年），江南大旱。这场灾害最早出现在江淮两浙一带，随着旱情越来越重，灾情蔓延到了荆湖南北二路。这些地方都是朝廷粮食和税赋的主要来源地，不但人口众多，而且社会阶层复杂。

其实，庆历八年之所以会出现如此严重的灾情，是上一年秋季的恶劣天气所导致的。庆历七年秋，江淮一带阴雨连绵，秋收工作受到了严重的影响。秋后又发生了一场严霜，将农民地里的庄稼冻死了大半。转过年来，刚一入夏，各地又连日大雨不止，洪水肆虐。江南不但夏粮绝收，还有很多百姓因房子被大水毁坏，居无定所。

然而，朝廷的税赋却一点儿都没减少，民间粮食都被官府征收走了，因此很多人饿起了肚子。雪上加霜的是，大水过后，又是一连五个月都没有下雨。百姓们好不容易种到地里的秧苗又被悉数晒死，就这样，本来指望着的秋收也没有了任何希望。

与这一恶性循环伴之而来的，是大灾之后各地的粮食危机。先是粮食涨价，后来因为官府控制和商人囤积，百姓们有钱也买不到粮食了。淮南西路的蕲州、黄州等地的米价甚至涨到了百文一斗。

了解到这一情况后，包拯紧急上奏。怕皇帝不相信这些事实，包拯说："纵江淮稔时，米虽贱而民有饥者，况遇凶年，亦何卒岁？"意思是说，江淮一带正常年景时还有人饿肚子，何况是这样的凶荒馑年？皇上一定要相信，如今江淮一路的情况已经非常严重。

包拯之所以会这么说，是因为他发现，朝廷对江淮一带的情况根本就不了解。

说实话，当时江淮路的情况不是朝廷不了解，而是满朝大臣都知道，只有皇宫里不知道。道理不用想都明白：怕皇帝责罚，大臣们都不敢说。

别人不敢说，包拯敢说。

问题是掩盖不住的，不及时处理早晚会酿成大患。

包拯担心地告诉仁宗皇帝："看现在的情况，今年地里的秋苗已经不能指望了，只能盼着明年的夏收。可这些地方的百姓们怎么办呢？早晨的日子都过不去，如何让他们去想晚上的事呢？百姓们不可能饿着肚子等到明年夏天。对此朝廷一定要警惕，如果他们群起作乱，后果将不堪设想！"

将事实说清，把道理讲透以后，包拯向仁宗皇帝提出了他的建议：让宰相立即选派得力的大臣去这些地方体量安抚，酌情赈济或借贷以救灾恤患。

包拯所说的淮南西路，即今天的安徽凤阳一带。历史上凤阳旱涝灾害一直比较频繁。遇到荒年，百姓们常常是颗粒无收、流离失所。

因为这件事，包拯又联系起了自己此前所上的几封奏议中关于粮食、税赋科率、边将、国防和军备等事情，到现在朝廷还没给他明确的答复。于是，他郑重地将这些建议又提了一遍，以求朝廷有系统地谋划和安排。

可惜，这封奏折交上去以后却石沉大海，包拯一直没能等来相关部门给他的答复。包拯有些失望，但没有灰心。

他又记起当时离开陕西比较仓促，动身前还有好多事情没有解决。想到这里，包拯定下心来，索性将自己早就准备好的"斜谷造船务材木科率"一事报了上去。

斜谷在今天陕西眉县西南，时属凤翔府。因为此地盛产木材，当地百姓除了正常纳赋以外，还需要伐木以完成官府规定的"科率"。

朝廷在斜谷设有造船务，造船务每年向当地官府收购木材和其他造船用品，由官府向民间摊派，收齐后交给造船务。造船务的预算总不够用，相关费用每年都拖欠着地方官府。仅庆历八年一年，造船务就拖欠木材及其他材料款项二十多万贯，而且这还不包括旧账。

造船务欠着官府，官府就欠着百姓，每年科捐纳赋的时候，官府的税赋却一点儿都不减少，苦不堪言的百姓们没有了生路，纷纷逃到外地去谋生。

鉴于这种情况，包拯奏请朝廷，应该免除这些摊派，以降低当地百姓的负担。

可见，在离任以后，包拯不光关心着京东路百姓的疾苦，也一样关心着陕西路的百姓。

还有一件事让包拯念念不忘，那就是大宋与辽国的关系。

表面上看起来宋辽修好，实际上通过那次出使，包拯发现辽宋关系并不像群臣说的那样好。辽国不攻打大宋，只是一时没有合适的借口，并非为了遵守盟约或者国力不足。包拯建议朝廷，对此必须做好足够的准备，时刻“来则驱而御之，去则备而守之”。

包拯告诉仁宗皇帝，对于宋辽关系，不能盲目听从群臣所说的形势一片大好。

他还给仁宗出了一个主意 :“臣欲乞今后沿边要冲之处，专委执政大臣精选素习边事之人，以为守将，其代州尤不可轻授。”

而对于军中屡犯过错的军霸兵痞，包拯则要求一概处以重罚，甚至不惜处以远地流放。

近段时间，辽国一直在密集调兵，尽管其一直声称是要攻打西夏，包拯觉得这一定是图谋不轨，他怕朝廷对此不够重视，立即又上了一封奏折，提醒朝廷对辽国不可不防。

在这封奏折中，对于边将的选拔，包拯提出了“审将之道，不当限以名位，但辨其能之可否”的主张。

天章阁对策

皇祐元年（1049 年）三月，因为包拯接连不断地对朝廷大事发表看法，升任三司户部副使不久，他迎来了自己人生的高光时刻 : 对策天章阁。

除非你是宰相，否则很难被皇帝单独召见并亲自问政。当年范仲淹和富弼就是因皇帝天章阁问政而天下闻名，才有了后来的庆历新政。能有机会获得这份荣耀，足以让满朝大臣羡慕很多年。

因此，仁宗皇帝赵祯是包拯仕途上的第四位贵人。对策天章阁，标志着包拯开始进入皇帝的视线，成了皇帝关注的人才。

为什么会有这次问话，仁宗皇帝都问了什么、包拯又答了些什么呢？让我们回到当年。

自包拯作为正旦使访辽回朝以后，他一连上了好几封奏折，意在提醒皇帝居安思危，辽国人包藏祸心、反复无常，朝廷对辽国千万不能掉以轻心。可惜，他的奏请没能得到重视。

不久前，包拯的担心得到了应验。辽国突然在云州一带密集调动大军，这时朝廷才慌了手脚。尽管辽国说自己调兵是要攻打西夏，谁知道他会不会突然对大宋搞一场突袭呢？这种亏大宋可吃过不止一次了。

此后，包拯虽数次改官，但时时不忘建言，而且在建言时隔三岔五地会提一下宋辽形势。虽然这些建议没有被朝廷重视，但却给仁宗皇帝留下了深刻的印象。直到辽国大举调兵，他才突然想起朝廷中还有包拯这么个人。

于是，这场问策自然而然地产生了。

仁宗皇帝是一个很有情商的人，在问包拯话之前，他先小小地抒发了一下自己内心的感慨："朕自登基以来，每天从早到晚辛苦忙碌，以全力听取来自各方的意见和建议，不敢马虎。但近几来年，河朔一带的问题总找不到好的解决办法。看这一带水患不断，百姓们不能安居乐业，朕真是心疼啊。尽管朕已经安排相关人员，根据相关情况进行赈济，但最近又见辽国有重大军事行动，朕担心他们图谋不轨，必须早做打算。尽管他们口口声声说是去打西夏，可朕还是不放心。如今，辽国无故派使者来我大宋，如果使者一边喊着打西夏的旗号，一边对我们提出什么无理的要求，我们该如何答复？"

这是仁宗皇帝问包拯的第一个问题。

接下来，关于对当今宋辽关系的判断，以及如何处置突发事件，皇帝又一连问了很多问题："如果他们只是以打西夏为名，突然进攻我们，我们应该把控扼防御点设在哪里呢？谁人可以为帅？各路大军谁可以为将？都有哪些人是守边安民的最佳人选？这几年我们的边防储备一直不足，如何充实边备以做到有备无患？万一真打起仗来，军粮如何供应？如何调配战略物资，才能做到既不浪费又有序保障？如今各路兵马冗员很多，如何挑选精兵强将以提高战斗力？另外，我们战马的数量也严重不够，如何才能迅速得到补充？爱卿啊，大家都说你一心报国、公忠有才，这些问题朕都不知道怎么办，你给朕出出主意吧。"

皇帝问得很诚恳，问题也很具体，而且每个问题都是干货。这些问题难不住包拯，因为这些事情在此前的奏议中他都讲过，包拯早就有了成熟的思路。

说实话，本来一封奏折就能解决的事，可仁宗皇帝就是想听包拯亲口说说。或许因为文字没有感情色彩，很多东西只看文字不能深解其意。当然，仁宗问策天章阁更想表明他对这些事情的重视。

既不是两府大臣，也不是三司使，更不是皇亲国戚耆宿老臣，能被皇帝亲自问策，仅这份殊荣就足以让包拯炫耀一辈子了。面对突如其来的圣眷，包拯当时是怎么答复的呢？

包拯诚恳地对仁宗皇帝说："臣冒死拜言，仰慕并臣服陛下您的神圣文武之资。自继位以来，您三十年兢兢业业，睿谋神断，丰功伟绩，历选明辟，前所未有。在繁忙的工作之余，竟烦劳您亲自问话。这是您渴望天下太平、一心求治的具体表现，臣感激之至，不知如何回答。臣听说君王斟酌进言，择其善者而从之，最好的办法就是广开言路，多听取不同的意见。然而贵为万乘之尊，不可能让所有人都当面奏事。因此历代君王才招徕贤能，为己所用。这样一来，即使少有几人能对国家大事提出不同意见，于朝政得失之间，便已尽在掌握。如今陛下广开言路，讨论社稷安危，您身边的文武大臣被一一垂问。微臣不才，也蒙您垂问，感激涕零，不知如何报答。唯有将几条浅陋之见一一上奏，愿陛下细察明理，这是微臣莫大的荣幸。”

先跟皇帝客气一番，这是为人臣者应有的礼数。客气完以后，包拯该说正事儿了。他是这么说的：“窃以契丹自先朝请盟之后，边鄙无事四十余年，向以昊贼逆命，因敢上书悖慢，并以和亲割地为请。朝廷宽大，未即诛绝，报遣使人，增以金币，又数年矣。”

先讲了讲当下的宋辽形势和出现这一局面的历史原因，指出，辽国反复无常，得寸进尺，几年前见我们跟西夏打仗便趁火打劫，又是增岁币，又是求和亲，我们虽一再忍让，但这些事情大家都记着呢。

接着，包拯指出了辽国人的本质：“然夷狄之性，不愧贪，不感义，不让胜，不耻败，况内审吾计，有不欲加兵之意乎！”

贪得寡义、反复无常是他们的一贯作风。对辽国人的评价，包拯这句话十分精准。

包拯又说：“故自去冬以来，移帐云州，以西讨为名，驻兵未去。今又无故遣使者来，不有邀求，则别生诡计。但虑以不可从之事为言，小不如意，得以为词，解仇协势，启其衅端。何况星文示戒，水灾未弭，天意人事，未甚和顺，惟陛下熟虑而审处之，万一无他，亦不可忽焉！”

上天已经不止一次示警，种种迹象表明，国家近期的命运不会太和顺，至今没能消除的水灾就证明了这一点。而今，辽国突然无故地派使者来大宋，按照以往的经验，他们一定是在为挑起事端找借口，即便不是，要提什么无理的要求，陛下也一定不要忽视。

说到这里，包拯已经回答了仁宗皇帝的第一个问题。

接下来，包拯告诉仁宗：“如辽国兴兵，可以三处作为防御控扼。中路的梁门（今河北徐水）、遂城（今河北徐水西），以其南方的镇（今河北正定）、定（今河北定州）二州的兵马进行防御；西路的雁门（今山西代县北）、句注（今山西代县西北）二地，以其后方的并（今山西太原）、代（今山西代县）二州兵马进行防御；东路的松亭（今喜峰口）、石关（今居庸关）可调动驻守沧州的兵马进行防御。”

这样，包拯便回答完了皇帝的第二个问题。

只说了这些不够，包拯又讲了讲自己这么擘画的理由："然松亭以南数百里，水泽艰险，自北界而出者，则塘水足以限其来路；惟雁门、句注背长城而南，则地里稍广，汉与胡人古今所共出入之路也。自失山后五镇，此路尤为要害。先朝以骁将杨业守代州，创筑城垒，于今赖之。缘代州去云州数程，地又平坦，或有侵轶，此最可虞。”

其他几路包拯都不怎么担心，他最担心的是代州。虽然代州的城坚垒固，却难有杨业那样的骁将。

说到这里，包拯再一次引用了孙武那句经典名言："无恃其不来，恃吾有以待之也；无恃其不攻，恃吾之不可攻也。”对辽国人，一是不要看他们的虚张声势，要仔细观察他们的实际动作；二是不要盲目相信城池坚固，选择合适的守将才是硬道理。

下面该回答将帅选人的问题了。

仁宗皇帝向包拯咨询了三个方面的人选，即帅、将和缘边镇守人员。这个问题包拯虽没有直接回答，却也答得很高明。因为自己没任过武职，对相关工作不能轻易发表意见，一是怕群臣不满，二是怕耽误国家大事。包拯说："谓宜委中外大臣，精选其有实材者，擢而任之，其庸懦者，黜而去之。若不速为之具，缓急旋图之，则无所及矣。”

当然他不能这么说说就算了，皇帝让你出主意，你直接告诉皇帝说，这些事让宰相和枢密使去办吧，这是哪门子的为人臣者之道？

为了讲清自己这么说的理由，包拯做了个铺垫：臣闻将者，人之司命，而邦国安危所系，择之不可不审。且天下不患乏人，患在不用。用人之道，不必分文武之异，限高卑之差，在其人如何耳。若得不次进用，则必有成效。《荀子》曰："大贤不待次而举，大恶不待次而诛。”谓进退贤不肖，岂须岁月哉！今河北沿边卒骄将惰，粮匮器朽，主兵者非绮纨少年，即罢职老校，隐蔽欺诞，趋过目前，持张皇引惹之说，训练有名无实，闻者可为寒心。

显而易见，仁宗皇帝这一问题对包拯来说是个坑。

边将用谁，是由皇帝来定的，不是一个小小的三司户部副使说了算的。千万不要以为，皇帝今天问问你，你就可以大言不惭地想推荐谁就推荐谁。万一出了问题，这个锅谁来背？

包拯没那么傻，对这一分寸他把握得恰到好处，他只是向皇帝说了选人的原则，却没有提供人选，然后便迅速转移了话题。

接下来，关于军粮储备，包拯小小地埋怨了一下皇帝："关于这件事臣曾前后三次上言，终因位疏言贱，不被重视。解决军粮储备问题，以当下之计还得用臣原来说的办法'支拨钱帛往河北，当五谷贱时，广谋计置，以备凶荒'。"

如今，因边界有警，情况跟当初不一样了。包拯建议仁宗立即下令，特行处置："若更因循不切措置，恐非社稷之福，惟陛下特出宸断，锐意而遂行之，免成后患。"

具体应该如何经办呢？包拯指出了非常现实的困难："方今粒食翔贵之时，有司虽竭力营办，而财用不足，何以取济？"

但办法也不是没有，包拯以史为例，先跟仁宗皇帝讲了一个故事，告诉他当年先皇真宗皇帝是怎么做的："臣尝读《汉书》，宣帝时以西羌未平，京兆尹张敞建议，愿令有罪、非盗、受财、杀人者，皆得以差入穀多少，俾河北州军得以赎罪，此亦权宜济用之一端尔。兼三路官员甚众，伏见真宗皇帝朝以河北荒歉，减省京朝官、使臣、幕职等七十五员，其逐路部署押阵使军，自观察而下，悉罢赴阙。此先朝令典，愿陛下遵而行之。"

办法有了：让戴罪之人立功，同时减少冗员数量，一是提高效率，二是减轻朝廷负担。

关于皇帝的最后一个问题即冗兵问题，包拯认为，此时处理这一问题一定要慎重："当此艰食之际，供费寖广，万一粮储不继，势必生变。望令本路转运、安抚司拣退老病、冗弱，以宽物力。且老弱去，则精锐者勇；物力宽，则赡养者足。"

另外，为解决眼下问题，储粮不足的部队可先到兄弟部队吃饭，以保证他们的军粮储备；关于战马数量不够的问题，包拯也有着自己的看法。

经了解，此前为保证战马供应，群牧司已在郓、同（今陕西大荔）二州设马监二处，将战马集中起来喂养。包拯认为这一办法并不好。一是其各占良田数千顷，二是集中喂养的效果也不好，"未逾一月，死者十有七八"，以致朝廷无马可用。

包拯建议，不如战马还归河北路牧养，省下来的数千顷良田交由百姓耕种。这样一来既可以解决战马数量问题，又能缓解粮食问题。

不管遇到什么事情，包拯一向有着清醒的头脑和良好的大局观，将仁宗皇帝的问策一一作答以后，包拯总结说："臣以上所说的这些都是国家的日常事务，相信平时大臣们也多有论及。臣认为当下最紧要的事情，还在于挑选有担当、有胆量、愿以国家安危为己任的大臣来处理这些事情。"

是啊，光讨论这些东西没用，重要的是如何去落实。对一个皇帝来说，他需要考虑的是让谁主持去做这些事情才能达到预期的效果。

可能感觉自己回答得有些急切，最终包拯诚恳、谦虚而且十分客气地结束了这次答对："臣前所条陈，皆国家之常务，而言事者多及之，臣谓今之切务者，在择政府大臣敢当天下之责，独立不懼而以安危为己任者，委以经制四方，庶几可弭向者之患，而纾陛下之忧矣。臣愚以为言之者不难，事行则为福。古人有云：'言之必可行也。'又曰：'非知之艰，行之惟艰。'愿陛下参举众善，事符机会者，思而行之，则千虑一得，庶少补于睿聪。辞浅气索，惟陛下裁察，幸甚。"

包拯和仁宗皇帝这次重要的谈话，被李焘整理记录在他的纪年体史书巨著《续资治通鉴长编》里。

通过这次问策，包拯发现原来自己奏议的那些问题朝廷不是不重视，只是治理一个庞大的国家，事情得分个轻重缓急。朝廷之所以一时没有给他答复，是因为这些事当时还没顾得上处理。

有了这次问话，包拯不再纠结此前一直牵挂的那些问题，他心里宽慰了许多。如今，辽国的威胁就在眼前，他所担心的这些事情更是立即被朝廷提上了议事日程。

巧妙计置粮草

对策天章阁以后，仁宗皇帝对包拯非常满意。考虑他对河北路的事情比较熟悉，包拯立即被委以重任，被专程派去河北路解决士兵的吃粮问题。

河北路各军州缺粮的问题比较突出，尤其是河北路中部的各军州，为了保障最前方军队的供应，他们的军粮都输送给了前线，如今他们已是吃了上顿没下顿，士兵们的情绪很低落。如果后方不稳固，一旦辽国开战，后果可想而知。

到河北路以后，鉴于当下棘手的缺粮情况，包拯做出了一个大胆的决定：对河北路的驻军进行统一调度，将缺粮州军的士兵分开，一部分调到粮食充足的河东路驻防，另一部分调到粮食同样充足的本路南部州县。能吃上饭以后，官兵们的怨言少了。

解决了眼下饿肚子问题的同时，包拯差人紧急从全国各地调粮，以补充这些缺粮地区的物资。等这些地方的粮食得到补充，调走的部队再回原地守防。

说实话，包拯敢这么做，不管从哪个角度看都是在冒很大的险。将士兵调走，肯定会造成后防空虚，如果辽国突然兴兵……风险是不是有些太大了？

包拯不怕。艺高人胆大，包拯对眼下的情况有着自己的判断。

按照经验，宋辽两国有盟约在先，辽国举兵一向会找个借口，此时他们正打着旗号讨伐西夏，包拯料定其一时不会对大宋兴兵。但官兵吃不上饭却是刻不容缓的问题，权衡之下，他决定先让士兵吃上饭再说。

然而，在事情执行过程中，包拯这一做法还是遭到了很多人的质疑。

调兵不是件小事，包拯将自己的想法在第一时间汇报给了朝廷。接到包拯的奏请，很多人认为包拯这么安排纯粹属于胡闹。

第一个质问他的是主管大宋军事的枢密院，枢密院火冒三丈地问包拯：“你到底要调移哪几路兵马？这些人究竟到何处吃粮？这样下来能减省多少粮草？先将这些问题说清，我们再跟皇上说吧。”

包拯知道事关重大，枢密院的质疑也不是没有道理，便一五一十地将自己的计划和所能节省的粮草向枢密院做了汇报，最终才获得了枢密院的认可和批准。

这次“调兵吃粮”的计划，包拯最先调移的是冀州（今河北冀州）、博州（今山东聊城）和深州（今河北饶阳）的三路驻军。冀州不通水路，粮食调拨最为困难，因此人马调动最多，驻防冀州人马分别调到邻近的项（相）州（今河南安阳）、怀州（今河南沁阳）、卫州（今河南新乡）、恩州（今河北清河）和真定府（今河北正定）与大名府（今河北大名），博州人马则调到澶州（今河南濮阳）。

后方士兵吃不上饭的问题暂时缓解，同时，前方的军粮也得到了充足的保证，而河北全路驻军的粮食计置问题，又让包拯耗尽了心思。

他发现，除了郓州和同州，群牧司在漳河以北的邢州（今河北邢台）、洺州（今河北永年）、赵州（今河北赵县）等地区还占用着一万五千余顷良田。这些良田与其让群牧司占着，不如交给百姓耕种。

包拯还跟朝廷算了一笔细账，他指出，用这些良田的税赋去养马，比直接占地养马划算多了。

但这些土地归群牧司管辖，群牧司归枢密院，收回群牧司占地不是包拯能力范围内的事情。为此，他前后两次奏请朝廷，最终得到了批准。

为了补充前方粮草，包拯还奏请朝廷将汴河一带丰收地区的粮食运往河北。随着这些举措的一一落实，河北路缺粮的问题终于得到了解决，沿边各州军的军粮也进一步得到了有效补充。

问题得到解决以后，包拯随即奏请，将原来被调走的士兵再调回原地驻防，短短几个月时间，河北路各驻军的稳定工作得到了有效的保障。

军心稳了，部队的战斗力自然有了保障。仁宗皇帝、枢密院及众臣这才发现，在军事方面，包拯竟也是一个难得的人才。

在工作中，包拯还发现一个问题。

朝廷在河北路派有主管修造军器的提举官。这些人领着朝廷的俸禄，却基本不用来上班，一年到头，他们只是走马观花地来走走过场，看看文件签签字，根本就没有实际履职。这些人在军中的影响不但很不好，而且他们还冒功请赏，将别人辛辛苦苦得来的功劳全据为己有，导致实际负责军器制造的官兵们都有很大的意见。

为此，包拯提请朝廷，罢掉了形同虚设的军器提举官制度。

就这样，包拯在河北路辛苦工作了仅半年多，整个河北路和大宋的边防工作就得到了明显的改善，包拯不负重望的表现再次为他赢得了一片赞誉。虽然包拯这次解决河北路军粮问题的办法是成功的，但这次成功却为他日后在河北路的失意埋下了伏笔。

陕西治盐

一连几个月过去了，仁宗皇帝和包拯等人的担心好像是多余的。尽管辽国此前大举调兵，但他们似乎没有侵犯大宋的意思。不过，大宋整个北防工作的明显改善，让仁宗皇帝对包拯的能力有了更深一层的了解。

将河北路计置粮草的工作完成以后，包拯圆满地回朝复命。回京城后没几天，他又风尘仆仆地奉命去了一趟陕西。

这一次，朝廷交给他的任务更重。

皇祐元年（1049年）十月，“诏命三司户部副使包拯与陕西转运司议盐法”。

为什么朝廷要派包拯专程去陕西议定盐法呢？这件事情也大有背景。

早在七年前的庆历二年（1042年），陕西路曾经改过一次盐法。当时，主持陕西改革盐法的人叫范宗杰，是宋夏战争首任将领范雍的儿子。

虽然延州之战宋军大败，但范雍毕竟还是守住了延州。后来追究责任，范雍被免去军职贬知安州，他的儿子范宗杰却仍担任着陕西转运使。

范宗杰是个很有经济头脑的官员，在任期间，他曾改革过陕西的盐政。在他的主持下，陕西路盐业改为由官府垄断经营。经范宗杰改革，陕西官府的收入增加了，但这一改革既增加了官府的负担，又导致从事盐业工作的百姓纷纷失业，由此引发的社会问题较多。

当时三司使叶清臣正知永兴军，见这一办法弊端太多，便奏请朝廷，命一个叫范祥的人对陕西的盐政再次进行了改革。

范祥这一改革称“通商盐法”。

通商盐法以旧法为主，彻底改掉了官府垄断的经营模式，同时调整了一些旧法的不足之处。然而，在其推行过程中却受到了不少的阻挠。施行之初，官府盐利收入受到了影响，奸商猾吏也难以再从中做手脚发财，这些人心中不满便告到了朝廷。

对此，朝廷上下也是议论不一，盐政属于大问题，大臣们谁也不敢做主，就交给了仁宗皇帝。

范祥的办法虽好，却影响了官府的收入，仁宗皇帝也拿不定主意，他不知道到底该用范宗杰的办法，还是用范祥的办法。当时这一办法的发起人是叶清臣，已任三司使的叶清臣当然支持范祥的盐法，但新盐法到底可行不可行，仁宗不能只听叶清臣一个人的说法。

鉴于这种情况，仁宗皇帝决定派熟悉陕西工作的包拯前去调研，体量处理相关事宜。

其实，这些情况包拯心里都清楚得很，之前他也曾向朝廷提过，但没有得到重视。经过明察暗访，初步了解情况后，包拯上疏说："缘臣任本路转运使，备知前来盐法，自庆历二年范宗杰擘面禁榷之后，差役兵士牛车及逐州衙前等，搬运盐席往诸州，官自置场出卖，以致兵士逃亡死损，公人破家荡产，比比皆是，所不忍闻。"

包拯指出，范宗杰推行改革的盐法并不符合当地的实际情况，官府的收入虽然增加了，但弊端十分明显。

在陕西，主要跟包拯对接这一业务的人是范祥。当时范祥的职务是提点刑狱兼解盐使。经实地调研，包拯和范祥一起与转运使共同商议，不但支持范祥的做法，他们又重新制定了一套全新的"通商盐法"。

按新通商盐法，官府的收益虽然一时受到了影响，但此办法长久推行下去，一定是一个利国利民的好政策。包拯在给仁宗皇帝的奏折中赞扬了范祥新盐法的好处："于国有利，于民无害，理甚灼然，先是有小损而大利也。"

借此机会，包拯劝仁宗皇帝"国家富有天下，当以恤民为本"。

总之，包拯认为通商盐法是一项好的政策，怕仁宗皇帝偏听偏信，只看到其一时的不便而将其废掉，包拯特意向朝廷说明了老百姓对通商盐法的拥护情况。他说："臣奉敕差往陕西相度盐法，自入陕西界，沿路访闻，民间恐朝廷改法，颇甚忧畏。""臣因谕以朝辞日奉德音（皇帝旨意），所议盐法只要便民，圣上恤念关另生灵，心不忍重困人力，群情无不感悦。"

最后，他恳请朝廷"依新法施行"。

新通商盐法终于获得朝廷的批准施行，在当时有着明显的进步意义。后来到了宋神宗时期，沈括在他的《梦溪笔谈》中还称赞通商盐法："行之数十年，至今以为利。"

在议盐法期间，提点陕西刑狱使范祥给包拯留下了深刻的印象。盐政属于转运司，不是提点刑狱司的本职工作，为更好地推行新盐法，包拯主动上奏，请朝廷任命范祥为陕西转运副使。

这年十二月，包拯在陕西突然又接到了一封朝廷诏令："陕西保捷兵年五十以上及短弱不储役者，听归农。"

包拯喜出望外。

朝廷颁布的这一淘汰老弱军兵的措施，正是他此前的主张。与此同时，朝廷命他"就地复验"，与陕西转运使共同完成这项工作。

保捷兵本是陕西乡兵，原称保毅军，属于担任守卫边防的正规军。然而，多年以来保捷兵老弱冗杂，既缺乏战斗力，又加重了国家负担。受命以后，包拯立即同地方军政官员一起制定细则，有条不紊地开始了裁减冗兵的工作。

在包拯的部署下，首先将军中的老兵病卒挑出，如数减退；然后，又让士兵列队检验，汰除瘦小羸弱者，只留体格精壮人员。据史料记载，当时有些士兵渴望还乡，便故意弓腰缩脖，争取能符合裁减条件。

在包拯的主持下，这次士兵的选汰工作也进行得很顺利，保捷军前后共减去三万五千人，被淘汰的士兵"皆欢呼其返家"，每年为国家节省了约二百四十五万贯的军费开支。

直到裁军工作完成以后，包拯才得以回京复命。

转过年来，便是大宋的皇祐二年（1050 年）。这年二月，身为三司户部副使的包拯上奏朝廷，他已经将历代及本朝户口梳理统计清楚。

编户是历代王朝收取税赋的依据，也是考察王朝盛衰和经济状况的数据，这是他的本职工作之一。不久前进殿上奏时，仁宗皇帝曾亲自向包拯询问过这个问题。皇帝亲自过问的事，包拯当然不敢马虎，他很快就向朝廷交出了一份满意的答卷。

四月，朝廷对包拯的工作再次作出调整。

见包拯深有见地、做事中规中矩、谋事有大局观，经宰相文彦博建议，仁宗皇帝决定给包拯一个更有利于发挥他特长的岗位。像包拯这样各方面认识和能力都比较全面的人才，而且还当过御史，绝对是一个当谏官的好材料。

于是朝廷下诏，三司户部副使包拯由刑部员外郎改任兵部员外郎，职衔由直集贤院升为天章阁侍制，同时他的差遣也被改为“知谏院”。

这一任命的下达，标志着包拯正式成为让人闻风丧胆的谏官。从此以后，他可以无所顾忌地给任何人提意见，除了文武大臣、当朝宰相，他的批评对象甚至还包括天下第一人——皇帝。

第七章　谏官风骨

大宋谏官

翻开北宋那段让人神往的历史，你会发现，仁宗年间发生的事特别精彩。这一时期，随着生产力的进一步发展，大宋的国力越来越强。仁宗一心求治，再加上朝廷对文人的格外宽厚，不但当时的社会经济空前繁荣，而且还出现了多位不可多得的当世名臣。

面对同一件事情，每个人都有自己独到的见解。这么多优秀的人物同时站在同一个舞台上，一定会碰撞出许多激烈的火花。

北宋对中国历史的另一贡献，就是谏官制度的出现。

谏院在大宋是地位非常特殊的监察机构，它的职责虽然与御史台类似，却又有着许多明显的不同。二者最大的区别在于，御史台归中书领导，谏院则是由皇帝直接领导。

宋代的谏官都是直接对皇帝负责，也就是说除了皇帝以外他们不受任何人约束。因此，谏院不但拥有比御史台更大的权力，而且还有着独立于百官之外的身份，同时还拥有许多常人难以想象的特权。

谏官们不但可以纠察百官甚至宰相，有时还可以对皇帝进行批评。最重要的一点是，提出的意见不管对错，他们都不需要为此承担责任。当年范仲淹就曾担任过右司谏，让他名满天下的“伏阁请对”就是在这一岗位上完成的。

因其特殊性，谏院人数一向不多，一般满员时才只有六个人，这六个人的官职分别是左右谏议大夫、左右司谏和左右正言。

左右谏议大夫虽是谏院名义上的长官，但这一职务却是贴职。谏院的实际负责人一般都由其他官员兼任，称知谏院。因位置过于特殊，一般非德高望重、识知大体且深谋远虑之人不能充任。包拯能在如此短的时间内被授予知谏院这一重任，充分表明了朝廷对他品格、能力和见识的高度认可。

如果说在御史台工作时期是包拯思想的形成期，那么在谏院工作时期，则是他各种思想和观点的成熟期。这一年包拯已经五十二岁，人到五十岁时心智、性格等均开始进入成熟期，同时他的事业、身份和成就也都开始走向顶峰。包拯广为后世流传的艺术形象，多是在这一时期形成的。那些脍炙人口的故事，大部分也都发生在这段时间。

当上谏官后，这一时期是包拯一生中批评弹劾大臣最多的阶段。

包拯是在仁宗皇祐二年（1050 年）四月到大宋谏院工作的，他的离任时间是皇祐四年（1052 年）三月，前后刚满两年。

据统计，在此期间包拯共向朝廷递交奏议七十三折次，平均每月两次。按其内容不同，这些奏议可以分为六类：

第一类是举荐。在谏院期间，包拯向朝廷推荐人员的共五折，被他推荐的人分别是孙甫、张环、杨纮、吴奎和范祥。

第二类是查案。知谏院期间，包拯亲手查办的案件有一宗二折。涉案人名叫冷青，他的罪名是假冒皇子招摇撞骗，最终冷青被论罪处死。

第三类是皇家事务。包拯曾对一宗商人与皇家结亲的事情发表看法。当时，有一个开矾铺名叫李绶的人想与申王府结亲，包拯认为这门亲事既不门当户对，也不符合朝廷相关规定，对此提出了反对意见。

第四类是辞职。出人意料的是，仅自求改任的奏折包拯竟前后递交了七次。当谏官的压力大，得罪的人多，这是人所共知的事情。他是要知难而退吗？这与我们印象中的包拯大相径庭。

第五类是时政建议。知谏院期间，包拯直接对时政提出的各项建议最多，这类建议多达二十八折。在这些建议中，他都明确地讲出了自己的观点，并给朝廷提出了相关建议。除了这些开门见山的建议，他还对其他一些不合理现象发表了看法，但没有提出相关建议。这类奏折共十一封。从内容和作用来看，这十一封奏折也可以归到时政建议的行列。

第六类是弹劾。知谏院期间，包拯指名道姓弹劾人员高达十九次，计十三人。按前后顺序，被他指弹劾的人分别有王逵（四次）、张尧佐（五次）、郭承祐（二次）、王涣（一次）、宋庠（一次）、李昭亮（二次）、李淑（三次）和刘纬、李熙辅、潘师旦、令狐挺、张士安、席平（六人同折弹劾）。这些人不但有郭承祐、张尧佐、李昭亮这样的皇亲国戚，有宋庠、张方平这样的当朝大员，另外还有李淑等皇帝近臣。

在这些人中，遭包拯弹劾的也不全是恶贯满盈人人喊打的赃官，其中虽不乏王逵这类大恶不赦的酷吏，却也有宋庠、李昭亮这样的一代名臣。

后世有人说，包拯当谏官期间是非不分，逢人就告，当年包拯真是这么做的吗？

弹劾“国丈”

当上谏官以后，第一个遭包拯弹劾的人是王逵。关于包拯七弹王逵的经过前文已经讲过，所以我们从他弹劾国丈张尧佐的故事讲起。

包拯在各类民间传说中，最精彩的就是他不畏权贵，敢于跟皇亲国戚斗争，最终取得胜利的故事。在这些故事中，以国丈为代表的外戚家族是包拯斗争的对象，皇后与国丈、国舅蛇鼠一窝，多行不法，个个都是仗着自己的特殊身份丧尽天良，为了自身利益置国家命运和百姓利益不顾的奸恶之徒。

故事的罪魁祸首是一个叫庞吉的人。庞吉人称庞太师，是皇后庞氏的父亲。庞吉不但位高权重，党羽众多，而且曾多次干预朝政并陷害包拯。最终，因为包拯不屈不挠的斗争，庞吉被保留太师官衔、赏食全俸，却不准从政。

然而，历史上并没有庞吉这个人。

根据史料分析，他的身份和形象其实与一个名叫张尧佐的人比较符合。张尧佐的身份是大宋国丈，他曾前前后后被包拯多次弹劾，最终灰头土脸地离开了朝堂。

提起张尧佐，此人与包拯颇有渊源。

包拯和张尧佐第一次接触发生在庆历五年（1045 年），包拯作为正旦使出使辽国，在辽国度过了春节。当时，张尧佐也奉命出使辽国，他的身份是生辰使。春节过后，包拯完成使命回国。包拯回国前，同为使臣的张尧佐还曾热情地设酒宴为包拯送行。由此可见，一开始两个人的关系还不错。然而，事情就坏在张尧佐的身份上。

张尧佐是进士出身，还是有真才实学的。进入官场之初，张尧佐是一名不错的官员，不但踏踏实实地从基层干起，而且工作做得也挺出色。在这期间，张尧佐做过为人洗脱冤情的事情，这件事还被载入了史书。

到了皇祐三年（1051 年），张尧佐开始代理三司使，并在这年九月正式担任三司使。虽然包拯已经到谏院工作，但他的上一个职务是三司户部副使。虽然没能同时共事，但两个人同在一个部门工作过。有了这层特殊的关系，加上之前张尧佐还请包拯喝过酒，按说两个人的关系应该处得不错才对。

然而，意外却出在一个姓张的宫女身上。

庆历元年（1041 年），宫中一个姓张的宫女晋封才人。这名宫女八岁被召入宫中，侍奉真宗章惠杨皇后。她聪敏巧慧、多智数、善逢迎，十七岁得幸于仁宗皇帝，升级为张才人。第二年，十八岁的张才人又摇身一变成了张修媛。庆历八年（1048 年），她又成功地被晋封为贵妃。这个宫女正是张尧佐的本家侄女。她的父亲叫张尧封，也是进士出身，可惜早年病故。

水涨船高，成为张修媛以后，宫女出身的她总想以门第抬高自己。因父亲早逝，实在找不到更合适的人选，她便想到了伯父张尧佐。

枕边风的效果很好，仁宗皇帝经不住张贵妃日夜纠缠，考察了一下张尧佐的能力还不错，就这样，他很快被提拔为开封府推官。

当时，这一任命遭到了范仲淹和余靖等人的坚决反对。不过，此时的张尧佐确实有点儿冤枉，从史料中可以看到，张尧佐早年并非大奸大恶之辈，他“持身谨畏，通晓法律，通吏治”，所有的错都出在他是张贵妃的伯父这一身份上。

别人都是辛辛苦苦地做事，按部就班地在朝廷上磨勘转迁，你凭什么走后门一夜升迁？这股不正之风同僚们能看得惯吗？

然而，朝廷内外的反对声并没能阻挡张尧佐“进步”的节奏。后来，张尧佐又在几年之间屡获超升，一路升到了大宋的首席财赋大臣三司使。

谏官们实在看不下去了。

因为张尧佐虽然当基层小官时官声不错，但仗着侄女当上了贵妃，他升官以后不但无所作为，而且还多行盘剥之事。

见皇帝任人唯亲，不考虑大宋的国家命运和民生疾苦，包拯和同事陈旭、吴奎联名上奏，请求罢免张尧佐，让真正有能力的人来担任大宋的三司使。

包拯言辞激烈地说：“陛下您如此庇护张尧佐，于上有违天意，于下有违人情，如今即将形成危机，微臣实在为此感到痛惜。虽说圣人也不能不顾及私情，但涉及私情一定要处之有道，安排得当，以免陷入被动，这才是处理这类事情应该采取的策略。若您不听人言，不顾上天警示，不但会害了张尧佐，而且还会给国家社稷造成祸患。史上这方面的教训不少，愿陛下多留神观察，以防此类情况出现。”

因张尧佐的特殊身份，怕此事皇帝不好处理，包拯一开始的批评比较委婉。包拯指出，对张尧佐可以“优于官爵富贵，于体无妨”，只是不能让他做位高权重的执政大臣，请皇帝三思。

这是包拯弹劾张尧佐的第一回合。

遍查史料，你会发现张尧佐在三司使任上确实没做出什么过人的业绩，而且还对各路转运司吃拿卡要。包拯与张尧佐并无私仇，他只是看到张尧佐没有作为、误国误民，又加上张尧佐特殊的身份才去弹劾他。

包拯第一次弹劾确实把张尧佐告下来了，张尧佐不再担任大宋的三司使。过程顺利得超乎所有人的想象。

然而这事情还没有结束。事后包拯才发现，自己和陈旭、吴奎竟都被仁宗皇帝要了。

皇祐二年（1050年）十一月，朝廷大享明堂为百官加恩。赏完百官以后，仁宗突然想起，自己竟忘了恩赏刚刚被免去三司使的老丈人。心有歉意的仁宗皇帝竟然在两天之内，连赏张尧佐“宣徽南院使”“淮康节度使”“景灵宫使”和“群牧制置使”四个头衔，而且还将他的两个儿子张希甫和张及甫都赐为了进士。

三司使是不让他当了，可张尧佐何德何能竟荣登如此高位！皇上这不是糊弄人吗?

一时之间，朝议哗然。

朝廷宣布了这一任命后，包拯立即言辞激烈地上了一封《论张尧佐除四使不当》，直指张尧佐享受的这些殊荣。

包拯言辞激烈地说：“陛下您近五六年一直在越级提拔张尧佐，导致群臣议论纷纷，臣相信错不在陛下，而是后宫干求以及宰相和执政们的主意。一个人享受如此荣誉，历朝历代从未有过，而且宣徽使和节度使都是对朝廷立有军功之人的褒奖，张尧佐何德何能竟集此荣誉于一身？张尧佐德不配位，占据不应有的职位，而且不知羞愧，这是我大宋朝廷的污秽耻辱，如同图画留白之处隐藏的鬼魅。不过，既然百官加恩，臣也不是不让您给张尧佐加恩，只是您给他加的恩太重了，您不能随意把朝廷禄爵当成您个人的恩赏。人们之所以反应这么强烈，并不是反对张尧佐当三司使或宣徽使，而是反对您重用他。一下给他加四个头衔？还是算了吧，不如只给他一个宣徽使或节度使，这还勉强说得过去。”

可见，包拯虽然强烈反对皇帝对张尧佐的厚赏，但他也没有将张尧佐一棍子打死。

在上这封奏议的时候，包拯还捎上了他的恩人、宰相文彦博。包拯指责文彦博：执政大臣不思规陛下以大谊，乃从谀顺指，高官要职，惟恐尧佐不满其意，使陛下有私昵后宫之过，此岂爱君之心哉？

文彦博虽是一代名臣，但他最初是靠张贵妃发迹的，而且这些年他与张贵妃一家关系非同一般。张尧佐能“四使一体”，正当着大宰相的文彦博一定也出了不少力。

这几年包拯在官场一帆风顺，同是天圣五年进士的文彦博称得上是包拯的恩人、贵人。但包拯不管这些，只要别人做的不对他就批，不管是谁，一概不留情面。

不徇私情，直言不讳，这也是他名留后世的重要原因之一。

此为包拯弹劾张尧佐的第二个回合。

也许是怕一封奏折的力度不够，上完这封奏折以后，包拯立即又给仁宗皇帝上了一封奏折。在这封奏折里，他重申了宰执大臣不能“执守建明”“曲有阿徇”以致“成此祸举”遭天下议论，现在人人都说皇上私于后宫，不但于有损圣德，而且这么安排的确极为不当。

这是包拯弹劾张尧佐的第三个回合。

三个回合下来，因为包拯力争弹劾，知道自己有几斤几两的张尧佐主动提出申请，要求辞去“宣徽南院使”和“景灵宫使”两个头衔。

鉴于包拯言辞激烈的弹劾，又加上群臣也纷纷反对，仁宗皇帝很生气，沉着脸没有表态。

见皇帝有意包庇张尧佐，刚刚上任的御史中丞王举正奏请，朝会后留百官对此事进行廷议。但他的想法刚提出来，就被仁宗皇帝拒绝了。

仁宗很清楚大臣们心里都是怎么想的。他不想受百官胁迫，更不想在百官面前下不来台。

接下来，这出戏越来越好看了。

那天下朝以后，知谏院包拯与御史中丞王举正、知谏院陈旭、吴奎，殿中侍御史张择行、唐介等七个人拦着皇帝不肯退朝，坚持要把这件事情说清楚。

台谏官们的强烈反对让仁宗皇帝下不来台。仁宗皇帝还算比较开明，当天就此事给台谏官们下了一份答诏。

答诏说："你们都说，张尧佐身为外戚不能用为执政大臣，只可以优于官爵富贵。本着你们的意思，朕已经免去了他的三司使，让他以宣徽使的身份去当淮康军节度使。为此朕还下令中书，以后外戚不许在两府任职。这些都是你们说的，如今你们又不干了。你们不但说张尧佐不应该授此官职，而且还聚众喧哗，朝廷的体面何在？朕这么做，都是因为听了你们的建议！如此出尔反尔，这件事本该处分你们，朝廷顾及体面就不处分你们了，事情就这样吧，这件事以后不要再提了。"

同时，仁宗皇帝还下诏说："自今言事官，相率上殿，先取旨。"

史载："是日，尧佐辞宣徽、景灵使，从之。"

见诏命已下，张尧佐的态度和表现倒是还可以，他能自请辞去宣徽使和景灵宫使，而且朝廷也批准了，台谏官们长出了一口气。在他们看来，斗争总算胜利了。

仁宗暂时用一招瞒天过海骗过了众人的眼睛。

为了避免大臣组团胁迫自己，仁宗下令以后不许大臣再这么做，而且还说此事不再提了。后来，张尧佐的事真就不再提了吗？

此事过后不久，朝廷又下诏命：张尧佐以宣徽使的身份出知河阳（今河南孟县）。转了一大圈儿，人家还是当上了宣徽使，皇帝这不是带头糊弄大家吗？

对于张尧佐的这一任命，包拯已看出其中有鬼，同时也能感受到仁宗的难处。见张尧佐的官职虽高，差遣却只是知河阳，又不是什么太重要的岗位，尽管心中有气，包拯还是本着体谅皇帝的出发点，再次给朝廷上了一道奏折。

包拯与陈旭、吴奎再次联名上奏，明确要求朝廷降命中书：一定要注明张尧佐得此职位只是缘于朝廷恩泽，而且一定要注明其得此名位属于恩赏过越。同时，还要朝廷明令张尧佐，虽然得到了宣徽使的头衔，但不能享受同等的荣誉，而且在宣徽院只许挂名，不许担任实职，接到任命后即刻离开京城去河阳上任。

当初仁宗已经让步了，现在却让朝廷承诺此人不再提拔，而且记入档案，还让皇帝亲口承认自己这是照顾了张尧佐，这不是明着要把仁宗宠信外戚的事情钉到耻辱柱上的节奏吗？包拯这一要求是不是有点儿过分了？

这是包拯与张尧佐斗争的第四个回合。

最终，朝廷答应包拯这一请求了吗？

朝廷很久都没有动静。转过年来，到了皇祐三年（1051年）八月，眼见皇帝对自己的奏请一直没有表态，包拯决定与张尧佐展开第五个回合的斗争，他再次上书，态度强硬地请求朝廷对自己上次所提的要求进行答复。见包拯这么不屈不挠地坚持，仁宗皇帝只好下诏说：“这件事你们不要再提了，你们说的我都准奏。如果以后有提拔张尧佐的事，你们拿我今天的批复说话。”

最终，逼着仁宗皇帝作出了承诺包拯才肯罢休。

这就是包拯力斗张尧佐的全部经过，五个回合既精彩曲折，又惊险刺激。

尽管宋代政治宽厚，也不是哪个大臣都敢这么跟皇帝和他老丈人死磕，对这一事件宋人多有相关记录，比如朱弁，他就在自己的笔记小说《曲洧旧闻》里记载着这样一个故事：

张尧佐任宣徽使，群臣都不同意，事情被搁置下来。因为张贵妃——后被追封为温成皇后一直深受仁宗宠爱，仁宗总是千方百计地找机会让张尧佐去当宣徽使。

有天上朝，张贵妃将皇帝送到殿门，爱抚着他的后背说："官家今天不要忘了宣徽使的事儿。"

相信仁宗皇帝昨晚一定又给过她承诺，仁宗胸有成竹地点头上殿。上朝以后，仁宗下令，任命张尧佐为宣徽使，不想却遭到了包拯的坚决反对。为了让皇帝收回成命，包拯甚至跑到了皇帝跟前争吵，唾沫星子喷了仁宗一脸。仁宗皇帝当然知道张尧佐的能力，见此他只好收回成命。

张贵妃生怕仁宗敷衍她，派了一个小宦官偷看朝中的动静。宦官将殿上的情况看得一清二楚，回后宫将这一情况报给了张贵妃。

仁宗下殿回到后宫，一边用龙袍袖子擦脸，一边没好气地说："这个包拯，竟然跑到朕面前争论，喷了朕一脸口水。你就知道宣徽使宣徽使，你不知道包拯是御史中丞吗？"

此故事流传甚广，但并不真实。

包拯反对张尧佐当宣徽使时的职务不是御史中丞，而是谏官。包拯当御史中丞要等到嘉祐三年（1058）年六月，此时张尧佐已经死了，朱弁这一记载应有误。

不过，这并不影响它是一个精彩的故事。该故事将包拯当仁不让、直言诤谏的形象刻画得入木三分，是包拯一生不畏权贵、坚持与权贵作斗争的生动写照。

据《宋史·张尧佐传》记载："未几，复以宣徽使判河阳，举正又抗章论之，至于三。时吴育判西京留台，河阳民讼有不决者多诣育，育于状尾判曲直。尧佐畏恐，即奉行之。召还，徙镇天平军。卒。"

由此可见，张尧佐后来在河阳也多有不法行为。他的种种不法行为遭到御史中丞王举正接连弹劾，最终，张尧佐由知河阳改知太平军，随后不久就去世了。

那个无恶不作的庞太师的身份是国丈，这与张尧佐的身份大致吻合。他们都曾数次遭包拯弹劾，也符合历史事实。因此后世认为，庞吉这一艺术形象是以张尧佐为原型塑造的。

在历史上，张尧佐的名声虽然不好，却也并不完全是庞吉这个样子。张尧佐出身寒门，以进士入官，应该不是个胸无点墨、不学无术的人。刚进官场的时候，他的口碑还不错。只是侄女得宠后，他没有摆正自己的位置。又加上屡获重用，德不配位，然后才人人喊打的。“遽至崇显，恋嫪恩宠，为世所鄙”，正是张尧佐命中注定的悲哀。

将驸马钉在耻辱柱上

戏曲《铡美案》是一个流传千年的苦情故事。

北宋年间，均州（今湖北丹江口）有一个叫陈世美的举子进京赴试。才华出众的他顺利地考中状元，并被招为了驸马。

由于家乡连年荒旱，父母去世，妻子秦香莲只好携儿女进京寻夫。得知丈夫已被招为驸马，秦香莲欲闯宫相见却遭到驱逐。

丞相王延龄可怜秦香莲的遭遇，让她在陈世美寿辰之日扮成歌女，在席间弹唱，以助其破镜重圆。哪知相见之后，陈世美却拒绝承认她们的身份。

后来，王延龄授秦香莲一把纸扇，暗示其到开封府告状。见状，陈世美派家将韩琪追杀秦香莲母子，于心不忍的韩琪最终放走了秦香莲母子，自刎身亡。

秦香莲逃至开封府，控告陈世美杀妻灭嗣。包拯将陈世美召到开封府，好言相劝，但话不投机。包拯命秦香莲与陈世美对质。陈世美自恃国戚，强词狡辩；包拯一怒之下要将陈世美送上铡刀。

皇姑、太后闻讯纷纷阻拦……

最终包拯不顾众人求情，下令铡死了驸马陈世美。

千百年间，这一故事流传甚广，还被编成了不同的戏曲版本在民间流传。历史上真有这回事儿吗？

答案还是没有。历史上并没有陈世美这个人，当然《铡美案》的故事也是人们虚构的。不过，包拯斗驸马一事确实存在。但被包拯弹劾的这位驸马并不叫陈世美，而是叫郭承祐。

当年，郭承祐身上的光环一点儿也不比国丈张尧佐差。并且，他的出身要比张尧佐高多了。后来成为国丈的张尧佐出身寒门，郭承祐则是名门之后。包拯早在庆历五年（1045 年）当辽国馆伴使的时候就弹劾过郭承佑。

名门出身的郭承祐人生有几大特点：

第一，他是名门之后，从小是含着金汤匙长大的。他的曾祖父名叫郭从义，历仕五代、北宋，时有重名；祖父名叫郭守信，父亲名叫郭世隆，都是北宋的开国重臣。

名门出身，而且祖上陪先祖爷南征北战，立有赫赫战功，郭承祐的家庭背景自然不可小觑。还有更重要的一点，仁宗皇帝还是太子的时候，郭承祐就经常带着他一起玩。

第二，这位郭承祐不但是名门之后，而且还是大宋的皇家驸马。

当年带着皇上一起玩儿，经常在宫里进出，郭承祐给皇族留下了不错的印象。后来，他娶了舒王赵元偁的女儿。自此，郭承祐的身份不一样了，仁宗皇帝私下还得叫他一声姐夫。

第三，他有一份劣迹斑斑、人人喊打的人生履历。

仁宗即位以后，郭承祐升任西上阁门副使、勾当翰林司。天圣八年（1030 年），这位胆大包天的仁兄因偷盗御酒、私用上方金器案发，被朝廷除名，并流放到岳州编管。

华丽的家庭出身和驸马爷的身份不是盖的，朝廷对他的处罚只是做做样子，郭承祐很快就复官了。复官以后，他又历知相、曹、郑、澶、郓、贝等州及真定、定州、大名、永兴等路副都总管。到了庆历五年（1045 年），郭承祐已迁任殿前都虞候、并代副部署兼知代州。

郭承祐知代州时，身为监察御史的包拯曾给朝廷上了一封奏议——《论边将》，主要弹劾的就是这位老兄。不过，当时包拯弹劾他只是因为郭承祐名声差，难当重任。那郭承祐到底是个什么样的人呢？

史载："承祐性狡狯，缘东宫恩，又凭藉王邸亲，既废复用，乃僭言事，或指切人过失，同谓之'武谏官'。"

郭承祐当过骐骥院的主官，骐骥院主管皇帝出行的马队，因此平时经常会进行彩排训练。郭承祐当骐骥使的时候，每到彩排训练，他就趾高气扬地坐在皇帝的位置上指挥。这样一个没素质的人，可想而知其日常行为的狂悖。

这些年来，郭承祐各类胡作非为的黑历史非常多，几乎每到一处，都是老鼠过街，人人喊打。

早年在真定府、定州等路任副都总管的时候，郭承祐就被欧阳修和余靖弹劾过。因遭弹劾，郭承祐改知相州，很快又去大名府担任负责军事的副都总管。枢密使杜衍十分厌恶郭承祐的任性骄横，请示皇帝后罢掉了他的军职。

杜衍罢相以后，郭承祐摇身一变，竟当上了殿前都虞候，并出任并代州副都总管兼知代州。在代州工作期间，郭承祐不但没有作为，而且多行不法之事，这一次弹劾他的人是包拯。

遭包拯弹劾后，郭承祐改知邢州。这时，谏官钱明逸又弹劾其"无廉守，邢民素厌苦之"，郭承祐得以改知相州，徙秦凤路副总管。

虽然众人纷纷弹劾，但这丝毫不影响郭承祐升官。后来，他又升任殿前副都指挥使、建武节度使。到了皇祐元年（1049 年）九月，郭承祐又升宣徽南院使、群牧置制使。

郭承祐这一升职遭到了知杂御史何郯的强力弹劾，仁宗皇帝不得已免去了他的群牧使，改以宣徽南院使的身份判应天府。

到应天府后，又遇盗贼攻城。因抵御不力，郭承祐被贬为亳州知州。谏官陈旭封奏弹劾，说郭承祐在应天府期间不按朝廷制度发放军粮、擅自截留粮纲、私篡改朝廷任命文书、擅用刑法、私用翰林院物品，出入超越礼制、用禁兵给自己站岗，陈旭一连列出了数条罪状，弹劾郭承祐日常行为毫无人臣之礼。

皇祐二年（1050年）六月，郭承祐又被相继罢掉宣徽南院使和亳州知州，降为许州部署。

可笑的是，一个走到哪里被告到哪里的人，居然也有人保举。史载：“转运使苏舜元荐承祐有将帅才，政事如龚、黄。”

天下最了解郭承祐的人当然是仁宗皇帝了，苏舜元的话让仁宗皇帝哭笑不得，皇帝冷笑着问宰辅大臣：“彼庸人，监司乃龚、黄比之，何所取信哉？”

哭笑不得归哭笑不得，郭承祐之所以屡教不改，根源在于仁宗皇帝对他的纵容和袒护。

包拯再一次弹劾郭承祐是在皇祐二年（1050年）八月。此时，郭承祐刚刚被任命为许州都部署。

据说当时，郭承佑还没有离开南京（今河南商丘），他在南京期间胡乱判案，很多受冤的人堵着不让郭承祐走。

包拯认为皇帝不该对郭承祐这样的人一再包庇，他说：“承祐以新以旧，曲被优恩，有大罪而蒙生全，无微功而叨将领，便蕃富贵，出入宠荣。假使杀身，未能报德；而乃恣逞奸慝，渎乱国经。身拥节旄，而姑息士卒；职邻枢近，而僭越典常。命之抚俗而残民，委之留务而生事。喧然众口，谓之蓄谋；迹其用心，实亦不顺。此其可恕，则下下之恶无不可容者矣。”

当时包拯就差用上“十恶不赦”这个词了。包拯请皇帝下令，一定要将郭承祐绳之以法。处处包庇这样的一个“害虫”，这不是在丢皇帝自己的脸吗？同时，包拯还请求朝廷派人重新勘核郭承祐判决的案件，以免百姓冤枉。

朝廷按包拯说的做了吗？

没有。

明知仁宗皇帝袒护，包拯还是要坚决进言。

见皇帝不表态，郭承祐仍逍遥法外，包拯再次上言说："臣已经三次上折说郭承祐的事了，请皇上立即对他重行降黜。直到今天，还没见到相关圣旨，臣深以为忧。臣担心的并不是皇上没听从我的建议，或是关心我个人的利害得失，我只是担心如果国家威令不行，这些坏人就失去了畏惧。臣等也不是故意跟郭承祐过不去，只是郭承祐为人猖狂，虽然不足顾忌，但他屡惹事端，却也为祸不小，长此以往，以致满朝臣僚都不知自律。"

最后，包拯又声嘶力竭地说："陛下何惜一幸臣，不正其罪，使威令行，朝廷肃，明示甲方之臣庶耶？臣等实惜之。伏乞检会前来札子，必赐施行，无任恳激之至。"

在这里包拯用了一个胆大包天的"必"字。"必赐施行"这类词包拯在奏折中还是第一次用。

最终，郭承祐的结局如何呢？

虽然包拯再三要求，仁宗皇帝既没有将郭承祐"绳之以法"，也没有将其"重行黜降"。过了一段时间，把郭承祐调到了郑州。

不过，郭承祐没有继续祸害郑州的百姓了，这位劣迹斑斑的驸马没来得及到郑州上任，便得暴病死了。

虽然包拯的弹劾没让郭承祐立即罢官伏法，但敢跟皇亲国戚兼皇帝的发小这么死磕到底的人，翻遍史书怕是也查不到几个。

这就是包拯当年斗争驸马爷的全部经过。与传说不同，包拯死磕驸马爷并不是因为他抛妻弃子、贪恋富贵，也不是他有才无德，而是他总是仗着皇帝的眷顾目无法纪、胡作非为，不但在群臣和百姓中影响极坏，而且还大大损害了仁宗皇帝的高大形象。

《铡美案》是一个为了反映包拯同情弱势群体、勇敢跟驸马作斗争的故事，郭承祐与陈世美的驸马身份吻合。在仁宗年间遗臭万年的大宋驸马爷，就是这位人人喊打的郭承祐。

不饶一人

将国丈张尧佐和驸马郭承祐相继钉在耻辱柱上以后，包拯在朝堂上下的名声越来越响。

细读史书你会发现，包拯弹劾王逵、张尧佐和郭承祐这三项工作几乎是在同一时期完成的。至此，包拯初为谏官时已经有了史书所说的“性峭直”“甚嫉恶”等形象。

三场硬仗，奠定了包拯在朝廷和历史上的地位。

不过，包拯的一生也有许多弹劾遭到了世人的非议，比如他对宰相宋庠的弹劾，就让自己承担了不小的压力和指责。

宋庠是大宋的一代名臣，不仅当时的评价是，后世的评价也是。可惜在铁面无私的谏官包拯的弹劾下，纵然是宋庠这样的名臣也未能幸免。

遭包拯弹劾的时候，宋庠正担任着大宋宰相。

宋庠生于太宗至道二年（996 年），比包拯三大岁。他是雍丘（今河南杞县）人，仁宗天圣二年（1024 年）的状元。不但是大宋的状元，而且是连中三元的状元。

入仕以后，他初任大理评事同判襄州，后受刘太后赏识，擢升为太子中允、直史馆。仁宗亲政后，宋庠累迁右谏议大夫、参知政事。当年，因与宰相吕夷简多有不和，宋庠被贬出朝堂，罢知扬州。后来宋庠被调回京师，又遇上范仲淹主持新政。因为宋庠思想比较保守，对新政多有不满，曾多次反对新政，因此他又被贬出朝堂。新政失败后，宋庠又入朝升任枢密使。皇祐元年（1049 年），他以兵部侍郎的身份拜相。

客观地说，宋庠在北宋算是一位名声不错的官员。

在当时的朝堂上，不但宋庠很出色，他的弟弟宋祁也很出色。宋氏兄第二人是天圣二年的同榜进士，人称“大宋”“小宋”。连中三元，文才必然过硬，比如其有传世诗作《春晦》：

晓雨廉织仅压尘，落花长草小平津。
十千酒美空留客，九十春归不恋人。
有恨刚肠随指绕，无情华发扑头新。
凭谁与射踆乌翼，免向西嵫送日轮。

另外，宋庠还有给后辈状元王拱辰的赠诗《酬王拱辰侍郎归阙见赠》流传后世：

俊誉由来服搢绅，更烦馀略霁边尘。
威留玉帐时无战，班入金华地最亲。
昔看草辞知大笔，今荣除馆识嘉宾。
一章求旧人知否，媮俗都融郢曲春。

这两首诗均见于《全宋诗》，据说出自宋庠文集《宋元献集》，可惜该文集已经佚失。

大宋的名人太多了，有才华是一回事儿，有政见、品德和能力又是一回事儿，因此常出现神仙打架的情况。宋庠的政治立场一直很微妙，范仲淹和吕夷简互斗的时候，他既看不上范仲淹，又不喜欢吕夷简。后来，范吕和好，范仲淹上了西北战场。再后来，范仲淹私自与李元昊通书，宋庠认为吕夷简一定不会放过范仲淹，竟建议朝廷将范仲淹就地正法。因此，宋庠遭到了吕夷简的暗算，此事成了他一生中为数不多的污点。因为这件事，他又被贬出了朝堂。

这些年，宋庠在朝堂升升贬贬、进进出出，他早已没有了激情，很少说话，这有点儿像当年的晏殊。

自庆历五年（1045 年）正月任参知政事以来，宋庠跟谁也不争，处处循规蹈矩，不多话也不多事，只是默默地做着自己该做的事情。毕竟是状元出身而且“连中三元”，按照宋代的惯例，宋庠最终当上了宰相。当时和宋庠一起担任宰相的是文彦博，文彦博是首相昭文相，宋庠是次相集贤相。

宋庠身为宰相，不思进取，对此包拯早就看不惯了，只是他一直没有合适的机会。皇祐三年（1051 年）二月，机会终于来了。

事情的起因是宋庠的侄子闯祸了。

出身名门的宋公子最近交了一个名叫张彦方的朋友，此人是张贵妃娘家母亲曹氏的门客。因为这一特殊的身份，张彦方经常混迹在京城的王孙公子间。大人物见多了，在一起高谈阔论久了，心术不正的张彦方开始想搞点钱花。尤其是结交了宋公子以后，宋公子宰相侄子的身份让他眼前一亮。张彦方找到了一个生财之道：伪造公文，卖官以收取佣金。

但纸包不住火，给别人的承诺总做不到，导致张彦方东窗事发，被苦主告到了开封府，事情自然牵连到了宋公子。

牵连宋公子自然会牵连到他的父亲宋祁，更理所当然地牵连到了他的伯父宋庠。于是，包拯联合陈旭、吴奎以“不戢子弟，在政府无所建明”为由将弹劾状交给了仁宗皇帝。

所以说，宋公子交友不慎是包拯、陈旭和吴奎联名弹劾宋庠的导火索。此时，宋庠当宰相虽然才一年零七个月，但他进入丞相府已有七个年头了。

弹劾宋庠时，包拯提出了一个很重要的理论：考核宰相不能像评价其他臣员一样，对宰相的罢免，不一定是因为他犯了什么过错，而要看他是不是在执政期间有所建树。循规蹈矩、无所建树也是他的过失。

对宋庠的处理，包拯建议朝廷采用前人的办法，只罢免不议罪。为了说服仁宗皇帝，包拯还举出了唐宪宗罢免权德兴的旧事。唐宪宗为一代明主，权德兴在宪宗时代为相，“不能有所发明……俄以循默而罢……宪宗，聪明仁爱之主也；德兴，文学德行之臣也。当时罢免，只缘循默，不必指瑕，未致罪名而然也”。前人也曾这么做过，唐宪宗也不失为一代明主。到了本朝，范质、宋琪、李昉、张齐贤这些人也都是因不称职被罢掉的，朝廷也没有将其论罪，当时这么做是朝廷为了顾忌自己和被罢人双方的体面。

所以包拯建议，朝廷对宋庠也要采用这一办法，不能让他在宰相的位置上继续“混”日子了。

在北宋，状元出身的宋庠属于个人修养极高的高级知识分子，他做人做事一向很体面，也不屑与人争辩。见惯了朝堂的起起落落，当听说有人弹劾自己，宋庠二话没说就辞职了。

后来，因为弹劾宋庠，包拯承受了巨大的非议。宋庠在士林的声望很高，而且一生没有什么明显的过错，包拯却死盯着他不放，这让士林很多人都纷纷对包拯表示不满。

但包拯不在乎这些，他只是在做一个谏官该做的事。后来，大学士欧阳修评价包拯：拯性好刚，天姿峭直，然素少学问，朝廷事体或有不思……少有孝行，闻于乡里，晚有直节，著在朝廷。但其学问不深，思虑不熟，而处之乖当，其人亦可惜也。

得到欧阳修这样的评价，想必也与宋庠因包拯弹劾罢相有关。

怒斥李淑

李淑同样也是一个让包拯弹劾到怀疑人生的人。

李淑成名很早，早在十二岁的时候就已经天下闻名。当时真宗皇帝赵恒到亳州巡游，李淑写了一篇歌颂的文章呈给了真宗皇帝。真宗一见大喜，当场命其赋诗，并赐给了他“神童”的称号。

真宗皇帝赵恒一向喜欢各种神童，李淑的出现让他喜出望外。当然，不是随便哪个人的文章都能轻易被送到皇帝面前的，李淑还有另一个身份，他是参知政事李若谷的儿子。

天圣五年（1027年），因寇準推荐，李淑获赐进士出身，通过召试当上了秘书省校书郎，而后历任大宋太常丞、龙图阁学士、馆阁校勘、大理评事。在这期间，他参与纂修了《真宗实录》，书成后升任集贤校理、国史院编修。

从履历上看，李淑是个标准的文学家，著有文集一百余卷。

可惜，宋代所谓的"文学"一直与政治关联密切。宋代文官地位高，李淑成名早，但他对自己的日常行为道德要求不高，为人又恣意随性，因此他经常遭人弹劾。史载："李淑警慧过人，但性颇倾侧阴险。博习诸书，详练朝廷典故；凡有沿革，帝多谘访制作诰命，为时所称。"

这是史书对他的正面评价，不过，从另一个角度看，李淑似乎一直不得当时士林的欢迎，不是今天挨这个骂，就是明天挨那个骂，而且骂他的都是名人。

一个文才很好而且年少成名的人，如果总是被人骂，那么他一定喜欢跟人争，不是争名就是争利，而且私德也多有失当。

李淑摊上事的起因是他的父亲李若谷死了。

李若谷去世以后，李淑回乡丁忧。服除以后，直接面临着工作问题。丁忧以前，李淑的身份是端明殿学士加侍读学士。办理服除手续时，仁宗皇帝决定任命李淑为翰林学士，同时兼端明殿学士和侍读学士不变。

消息一出，大宋的士林不干了。李淑何德何能，居然身兼这么多荣誉，而且还要当翰林学士。

宋代的翰林学士是皇帝的顾问，日日伴随，时不时地给皇帝出个主意。一个人品有问题的人，怎么能作为顾问，天天陪在皇帝身边呢？

群臣反对李淑是有原因的。

当年，朝廷曾经派李淑以二学士的身份到郑州工作。尽管职务已经很高了，但李淑对这一工作很不满意。他认为，以自己的才华水平，绝对不止得到这两个学士头衔，更不应该到郑州来当知州。于是，在奉祀周恭帝陵时，李淑心怀怨气地写了一首怪腔怪调的诗：

弄盾牵车挽鼓催，不知门外倒戈回。

荒坟断陇才三尺，犹认房陵半仗来。

此诗一出，士林哗然。

一代名臣、翰林学士叶清臣怒道："本朝以揖让得天下，而淑诬以干戈，且臣子非所宜言。"

身为朝廷命官，李淑以古讽今，竟敢戏言大宋得位的正当性，这还了得？

结果，李淑因为这首诗落职。但因为仁宗皇帝的厚爱，他的两个学士头衔都没有被削去，只是被贬到了南京（今河南商丘）。

被贬以后，李淑心中更是不服，虽然嘴上不说，暗中却以父母年老为理由，请求朝廷批准他回家去赡养父母。

朝廷爱惜李淑的才华，同时又深感其诚，于是仁宗皇帝心一软，便将他官复原职了。而李淑竟高高兴兴地回朝上任了。

李淑这一小伎俩大家都看得清清楚楚，他口口声声说要赡养老人，其实这一切都是借口。归根结底，他还是对朝廷不满。就这样，李淑虽官复原职，但他以赡养父母为借口出尔反尔的行为，成功地让大家发现了他人品上的问题。

李淑官复原职时，群臣的意见都很大，因为他打着孝心的旗号，说的是一套做的是另一套，典型的小人表现。

群臣正准备弹劾李淑，偏巧李若谷突然去世了。李淑只好回乡丁忧，此事也就没人再提了。

李淑这段黑历史确实人人诟病。一个有污点而且品德有问题的人，皇帝怎么就这么喜欢呢？包拯想不明白。

李淑服除，见皇帝要任命他为翰林学士，包拯自然有话要说。

包拯跟仁宗皇帝说，李淑以前的所作所为多有不当，参劾他的人已经很多了，说李淑这样的人不能当翰林学士，是为了防止今天的事被后人讥讽耻笑，并非他与李淑有什么个人矛盾。

接着，包拯又给仁宗皇帝讲了两个古代的故事。

第一个故事，当年辕固与黄生二人因论汤、武得位正与不正的问题互不相让，因此在汉景帝面前争吵。虽然汤、武二帝不是汉景帝的先祖，而且事情已经过去了千余年，但二人在争吵时尚有所顾忌，有些话不敢明说，甚至两个人吵到一半就不吵了。他们为什么会这样呢？因为他们顾忌皇帝的感受，怕皇帝因此产生联想。

第二个故事是关于孔子的。当年，只要谈起鲁国，不管是非对错孔子都会有所避讳，这都是为人臣者要遵循礼制的做法。

从这两件旧事，包拯讲到了李若谷、李淑父子。包拯说，李氏父子世受皇恩，只因长期在外地工作，李淑就觉得朝廷不重用他们，而心生怨恨。

李淑以古人的故事讥讽污蔑本朝，其用心何其险恶，已是罪不容诛。只是当时群臣都觉得这么处理过于严重，于是才从轻发落。可李淑却不吸取教训，仗着自己有学问就耍小聪明，还试图颠覆人们的价值观。后来吕夷简去世，为吕夷简写墓志时，李淑甚至用上了“过犹鸡晨”这样奚落讽刺的话。陛下侍奉太后，母子融洽，天下太平，身为宰相的吕夷简也功不可没。陛下和太后是“鸡晨”吗？他竟然敢用这样的词语来形容陛下和太后，这极其影响陛下的圣德。

李淑言语恶毒，其心可昭。包拯说：“陛下仁慈宽厚，当时没有严肃处理，这对李淑已经很宽容了。今天却又让他当翰林学士，这确实非常不妥。李淑母亲已年近八十，而且只有李淑一个儿子。既然他口口声声一片孝心，我看应该免去他的翰林学士，不如放他做一个外任，或者直接让他回家去赡养老母吧。”

包拯上奏以后，一直不见动静。于是，包拯又和吴奎联名上奏，要求朝廷对李淑的事情明确表态。见包拯的态度如此坚决，且李淑确有过错，朝廷的处理决定终于下来了：罢去李淑的翰林学士，保留他侍读学士的身份。

包拯认为朝廷这么处理不行，随即又上折请命，义正辞严地说："李淑父子荷国厚恩，荣幸俱极；辄敢私怀怨望，讥切祖宗。非所宜言，天下共愤。昔汉宣帝时，杨恽但以怨刺之言，尚坐弃市；迹淑罪状，不赐显戮，已为宽贷。"

包拯坚决要求朝廷罢掉李淑侍读学士的身份，并放李淑外任或命其回家赡养母亲。

最终，李淑被罢去侍读学士，改任龙图阁学士。

包拯弹劾李淑虽做得理直气壮，但事后也遭到了许多非议。有人认为，李淑是一个纯粹的文人，说几句出格的话、写几句出格的诗不是什么大罪。包拯不依不饶地弹劾，甚至再三要求朝廷放其归家养母，这是对文人不够包容的表现。

客观地说，封建时代对大臣的言论控制得非常严格，尤其是涉及王朝正统性及皇室的话题，约束得更为严厉，历朝历代常会有人因此获罪。

作为国之大臣，包拯不依不饶地弹劾李淑，是他认识的局限，可李淑此人的私德也确实"多有不淑"。

表率重臣

遭包拯弹劾的李昭亮，其身份和地位在大宋也是天花板级别的存在。

李昭亮，初名昭庆，后因避章献太后祖讳，改名为昭亮，字晦之，他是太宗明德皇后的娘家侄子，其父亲是一代名将李继隆。

李继隆于仁宗年间南征北战，灭南唐北汉、抗辽国打西夏，为大宋立下过赫赫战功。李继隆本有三个儿子，其中二子早亡，只剩下李昭亮一根独苗。

因出身显贵，李昭亮四岁就当上了大宋朝的东头供奉官。按辈分讲，仁宗皇帝见了他都要客客气气地叫上一声表叔。虽然李昭亮不是仁宗皇帝本人的亲戚，但爷爷的亲戚也是外戚，而且还得高看一眼。

仁宗年间有个大臣名叫李昭述，也非常有名。人们都以为李昭述和李昭亮是亲兄弟，其实他们并不是一家人。李昭述是开封府人，祖籍深州饶阳（今河北深州），是前右谏议大夫李宗谔的次子。

李昭亮是潞州上党（今山西长治）人，一个拥有如此华丽出身的人自然不愁当官，更不愁升迁。李昭亮成年以后，长年在大宋军中任职。他历任潞州兵马钤辖、领麟府路军马事、管勾军头引见司、知代州（今山西代县）、殿前都虞候、步军副都指挥使等。

庆历五年（1045 年），李昭亮拜武宁军节度使，升殿前都副指挥使，后又拜宣徽北院使。庆历八年（1048 年），他又以宣徽南院使出判河阳（今河南孟县），后判延州（今陕西延安）。

因嫌延州离京师太远，李昭亮数次上表，请求调到离京师稍近的州府任职。

朝廷从其所请，改李昭亮为宣徽南院使，出判澶州（今河南濮阳）。

本来没什么事的，不知李昭亮跟皇帝辞别的时候说了什么，朝廷又突然下令，说不让他去澶州了，改在宣徽院本部工作。

对于李昭亮这一朝令夕改式的任命，包拯很有看法。

按说，朝廷已经将其调到了澶州这样的重镇，不可谓对其不重用，也不可谓对其不照顾。如今，李昭亮竟得寸进尺，千方百计地想留在京师。

经过多方打听包拯这才得知，原来李昭亮不想去澶州，是因为近几年黄河多处满溢决口，澶州城有水患之忧，他不愿蹚这个浑水。

堂堂皇亲国戚，竟敢在这个时候耍滑头，还有没有一点儿担当？

面对李昭亮这样的重臣，别人不敢说，包拯敢说。包拯说："古所谓大臣者，能与天下国家同其休戚也。"而李昭亮以"名位兼中外之重"却"计较一小利害，不肯宣力"，身为朝廷重臣，李昭亮这一拈轻怕重的做法实属不妥。包拯告诉仁宗皇帝，如果允许李昭亮这样的重臣这么做，那些低级官员该怎么看？朝廷又该如何激励他们为国效力呢？

包拯恳请朝廷："依前降指挥，趣令赴任，上以全出命之体，下以存承命之信，无复开侥倖觊觎之路，由大臣始。"

他的意思是，对李昭亮的任命必须按原命令执行，一是朝廷不能出尔反尔，二是如将李昭亮留在宣徽院本部影响会很坏。既然朝廷当初已经答应了让他去澶州工作，就该让他乖乖地去澶州上任。

包拯弹劾得很及时，李昭亮的反应也挺快。见包拯弹劾自己，李昭亮立即向朝廷奏请说，他不想在宣徽院本部任职，朝廷看看能不能改派他去镇守边界。

等待之间，朝廷的处理结果下来了：允许李昭亮在京师停留三个月，满三个月后立即赴澶州上任。至于李昭亮去镇守边界的请求，朝廷表扬了他勇于担当的表现，但等沿边将帅出缺后再行考虑。

最终，朝廷的处理结果双方皆大欢喜。

仁宗皇帝很高明地调解了矛盾。虽然从处理结果上来看，两位大臣他谁也没得罪，而且双方都达到了目的。但明眼人一眼就能看出来，他这是在照顾李昭亮。

既然皇帝已经同意了让李昭亮继续去澶州，包拯就无话可说了，事情就这么定了下来。

哪知道，事情很快又有了新变化。

没过几天，朝廷突然又降圣旨说，知秦州（今甘肃天水）吕公绰回朝赴任，知真定府（今河北正定）李昭述改知秦州，知澶州李昭亮改知真定府，包拯这才发现自己被皇帝耍了。

包拯很生气。他没想到，堂堂皇帝竟跟自己玩明修栈道、暗度陈仓的把戏。见此任命，包拯不但言辞激烈地反对李昭亮任职真定府，同时还反对李昭述改知秦州，也反对吕公绰任期不满就调回京师。

包拯告诉仁宗，李昭述根本就不是那块料，您千万不能派他去主政秦州，否则会坏了朝廷的大事。至于吕公绰，他的父亲当宰相的时候这个人就总掺和朝政，人称“小窦申”。刚把他派到秦州没多长时间，如果这么快就把他调回朝廷，恐怕他会更加膨胀。朝廷应该让李昭亮继续知澶州，李昭述或调离，或仍知真定府，秦州知州的人选应该等吕公绰满任时再作考虑。

仁宗认真想了想包拯的话，没过几天，事情终于尘埃落定。朝廷收回成命，李昭亮、李昭述和吕公绰各回原任。

这一次，包拯赢了。

包拯弹劾李昭亮时并没有攻击李昭亮的私德，这是因为虽然身为外戚，但李昭亮的一生却可圈可点，而且在军中的威望极高。总体来说，李昭亮不是一个飞扬跋扈、目无法纪的人，而且李家父子无论在政界还是在军界的名声一直不错。只是他这次拈轻怕重、耍小聪明的做法让包拯认为是身为肱股重臣没有担当的表现。

除非大恶不赦之徒，包拯弹劾人一向是只对事不对人。

严惩墨吏

在包拯知谏院期间，遭他弹劾的也不全是张尧佐、郭承祐、宋庠、李昭亮这类大人物，还有七名鲜为人知的小人物也曾遭到包拯的弹劾。在这七个人中，有一个名叫王涣的人身份比较特殊。

能被包拯点名道姓地弹劾，既是王涣的幸运，又是王涣的耻辱，同时，也说明了这个人所做的事不一般。

为什么这么说呢？因为除了被包拯弹劾外，正史上再也找不到此人的名字。既然只是个普通的小官，包拯为什么会弹劾他呢？

根据包拯的描述，王涣虽是一名小吏，却是一个不折不扣的赃官猾吏。他背景强大、手眼通天、左右逢源，绝对是一个能够熟练地在体制内闪转腾挪的人。

包拯弹劾王涣的奏议如下：

臣等伏见监榷货务王涣，先任京官，知济州巨野县日，曾犯赃罪，除名编管。自后改除班行，勾当作坊之时，又犯赃罪去官。其人赋性贪回，用心狡狯，善能交结，以恣其为。只如先降条贯，勾当榷货务，须是三司副使同罪奏举，方可差除。王涣意欲侥求，限以其制，遂乃作计，先授监左藏库，而后论列，称奉内朝班次不便，乞改差勾当榷货务。朝廷不知其累犯赃罪，因而听从，物议纷纭，谓长奸计，是乃狡狯之明验也。

且榷货务之于省司，表里相济，其任至要，所系甚重，施设出纳，最须得人；岂可使赃污之余妄居是职，公然肆志，无所顾忌。商旅喧而上诉，国家寖以遗利，傥不速为解罢，则其为害可胜言哉！

臣等以为王涣前后犯状彰明，众所共弃，乞赐停废，永不别与差遣。如此，则憸人畏法，莫敢自恣，而流品一清矣。兼闻马诰亦累乞解罢，伏乞严降指挥三司副使，选举晓材利、有心力、清廉强济朝臣两员，共干其任，必能办集，则大计有赖，而国用庶几乎足矣！

细读包拯这封奏议，很多事情会再次刷新你对北宋官场的认知。

第一，在宋代，官吏虽遭朝廷处罚，但这些人并不是被一棍子打死的，不但大部分都能翻身，而且还能继续在官府工作。即使受到“除名编管”即开除公职、剥夺政治权利加劳改这样的重处，通过活动关系仍可以逍遥法外，甚至摇身一变继续到朝中当官。

比如这位王涣，他在巨野县当县官时就因为贪赃被除名编管，不知最终有没有服刑，事后王涣居然又管起了大内作坊。主管大内作坊时，王涣又因为贪赃被开除。后来，通过运作，他竟然又当上了含金量很高的“左藏库监”，即管理皇帝的个人小金库。

第二，只要对体制烂熟于心，很多看似不可能的事情，在宋代办起来都游刃有余。

这位王涣不但手眼通天，而且他的所作所为绝对超乎你的想象。左藏库监并不是他的真正目标，只是一块跳板而已。之所以要担任左藏库监，是因为他要当大宋边境市场的管理员——监榷场务。

为什么王涣在犯罪之后能屡屡成功地翻身呢？因为其“善能交结”。包拯用这四个字写出了当时大宋的官场生态。

先抛开王涣是怎么当上左藏库监的不说，单说其猎取“监榷场务”这一目标的过程。按当时的人事制度，朝廷根本不可能派一个有前科的人去管理外贸市场，这一点他比谁都清楚。他在朝廷的失信名单上，想得到这一职务根本不可能，那怎么办呢？

王涣发现，事情虽难，但也不是没有解决办法。只要他先当上左藏库监，就能顺理成章地实现自己的理想。因为左藏库是皇帝的小金库，人员的档案都归内廷管理，相关部门没有调阅审查的权力。

后来经过一番操作，王涣顺利地先当了一段时间的左藏库监，然后逃过审核程序，轻轻松松地去当他的市场管理员了。

第三，当时官商勾结现象严重，社会阶层固化严重。

王涣不是个简单的人，虽然包拯没有深挖他的背景，但王涣背后一定有一个一般人都接触不到的圈子。王涣绝对不是一个草根，如果是草根，早在巨野犯事儿的时候，他就被一棍子打死了，之后绝对不会有这么多闪转腾挪的空间。他为什么能屡屡得手？为什么能先当上左藏库监，后又当上监榷场务？这类职务一般人想都不敢想。前前后后都是谁提名推荐的呢？

背后的真相让人不寒而栗。

在这些事件背后，一定有一只别人看不见的大手，这个人不但能轻轻松松地呼风唤雨，而且还能左右内廷、三司的人事安排。

当然，他可能是一个人，也可能是一个利益集团。

第四，宋代小官巨贪的情况普遍存在，比如王涣。

那个圈子想让王涣当监榷场务，是因为各缘边榷场是大宋唯一的进出口市场，而且是官办的。这是他们解决困难、创造条件、挖空心思地想让王涣当这个市场管理员的真正原因。

谁都知道榷场是块肥肉，王涣这么做是因为他想振兴大宋的外贸事业吗？显然不是。

王涣善交结，他交结的目的一是获得权力，二是保住权力，三是各取所需，以便有来有往地在圈子里长期混下去。

因此，当上监榷场务以后，王涣最大的任务就是回报那些让他当上这一职务的人，即让所谓的“交结”维持下去。

交结靠什么来实现和维持呢？当然是各类利益输送。以那个圈子的段位，相信王涣日常维护的成本少不了。这些钱从哪里来？只有一个字：贪。

王涣是个精明人，如果用到商场正途，一定能成为一个无所不能的成功商人，可惜他用错了地方，还被包拯盯上了。

包拯当过三司户部副使，岂能不知道官场的猫腻和监榷场务的油水？见此前一个叫马诰的官员也弹劾过王涣，包拯感觉这件事一定大有来头。他仔细查了王涣的档案和履历，然后果断地向王涣开炮了。

明知王涣背后的圈子很强大，但包拯并不在乎，因为这些人都不敢站在阳光下。

弹劾王涣以后，针对获罪官员死灰复燃的现象，包拯又专门给朝廷上了一封奏议。包拯请朝廷下令，以后凡因贪赃受罚的官员，一概不再叙用。

在这封奏议中，包拯再次指名道姓地抨击了之前被自己弹劾过的张可久。可见，包拯对官员贪赃的深恶痛绝和零容忍。

六个倒霉蛋

刘绛、李熙辅、潘师旦、令狐挺、张士安、席平这六个人的名气虽然不大，但在当时也都是在任的一路大员，用今天的话说，他们都是大宋的省部级高官。

这六个人中有两个人是转运使，刘绛是江南西路转运使，李熙辅是利州路转运使。剩下四个人是提点刑狱官，分别是广南西路提点刑狱潘师旦、江南东路提点刑狱令狐挺、京东西路提点刑狱张士安和河东路提点刑狱席平。

包拯要把这几个人放在一起弹劾，是因为朝廷当时对各路大员的表现很不满意，发现了当初对这些人的任命过于轻率，所以又“数数更易”。

为了解决这一问题，包拯先指出了各路转运使司、提点刑狱司的职责和使命原则：“夫转运使、提点刑狱，在乎察官吏之能否，辨狱讼之冤滥，以至生民利病，财赋出入，莫不莅焉。事权至重，责任尤剧。”

接着，他又指出了用人不当可能导致的局面：“设非其人，则一路受敝。如州县之职不举，按察之吏又不以闻，则朝廷无由而知，是一方之民有终无告者矣。”

如果用人不当，朝廷将不知道各种民生的真实情况，即人们常说的不知民间疾苦。说到这里，包拯一一点了这六个人的名字。包拯说，两位转运使“皆知识庸昧，众所共知”，而四位提点刑狱官“皆素非干敏之才，又无廉洁之誉”，六人皆“猥当是选，宜乎不任其职”。

包拯请求：“今后应除转运使，先望实而后资考，则所得精矣。凡举提刑，若保荐之人不协公议，即乞责其谬举，别委他官。”

也就是说，今后任命转运使，要首先考察其能力和政绩，再去考核他的资历，只有这样才能选出实干的人员，只看资历选不出好官。而提点刑狱官的任命，如果被荐人得不到一致认可，必须立即换人，并追究其保举人的责任。

在宋代，提点刑狱官的任命是靠人推荐保举产生的。

说完了路级大员的任用，包拯顺便提了提州官和县官的选人问题。

关于州官和县官的任用，包拯发现近几年滥进的情况也非常严重。他建议，选州官时一定要让相关部门认真考核其治理业绩，并进行面试，结合州务的繁简和地理位置的重要性进行任命；选县官的办法则是让考官院挑出不好治理的县邑，优先安排那些能同情百姓疾苦、和气宽厚的人选去治理。

当时包拯操心的这些事都是宰相们应该负责的事务，因此，他请仁宗亲自给中书下令，让宰相们照此办法去布置办理。

已见雏形的政治观

除了弹劾大臣，在谏院工作期间，包拯还对很多事情发表了自己的看法，并且提出了奏议。因这些奏议涉及的问题不同，可以将其分为五类。

第一类是包拯关于天文、自然灾害与国家命运的见解。

这类奏议共有两篇：《论星变》和《谨天戒》。包拯在知谏院之前也曾上过两篇这类的奏议，其内容是有关日食和地震的。

入职知谏院以后，包拯忽然想起了多年前的一桩旧事。那是景祐元年（1034 年），岁星逆犯房宿。一般出现这一天象，预示着国家将有大事发生，包拯一向知无不言，于是他提醒仁宗皇帝："伏望陛下奋精刚之德，挺独断之明，内推至诚，深思天戒，以天下至大，祖业至重，不可谓承平无事而可以佚豫为治。"

特别是这一天象可能跟当下的朝政有关联，包拯告诉仁宗皇帝这是上天对朝廷的警示，他一针见血地指出了大宋当时吏治腐败的根源："今政失于宽，而敝在姑息，官弛于苟简。"借此机会包拯建议道："发号施令，在乎必行；赏德罚罪，在乎不滥。振举纲目，杜绝萌渐。"

而包拯的另一封奏议《谨天戒》提出的时间是皇祐三年（1051 年）十一月。

当时"太白犯月于箕尾之分，荧惑犯镇星于虚危之分，而又冬雷震发，雨木成冰"，包拯认为上天又在向皇帝示警，因为当时"四方灾害，流亡未复，虽遣使绥抚，贷粟赈给，而上下困竭，济恤攸艰"，包拯认为仁宗皇帝此时应该"省灾异之来，验休祥之应，谨奉上天之戒，以揆当世之务"。他据此天象给仁宗提出的建议是："外则幅员之广，戎狄寇盗之可虞；内则机政之繁，号令赏罚之未信。固宜进擢贤杰，振张纪律，辟众正之路，屏绝群枉之门，斥远奸憸，慎重听纳。近自宫禁，远及边陲。杜渐防微，中外协济。"

古代天文学领域虽然属于禁区且神秘不可碰触，但也不失为大臣直言劝谏的好机会。

包拯的第二类奏议是府论朝政和人事的，有《论放欠》《论百官致仕》《论委任大臣》《论台官言事》《论河北帅臣》五篇。

皇祐二年（1050 年）秋，大宋声势浩大地搞了一次名为"大享明堂"的庆典活动。这是一次规格很高的南郊大典，按照礼制，不但要为百官加官，同时还要大赦天下。礼成后仁宗下诏，自今日以前百姓所欠官府钱物的，如果欠贷人和担保人确实无力偿还，经有关部门奏请核实，这些欠负统统不用还了。

包拯深知，朝廷政策往往都制定得很好，但到了下面执行起来就不一样了。各级官府欺上瞒下，百姓们往往得不到朝廷的恩泽。

包拯担心地方官府弄虚作假欺蒙朝廷，他上奏请皇帝明令三司，各官府将欠负者一一造册，详细记录原因并交三司当面核实对质，然后再予以免除。

包拯恳请仁宗皇帝："委三司将应系诸色逋欠人，各据因依，一一类聚，备录申奏，并令引见，详酌除放。"

奏请很快就得到了批准。史载："皇祐二年十一月戊子，命知谏院知包拯放天下欠负。"

包拯是一个深谙百姓疾苦、洞悉官场潜规则的人，早年的地方工作经验以及监察御史的工作经历，让他对大宋的官民关系有着深刻的了解，并对欺上瞒下的行为深恶痛绝，他不相信那些低级官员肯一心一意地为百姓办事。

《论百官致仕》是包拯在皇祐三年（1051 年）三月上的一封奏议。

这年二月，官员句希仲、陆轸等人不但老而不退，而且又迁进新职。鉴于朝廷的仁厚，其他官员也不好意思说什么。这类情况包拯早在当监察御史的时候就提出过批评了，当时被他指名道姓地弹劾的人是张若谷。

如今包拯的身份不一样了，他需要为国家这方面的政策提出批评和建议。在奏议中，包拯建议大臣年到七十自请退休，否则由御史台牒讽，如果还是老而不退，朝廷即勒令其退休。

上这封奏折时，吴奎也有同样的论奏，史载："吴奎及包拯皆言在官年七十应致仕。"

在《论委任大臣》中，包拯还大胆地对宰辅大臣的人选提出了自己的建议："丞弼之重，最为今之极选，而治乱系焉。若乃挺然尽心，敢任天下之责者，即当委而付之。设或拱默取容，以徇一身之利者，亦当罢而去之，惟在陛下神机洞照，甄别而信任之尔。若任而不择，择而不精，非止不能为治，抑所以为害矣。"

道理是道理，包拯还结合当下的朝政进行了精准分析："夫近臣中素有公望实才，众所谓贤者，陛下既得而知之，亦宜亟擢而用之。若知而不能用，用而不能尽其才，保以致理哉？不可以边陲不耸，恬然便谓无事。况诸路饥馑相继，财用不足，府库虚竭，士卒骄惰，振举纪律，杜绝萌渐，正是可为之时，固宜参用贤者，助成治体，此尤不可缓也。大抵今之居位者，挟奸佞则蔽善而背公，溺爱憎则卖直而嫁祸，然但以势利相轧，苟得无耻，岂有援贤进能之意乎？傥令如是辈比肩并进，而望风俗日益美，教化日益成，其可得哉？”

关于皇帝选宰相一事，早在几年前晏殊罢相之后，包拯就已经向朝廷提过。有了知谏院的身份，包拯更加理直气壮。只是宰相这一职位太过重要，这个话题太过敏感而且容易遭人忌恨。而包拯奏议所说的“公望实才”和“今之居位者”分别是谁呢？按当时的情况来看，他应该指的分别是当时同任宰相的文彦博和宋庠。

包拯居然将批评的矛头指向了对他有着知遇之恩的文彦博，此举意味深长。

皇祐三年（1051 年）七月，黄河在郭固口（今河北馆陶）决堤。

因此前庆历八年（1048 年）商胡（今河南濮阳东）决口一直没处理好，于是两件事情被同时提上了议事日程。

宋代黄河以北的地区称河朔，当时属河北路。在《论河北帅臣》中，包拯指出了河北路在商胡决溢以后数年之内“连岁水旱，仓廪匮乏，调度不足”，而导致这一现象产生的原因就是地方大员措施不力。包拯建议朝廷，应该挑选得力之人任河北路长官，他劝仁宗皇帝对此要有清醒的认识，千万不要优柔寡断。

除了《论河北帅臣》，包拯还交了一篇名为《论台官言事》的奏议。而起因则是御史们总是不断弹劾朝政阙失和大臣行为不当，其言语难免有过当之处，有些大臣就抓住御史们的这些小毛病不放，三番五次地在皇帝面前告状。

你告我我告你，仁宗烦了，就给御史台下了一道限令：以后任何弹劾都要有真凭实据，或者把所涉人员和事件的来龙去脉讲清楚，或者提出相应的建议和解决处理办法。

这等于是变相限制了御史的弹劾权力，同时也让御史失去了应有的职责。

包拯先向仁宗重申了御史的职责是“防臣僚不法，时政失宜，朝廷用之为纪纲，人君委之如耳目”，以前遇到这种情况，“不允官曹涉私，措置乖方，刑赏逾制，并许弹奏。虽言有过当，必示曲全，若事难显行，即令留内。”

包拯认为，不管御史弹劾的内容是否属实、是否可行，朝廷都不应该责难他们，如果其阿意徇私，才能进行处理。

包拯的第三类奏议是论大臣操守职责的。在这篇名为《论大臣形迹》的奏折中，包拯对当下百官捕风捉影、相互攻讦的现象进行了批评，他劝皇帝不要轻信这些流言蜚语，而是要明察秋毫、慎重名器。

包拯的第四类奏议是议论时政的。《论明堂覃恩》是包拯上任谏院后不久的一封奏议。当时仁宗皇帝大享明堂，一时兴起给百官加恩，同时又大赦天下。包拯批评皇帝这一做法属于滥赏，他说：“窃以爵禄者，天下之公器，而邦国之大柄也。惟士之有功与德，所宜处之，非此二者，不可滥与。”

同时，他也指出了这一做法的危害：“夫人君者，固亦慎之惜之，苟轻用之则坏公器而失大柄，一纲或紊，百目皆隳，虽善为治者，亦未如之何。”为此他请皇帝：“上禀祖宗之训，好为社稷之计，所有今来迁转恩泽，乞赐特行裁处，免千古之下，以累圣德之万一。”

皇帝开心，为百官加官，这是皆大欢喜的事情，包拯偏要在这个时候大煞风景地提出反对意见，其遗世独立的清醒与不畏众谗的风骨可见一斑。

这正是谏官的本色。

包拯的第五类奏议是论水利的。有《论修胡商口》一篇。商胡决口已经是庆历八年的事了，自那年起黄河分成了两支，一支东流，一支沿东周时期的故道北流。由于种种原因，决口的问题一直没能从根本上得到解决。恰逢李固决口，仁宗皇帝决定彻底根治黄河的水患，包拯向朝廷提出了“疏塞”和“开淘旧道”“水有所归”的观点：“即乞且辍那内藏库见钱百万贯，令三司专功收管，积薪聚粮，豫为具备，其余即令中等已上人户敷配。候开淘旧道，水有所归，则商胡之塞，一举可成。”包拯这一观点，与后世治理黄河的思路基本一致。

建议与保举

知谏院期间，包拯共向朝廷递交了二十八份奏议，其中《请复韩贽等台官》不是对韩贽一个人的推荐，而是包拯见御史台一干人因犯错而受朝廷处分，导致御史台缺人，见官员们都不愿到御史台来工作，包拯为此上了一封奏折。虽小错必察，但韩贽一干人等实属犯了小错，包拯建议朝廷批准其复职，这也为朝廷管理御史台提供了一个思路。

最终在包拯的建议下，韩贽等人不但回到了御史台，后来韩贽还当上了位高权重的河北都转运使。

另外，《论冗官财用等》和两篇《论茶法》是关于国家财政赋税政策的建议；《论赦恩不及下》《请止绝三番取索》《请免接送北使三番》《请罢巡驿内官》《请绝内降》、两篇《请选内外计臣》、《请赃吏该恩未得叙用》《七事》《请两制官祀九宫贵神》《请复封驳》《请先用举到官》《请复御史里行》《请令审官院以黜陟状定差遣先后》《乞不用赃吏》《请断销金等事》是包拯对国家修改政策制度方面的建议；《请置发运判官》《请选人知虔州》《请选利州路转运使》《再请选转运提刑》《请选谏议大夫》《请选河北知州》《请选广南知州》是包拯对于朝廷官员任命提出的具体建议；《请救济江淮饥民》则是包拯关于赈济灾民方面的建议。

其中，《七事》是包拯在这一阶段思想认识的集中体现，是他给皇帝提出的七条忠告，内容大致为：

一是您对臣下不能是非不分，过于宽容；二是您不要总是动不动就怀疑大臣私结朋党，不管是谁都有几个朋友；三是您不要因为有些人妒贤忌才恶语攻击，就扼杀官员们的求进之心；四是您判断事情不能总认为先告状的有理，这样一来风气就乱了；五是您不能过于相信自己身边的人，以致忽略群臣的意见和感受；六是近年来灾荒不少，您应该任命得力而且有担当的大臣来解决这一问题；七是近年因受排挤遭贬谪的能臣不少，您应该多考虑重用这些人。

包拯这次上言字字珠玑、言辞恳切，全文照录如下：

臣非材备位谏职，思所以为补报者，惟言责而已；然言不激切，则不足开宸虑而补圣政。谨条上七事，皆当今之要务，词理鄙直，惟陛下留神省察：

一事：臣伏以陛下天纵宽仁，海纳谋议，是者取而施用，非者存而掩覆，群下见圣度闳博，不以是非，皆能容受，故奸邪敢肆矫妄，持难明不然之事，巧饰厚诬，使人无由自辩，而黙受排斥之祸，致陛下明有所蔽，疑贰忠良，率以此也。夫忠良见疑，则忠义之臣欲竭节尽忠补报陛下者，皆惧谗畏祸，不敢挺然当国家之事矣。由是阴奸得计，滋长敝病，不惟有亏圣德，致害时政。一旦缓急，乏才贤以使，陛下持大任将谁付之？臣愿陛下听纳群下谋议之际，留神深察，如有持难明不然之事，巧饰厚诬于人者，请付有司责其明辩，使真伪不杂，是非较然，则忠邪自分，天下庶几于理矣。

二事：臣伏闻近岁以来，多有指名臣下为朋党者。其间奋不顾身，孜孜于国，奖善嫉恶，激浊扬清之人，尤被奸巧诬罔，例见排斥。故进一贤士，必曰朋党相助；退一庸才，亦曰朋党相嫉，遂使正人结舌，忠直息心，不敢公言是非，明示劝诫，此最为国之大患也。夫圣明在上，未尝闻有朋党。朋党之来，大抵起于衰闇。故汉之党锢始安帝，而极于桓、灵；唐之朋党由穆宗，而甚于文、武，是皆衰闇之际。以陛下用心图治，功同尧舜，讵可如汉、唐衰闇之际，而致有朋党乎？斯乃臣下务相倾轧，自快其志，加诸其人，不顾破坏陛下事业者也。在昔刘向进谏于汉元帝曰："孔子与颜渊、子贡更相称誉，不为朋党；禹、稷与皋陶转相汲引，不为比周。何则？忠于为国，无邪心也。"又曰："贤人在上位，则引其类而聚之于朝；在下位，则思与其类俱进。"臣谓刘向之言，垂千余年，谈者以为至当。臣诚学向者也，不忍以熙洽之朝有朋党之说，亏损至德，蔽塞大明，臣实痛伤不能已也。臣愿陛下端虑以临下，推诚以格物，循名以核其实，因迹以照其心，使忠者、邪者情伪毕见，勿以朋党为意，则君子小人区以别矣。

三事：臣伏闻顷岁大臣颛政，颇恶才能之士，有所开建，则讥其近名，或云沽激，欲求进达，遂使才能之士莫敢自效，纵能不顾忌讳，指陈事理，固亦困于沮挠，无得而施用矣。且名者圣贤之所贵也，孔子曰："君子疾没世而名不称焉。"贾子曰："烈士徇名。"人不顾名，何以趋善？圣人所以贵也。夫群下虽众，然士有志于国家之急者甚少。其能处心积虑图报于上，又困于近名之说，是则志士仁人终无以奖进矣，岂陛下之心哉？此诚顷岁大臣之罪也。臣愿陛下但顾其所否臧而亟行之，勿以近名沽激求进为念，则人得以尽其心矣。

四事：臣闻议者云：陛下颇主先入之说。臣以陛下通照于事，务得情伪，理必无之，万一或有，臣止可过虑而议，不可闻之而不言也。臣谓帝王行事，但顾理道之如何尔，固不计于先入后陈也。必若主先入者以为是邪，则奸罔之人逞其敏捷，或巧中人，或阴图事，惟恐居其后矣，得不惑乱于耳目哉！臣愿陛下采纳群议之际，但顾其事之是非，裁之以当，则先入之患息矣。

五事：臣伏见近日以来，科禁多有疑下之意。如举御史须荐二员，上自点定，仍有在京与外任之拘，及见任二府曾举奏之人，亦不详论，至与中书枢密院，止许旬假见客，及不许百官巡厅，台谏官不得私谒，并与刑法官接见雪罪叙劳之人等事，皆非帝王推诚尽下之美政也。以陛下至德，难名待物无间，方将拟迹尧舜，固非汉武雄猜多忌之比也。

斯盖不识大体之臣过防谬论上误陛下，臣恐书之史册取讥万古，愿陛下速革近制，推大信于群下，以景佑初年之政为法，则尽美矣。

六事：臣伏见近岁已来，灾异备至，天象谪见，地理倾震，虫蝗为孽，水旱作沴，连绵三数年未已。而河北最甚，其次利州、京东西、两浙、河东路循环皆被大患矣。以陛下焦劳求理，恐一物失其所持，此寅畏宁不感召和气、格上天之福禄乎？然而致如此者，盖大臣不能同寅协恭，知无不为，切救时弊；而陛下志虑亦或有疑沮，未能委任忠贤，以成垂拱之美也。方今诸路饥馑，万姓流离，府库空虚，财力匮乏，官有数倍之滥，廪无二年之蓄。兵卒骄惰，夷狄盛强，即不幸继以凶年，加之小寇，则何人可以倚仗而枝梧哉！臣所以夙夜怵惕，思进苦言，冀开悟陛下而不能已已也。臣愿陛下切留宸虑，密以事诏今之执政，谁能尽心敢救天下之弊，敢当天下之责者，果得其人，愿陛下主张而委任之；其阴拱循默、持禄取容、妒嫉贤能、以一已为计者，宜速罢免，毋俾久塞要路，则化危为安、变艰于易如反掌矣。陛下固不可失此时而不为，傥失此时而不为，祸变一发，则虽欲为而不可为矣。惟陛下深存念之。

七事：臣伏见近岁以来，多有窜逐之臣，或以无辜、或因小过，或为阴邪排陷、或由权要憎嫉，吹毛求其疵点、洗垢出其斑痕，罪罟实繁，刑网太密，甚伤清议，大郁舆情。昔匹妇含怨，三年亢阳，匹夫怀愤，六月飞霜，近岁窜逐之人，讵止匹夫匹妇之伦也，得不逆和气召灾沴乎！陛下固宜矜体而深惟之。《传》曰：“使功不如使过。”盖负责之人，自忿废绝，不能振起。一旦为明主弃瑕录用，则其自奋图报，倍万常人。愿陛下诏近岁窜逐之臣，有才行效实，而本无过累，洎坐累获罪之轻者，或加牵复、或加宠擢，如此则圣造洪覆，同天之仁，使排陷憎嫉之风不敢复为矣。

包拯这七条建议没有一条是空话，句句直指当下朝政的弊端。尽管有些话题让仁宗感觉有些不爽，但仁宗皇帝还是很虚心接受了包拯的建议，史载："疏奏，多见采纳。"

为了劝皇帝虚心纳谏，包拯还特意收集了唐代名相魏徵当年的三个奏折呈给了仁宗皇帝。

在谏院工作期间，包拯还向朝廷推荐过几个人，比如谏院缺人时，他向朝廷推荐了有胆识、有见地的孙甫和张环。后来，他还以"求贤不求备、不以小疵掩其大德"为由，建议朝廷重用因庆历新政被贬的杨纮、王鼎、王绰等人。

皇祐三年（1051年），包拯和吴奎等人一起弹劾张尧佐时，御史台也没闲着。经众人努力，最终张尧佐自辞二使，但这样的结果御史台并不满意。御史唐介转而剑指宰相文彦博。人人都知道文彦博和张贵妃的关系，他是靠贿赂宦官、嫔妃才当上了宰相，文彦博立即被推向了舆论的风口浪尖。

唐介人称铁御史，一向战无不胜，也是不达目的誓不罢休，最终在他的死磕下文彦博罢相，此事也涉及了与文彦博是同年进士，而且过从甚密的吴奎。

唐介指责吴奎是文彦博的同党，吴奎也遭罢职，并以起居舍人出知密州（今山东诸城）。包拯也与文彦博是同科进士，但他在官场跟谁也不走得过近，而且也不与人私交，并在弹劾张尧佐的时候委婉地批评过宰相，因此唐介并没有弹劾包拯。

但包拯认为吴奎被贬很冤，他丝毫没顾忌自己也与文大宰相是同榜进士，理直气壮地给朝廷上表，请求皇帝依旧留吴奎在谏院供职。可惜，包拯这一奏请并没有得到仁宗的批准。

除了推荐这些人，包拯还再次保举了曾与他同议盐法的范祥。对其他人包拯都是推荐，唯独对范祥却是保举。

宋代保举他人是要承担连带责任的，因此人们都很谨慎。能得到包拯两次推荐，说明范祥无论能力还是人品都确实过硬。最终在包拯的保举下范祥升任陕西转运副使，后来还当上了陕西转运使。

不过，这已经不是包拯第一次保举人了。早在陕西议盐法期间，他曾保举了一个名叫卢士安的人，卢士安在包拯的保举下当上了凤翔监税官。包拯万万没有想到，这一举动竟为自己招来了一场大祸。

七辞要职

包拯知谏院期间，被他指名道姓弹劾的共有十三人。这些人既有皇亲国戚（张尧佐和郭承祐）王公贵族（李昭亮），又有宰辅重臣（宋庠）、地方大员（王逵、刘绛等），还有墨吏豪强（王涣）和文职清要（李淑）。

这些人之所以被弹劾，有些人是因为贪赃枉法、为非作歹，有些人是因为庸碌无为、侥幸邀进，还有些人是因为官商勾结、怀奸悖慢和没有担当。包拯弹劾每一个人都有响当当的理由，尽管被他弹劾的这些人不全是赃官墨吏，但他的每一次弹劾都掷地有声，而且不达目的不罢休。

包拯做事有始有终，不管遇到多大的压力，不管弹劾对象是谁，他都没有做过一件虎头蛇尾、无果而终的事情。

在谏院工作期间，包拯成功树立起了自己鲜明的人格形象。他一生最不能容忍的就是各种贪赃枉法和欺压百姓的行为，因此他最痛恨的人就是墨吏和酷吏，这一点从他的弹劾名单上可见一斑。

自古墨吏必酷，但酷吏不一定必贪。有时候，墨吏们都伪装得很好，他们的酷没在明处。酷是性格，贪是品性，二者不是同一个概念，但后人经常会把二者联系在一起。酷吏直接伤害的是百姓，墨吏直接伤害的是朝廷，归根结底，他们对国家和人民的伤害是一样的，这也是包拯不能容忍他们的原因所在。

自知谏院起，包拯承担着来自各方面的压力。既有自己在其位谋其政、一心想把工作干好的压力，也有奏议得不到批复的压力，同时还有被他弹劾对象的排挤、打击和报复带来的压力。

为此，在这期间他曾前后七次向朝廷申请辞职。

包拯第一次申请辞职是他刚当上谏官不久。包拯见朝廷迟迟不肯采纳自己的建议，感觉自己人微言轻难当其任，他诚恳地对仁宗皇帝说“上则负陛下求治之心，下则忤执政用才之意”，申请朝廷同意他到江浙一带去担任知州。

朝廷对包拯这封奏折没有表态，但很快，他的一些建议开始陆续得到批准。

随着建言越来越多，包拯感觉在工作中压力巨大。虽然知道自己已经尽力了，但他的很多建议朝廷还是不够重视，于是包拯怀疑自己“才无所长，愚有不逮。虽间形于狂瞽，徒仰紊于睿聪，止成塞责之虚名，讵见已行之实效”，他自我批评，因“上则孤圣君之盛选，下乃迫多士之公言，势难苟安，理宜知退”以致“每惭羞于面目”，于是再三上折，请朝廷将自己放除外任。

包拯一再向朝廷表示，自己辞职不是谋身之举，只是觉得力不胜任。

因再三上书申请辞职，包拯终于得到了仁宗皇帝的答复。宰相告诉包拯：“皇上说了，你在谏院任职还不满两年，好好干，到地方上工作的事情满任后再说。”

接到此圣谕，包拯立即上了一封答表，目的还是请求外任。古代都讲究谦让，即使辞职不是自己的真正目的，皇帝说不让你辞职，你也不能即刻答应，他不能去犯李淑那样的错误。

奏折交上去以后，见朝廷没有表态，包拯才言辞恳切地表示自己同意留任。包拯说：“臣迹孤望轻，才短责重，上不能广圣德，下不及救当时之弊，若乃不愧屋漏罔恤人言，虽苟逭于邦刑，恐难逃于阴谴。”客气了几句以后，包拯委婉地跟皇帝提出了一个请求：“伏望皇帝陛下察其审分，鉴此由衷，特推从欲之恩，免罹非据之咎。”

意思是说，既然臣再三辞职但您不允许，望陛下今后不要追究我此任不当的责任，这是包拯谦虚的表现。

包拯最后一次的申请辞职书，是皇祐三年（1051 年），吴奎被贬密州以后交给朝廷的。

包拯看到吴奎的遭遇，见自己知谏院已近两年，又想起皇帝此前说过“知谏院未满两年”的话，于是包拯说：“臣孤危之迹，多仇少与，待罪谏列，垂及二年，竟不能有所建明，少裨万一，而陛下驿度渊深，终赐保全。虽明主之恩，不忍轻去；在愚臣之分，固难自处。”

意思是说，包拯在谏院任职马上就满两年了，他记着皇帝说过的话，现在正不知如何是好。希望批准我到江浙一带的地方任职。

这是包拯在谏院工作期间的第七封申请辞职的奏折。

史载包拯知谏院期间：“数论斥权倖大臣，请罢一切内除曲恩。又列上唐魏郑公三疏，愿置之坐右，以为龟鉴。又上言，天子当明听纳，辨朋党，惜人才，不主先入之说，凡七事，请去刻薄，抑侥倖，正刑明禁，戒兴作，禁妖妄，朝廷多施行之。”这一评价，成功地定格了包拯在正史上凛然正气、不阿附权贵的高大形象。

最终，包拯向朝廷递交了七次申请，他的辞职才得到了批复。皇祐四年（1052 年）三月，以天章阁待制的身份知谏院满两年以后，带着谏院这份辉煌的成绩单，包拯迈向了他人生的下一个里程。

第八章　人生起落

河北转运使

不管正史还是民间传说，包拯给人的印象似乎都是大义凛然、不可侵犯的神级存在。事实上，包拯的一生并不是那么一帆风顺，他也曾数次遭遇过人生失意。

仁宗皇祐四年（1052年）三月，做了两年谏官的包拯由天章阁待制升龙图阁直学士，出任河北都转运使。

包拯离开谏院，朝中的文武大臣们都长舒了一口气。从此以后，他们不用再担心自己的一言一行总被这个不讲情面的包希仁盯着不放了。

不难看出，直到五十三岁这年，包拯才真正获得龙图阁直学士的身份。也就是说，从那时起，世上才开始有了“包龙图”这一称呼，在此后八年的时间里，这都是大宋朝堂对包拯的尊称。

在任期将满之前，包拯曾再三请求朝廷派自己到两浙一带任职。之所以向朝廷提出这一要求，是因为包拯没敢把自己的任职地放到河北路这么重要的地方。

朝廷考虑到包拯各方面能力比较突出，他不仅能当大任，而且对这里的情况比较熟悉，于是把他派到了河北路。

包拯已经不是第一次到河北路工作了，早在四年前的庆历八年（1048年），朝廷曾经派他到这里担任过转运使。只是包拯刚上任五十天，就被调到陕西工作了。后来，在担任三司户部副使期间，他还多次到这里工作。当时宋辽形势吃紧，包拯作为救火队员，出色地完成了朝廷的使命，很快就解决了这里兵马的吃粮问题。

当然，包拯能得到这一任命，不仅仅是他熟知河北路的情况，最重要的原因是他对此地的治理工作有许多思路和想法。

为此，在谏院工作满任以后，朝廷再次把他派到了这里。

包拯再次回到河北路，虽然他的具体差遣跟当初一样，仍是负责一路民政的长官转运使，但通过四年的努力，此时包拯的身份已经不一样了。

朝廷的任命诏书里出现了一个“都”字。也就是说，此时包拯的职务是河北都转运使，为什么要加上一个“都”字呢？

在北宋初年，天下并未平定，为了方便协调和保障各路军需物资，朝廷在各路设转运使司，长官称转运使。

天下平定以后，战争逐渐减少，各路间不再需要大量的物资向战场运输，而各路间需要平衡物资分配，避免物价不稳定或贫富差距过大，导致社会矛盾加剧，朝廷保留了设于各路的转运使司。

宋代的行政区划比较复杂，拿河北路来说，因为战略需要，当时在河北路境内还设有高阳关路、真定府路、定州路和大名府路四个安抚使路。这四路长官均称安抚使或经略安抚使。安抚使一般不理民政，因此这四路的民政事务仍归河北路管理。为了便于统一管理，同时也为了协调和其他各路间的物资调配，河北路转运使司长官的职务中多了一个“都”字，即称“都转运使”。

都转运使，在北宋时期是转运使之上更高级别的一个官职。从设立起，都转运使的职责便是统辖多路，而并非只负责本路的物资调配。

北宋初年，河北路路治设于大名府（今河北大名），辖境大概包括今天的河北中南部、山东北部以及河南的北部地区。从广义上讲，当时的河北路大概就是今天的华北平原中南部。这一地区东临大海，西倚太行，南临黄河，北据三关（瓦桥关、益津关、淤口关），不但地域广袤、物产丰富，是大宋北部最重要的行政区属之一，而且还与大宋当时最重要的对手辽国接邻。

由于历史原因，宋辽关系一直比较微妙，与辽国的关系是北宋最为重要的双边关系，因此，河北路还承担着非常重要的边防和外交任务。

华北平原人口众多、土地肥沃，是大宋粮食的主产地之一，同时又是朝廷重要的财赋来源。北宋国都建于汴梁，对辽国没有多少纵深，所以河北路的地位显得更为重要。河北路与京师一河之隔，黄河以北的大部分地区称河朔。当年辽军兵发河北，自河朔长驱直入攻到澶渊，真宗皇帝才不得不签订了被后人称为“城下之盟”的澶渊之盟。

因其特殊的地理位置，河北路既是大宋抵抗辽国入侵的缓冲区，又是主战场，所以朝廷对每一任河北转运使都格外看重，他们任转运使时，往往会被授予部分掌兵和外交的权力。

黄河自河北路南部东流而下，北宋时期的黄河几乎年年都向北决口，导致河朔一带水灾频发，因此，北宋的每一位河北转运使除了管理本路的日常事务外，还有着治河的任务。

由此可见，包拯肩上的担子不轻，他需要同时处理四项十分重要的任务：外交、边防、治军和治河。能把这么重要的担子交给他，也充分说明了仁宗皇帝和两府大臣对包拯的信任。

治大国若烹小鲜，一州一县是这样，一国一路也是这样。皇帝任使大臣治理国家，地方大员同样也需要选择合适的人选来经营自己的治地。尽管包拯对河北路的基本情况早已经烂熟于心，但到任以后，包拯再次一一了解了各州县的具体情况，才开始了他“治大国如烹小鲜”般的治理工作。

失意之地

从古至今，治理工作的核心都是治人，包拯对这一点有着清醒的认识。摸清了河北路当下的真实情况以后，包拯决定一切工作先从治人开始。

包拯的首选目标叫刘兼济，当时的身份是雄州知州。

刘兼济，开封祥符（今河南开封祥符区）人，出身于军人世家。其父刘汉凝曾跟随太祖皇帝征讨河东，军功卓著，刘兼济因此得以荫补武官。

其兄是在三川口战役阵亡的大将刘平。

前几年宋夏战争，刘兼济一直在西北军中效力，因骁勇善战，他曾得到仁宗皇帝的亲自接见。宋夏战争结束以后，刘兼济被调回了内地，于皇祐二年（1050 年）二月受命担任雄州知州。

当时的雄州是大宋对辽国的前沿重镇，如此重要的地方，朝廷本该派得力之人来镇守，而刘兼济根本就不适合这一岗位。

在包拯眼中，刘兼济是一个“材庸识闇，素无廉节”的人。一个这样的人怎么能胜任雄州知州这么重要的岗位呢？于是，包拯决定向朝廷奏请雄州知州换人。

为了说明换人的必要性，包拯在奏折中列举了此前历任雄州知州的名单：何继筠、李汉超、何承矩、李允则，这些人无一不是名噪一时、众口称赞的一代名将，当年朝廷派这些人镇守雄州自有道理。无论名望还是能力，刘兼济都不能跟这些人相比。

包拯建议，朝廷必须派一个治军有方、驭军有术、深得军心的大将来镇守雄州。同时，包拯还提醒朝廷，不要因边境的一时安定，就认为宋辽之间会长久和睦。辽国对大宋一直虎视眈眈，他们不挑起事端，只是因为一时没有借口，朝廷千万不可掉以轻心。

很快，雄州知州换人了。

换掉刘兼济以后，各州县的官员果然规矩了很多。见新来的转运使大人二话不说，就将路内最重要的州官换掉了，这事儿没准哪天就轮到自己头上。因此，大家都小心翼翼，生怕哪里会让包拯不满意。

一时之间，河北路的官场风气改善了很多。

经过实地调研，包拯发现路内有很多州府庸吏充斥，这些人不但年老无能，而且懦弱不晓民事。尽管他们没有贪赃枉法，却因为这些人的尸位素餐，致使河北路很难高效地完成地方治理工作，而且还给朝廷财政造成了巨大的负担。

为此，包拯下令各州县淘汰老弱庸属，重新挑选得力人员进行补充。

在包拯大刀阔斧的改革下，河北路各州府军监吏属的队伍得到了及时的更新。

将这些工作整顿好以后，包拯又建议朝廷，由于沿边各县令是处理朝廷与百姓各种关系的关键，其人选尤为重要。为了保证这些人的素质，今后在任命这些人员时，一概非保举不许录用。

将吏治人事工作理顺以后，包拯开始着手河北路的防务工作。

包拯深知，防务工作是河北路工作的重中之重。河北路驻军很多，各方面开支巨大。尤其是军粮，仅靠地方储备根本不够，本路的其他各项开支也一直靠朝廷调拨。为此，在三司工作期间，朝廷曾派他专门到这里为军队计置粮草。

这几年河北路的年景不好，即使朝廷举一国之力，不断地从外地向河北调粮作补充，仍没有彻底解决作战部队的吃饭问题。包拯深知，吃不饱饭的部队何谈战斗力？不但如此，这么多军队一直坐地吃粮，早晚会把国家的财政吃空。

这一问题包拯当年任三司户部副使的时候，就到河北路来处理过。为了彻底解决这一问题，包拯再次查阅了很多资料，又经过深入了解，在原来计划的基础上形成了一个新的思路。

有争议的调兵

在河北路上任不久，包拯做出了一个大胆的决策：调兵移防。这一思路来源于他上一次计置粮草的经验。

调兵移防，即将大部分作战部队调度到粮草充足的地区驻防，以解决士兵们的吃粮问题。这样既避免了粮食运输的成本，又可以为朝廷节省不少不必要的开支。

尽管在谋划这件事情时，包拯考虑得十分周详，但还是捅了马蜂窝。

按照包拯的计划，驻守河北路前线的宋军分别移驻到黄河南岸，去到兖州、郓州、齐州、濮州、曹州和济州等粮食充足的地区驻防。

部队移防后，为了避免给当地带来祸患，包拯还决定各部队的移防期为三年。三年内，这些移防的部队再重新调防。如遇边界有警，各军之间启用应急联动机制，所有部队立即向前线开拔。

从理论上来讲，一切似乎安排得妥妥当当，这也不失为一个解决军需问题、减少不必要消耗的好办法。因为涉及国防大事，包拯当然不敢私自做主，谨慎起见，他立即向朝廷作了汇报。

包拯这一思路虽好，但隐患却是显而易见的。如果辽国突然兴兵侵犯，一定会打得大宋措手不及。不过包拯对此也有安排，他想利用当地十八万民兵来把守边界。民兵机动性强，而且熟悉地形，吃粮问题可以自行解决，不会给朝廷增加太多负担。

然而，看到包拯这份奏议，主管大宋军事的枢密院最先炸锅了。

这简直是胡闹。先前口口声声说辽国不可不防，守还怕守不住呢，现在居然要把守军都调走，简直是荒唐至极。

大宋对辽国一直都有心理阴影，一旦辽国入侵，以辽军凶悍的冲击力，正规军都怕挡不住，这些没进行过正规训练的民兵能挡得住吗？再说，以辽国的作战速度，正规军来得及回防吗？一旦辽军深入，景德元年（1004年）的教训还不够深刻吗？

所有人都认为，包拯这一想法太荒唐了。

见群臣纷纷反对，仁宗皇帝也拿不定主意了。为了打消大家的顾虑，包拯解释说：“尽管这么安排就好，河北路的防御工作并不会受影响，一是我们精练民兵可以加强防守，再说目前辽国也没有什么借口兴兵。河朔一带的边民熟悉本地情况，战斗力丝毫不比正规军差，而且给养不需要那么多。边防部队吃一个月的军粮，够民兵们吃一年的。有精悍的民兵防守，防务工作朝廷根本就不用担心。如果不及时进行改革，恐怕河北路驻军的吃粮问题会越来越严重，早晚会出大问题的。”

这一办法过于冒险，包拯再解释也没用，尽管在这之前，他曾用同样的办法解决了冀州一带禁军的吃饭问题。

见朝廷迟迟不肯批复，包拯知道此计难行。他经认真考虑，又重提奏议：为了节省开支，解决朝廷财政吃紧的问题，除了坚持调兵移防以外，包拯还奏请朝廷罢掉各路的“公用回易”。

在宋代，为补充沿边各路财政收入的不足，朝廷允许当地官府和军队用公钱经商，其赢利自行支配。

此计实行后，各地纷纷打着官府的旗号经商。时间一长，各种弊端都显现出来了：一是各类强买强卖、走私越货的现象非常严重；二是因此滋生了更多贪污腐败的现象。“公用回易”虽然一时解决了部分地区财政收入不足的问题，但对沿边贸易的伤害很大。大部分钱财装进了地方官员和军头们的腰包，朝廷基本没有得到多少实惠。

几个回合下来，见包拯的目的比较明确，思路比较清晰而且态度比较坚决，仁宗皇帝想，既然把河北路交给他了，应该让他放手去干。不过，国防大事太过重要，虽然同意了包拯调兵移防的方案，但他对这一方案打了个折。包拯得到的批复是不同意用民兵守边，而是只允许调动一部分兵马移地吃粮。至于罢掉各路“公用回易”的建议，朝廷觉得这是个好主意，就下令照准。

见是如此，包拯只好按朝廷批准的方案执行。

知己知彼，百战不殆。尽管朝廷原则上没同意他调兵移防的奏议，包拯却没有灰心。包拯深知，朝廷对辽国的情况知道得太少，此前在这方面吃过不少亏。他认为，必须对辽国的情况了如指掌，才能有备无患，再无后顾之忧。于是奏议，朝廷应允许河北路密设人员，专门用于探听、侦察辽国各方面的情况，以做到心中有数。

除此之外，为了改变沿边百姓的民生状况，包拯还更新了一些官府吏员的管理办法。他加强了对各衙司与百姓直接打交道人员的管理，下令限制了他们的权力，并责令这些人不满两年不许更替。同时，他还报请朝廷批准，常受水灾淹涝的沿边重困民户完税时只需纳粮，各官府不允许“折变”或强迫他们缴纳支移。

一系列政策下来，河北路沿边各地的民生状况得到了大大的改善，包拯治理地方工作的才能得到了充分发挥。

但包拯调移兵马的举措过于大胆和草率，其做事风格一直让满朝大臣心有忧虑。很多人认为，包拯只是区区一介书生，根本就不懂国防和军备，敢这么大胆地进行折腾，简直是纸上谈兵。

时间一长，仁宗皇帝也慢慢认为，包拯似乎不适合担任河北都转运使这样的地方大员。

客观地说，包拯“调兵吃粮”这一办法过于大胆，同时也过于理想化。北宋是一个富国，但不是一个强国。仁宗是一个非常有同情心的皇帝，他十分清楚战争给百姓带来的苦难，因此非常讨厌战争。遇到外族挑衅，宁肯“岁币”赔款也不愿意发动战争。因此，仁宗统治下的大宋虽然经济比较繁荣，但将懦兵怯，国防战斗力也弱得可怜。

以当时的情况，包拯居然提议把边境驻防的大军调到内地吃粮，自然很难得到认可。自从朝廷开始有了将包拯调离河北路的想法，到包拯离开河北路的日子也就不长了。

高阳关

包拯在河北路工作了仅仅四个月时，位于对辽前线的高阳关路财政出现了严重的问题。

高阳关路是大宋的安抚使路，隶属大宋对辽国的防御体系，其主要职责是负责边防和军事，一般不过问地方政务。

大宋允许百姓和官吏向政府借贷，可近年来，因为百姓和官吏们拖欠公钱太多，导致瀛州（今河北河间）官府已经捉襟见肘。

朝廷考虑再三，为平息众议，免去了包拯河北路都转运使的差遣，同时又将他任命为高阳关路都部署，兼安抚使兼知瀛州。

接替包拯担任河北都转运使的官员，是他在谏院时的同事陈旭。

此时，陈旭已经是户部员外郎兼知杂御史。本来，朝廷已经任命陈旭为天章阁待制、河北都转运使，然而这时有人告陈旭有走后门、跑官、要官的行为，朝廷又将他降为礼部郎中、集贤殿修撰，并免掉了其职务中的“都”字，因此陈旭得到的差遣是“河北路转运使”，这等于是限制了陈旭的职权。

早在庆历八年（1048年），因河北路边防工作过于重大，朝廷于河北路设了定州、高阳关、真定府和大名府四个安抚使司，这四个安抚使司既归朝廷直接领导，又受河北路转运使司节制。

高阳关路安抚使司设治于瀛州，下辖瀛、莫、雄、霸、恩、冀、沧州七州及永静、乾宁、保定和信安四个军。其辖境大致包拯今天的天津、河北白洋淀一带以及武邑、南宫、清河及山东武城、无棣二县等地区。

高阳关也是包拯熟悉的地方，当年出使辽国的时候，包拯曾在这里路过并进行考察。到任以后，包拯很快将吏民的欠贷问题梳理清楚，该免除的免除，该收缴的收缴。在这期间，他还对瀛州官府的公款滥用问题进行了治理，并向朝廷提出了有效的建议。

信安军通判张田就是包拯在这个时候认识的。

张田，字公载，澶渊（今河南濮阳）人。进士出身，后任应天府司录，通判信安军。此时，刚步入仕途没多久的张田资历尚浅，后来他却成了包拯一生中来往最密切的人。

以包拯的严肃和刚正，一般人很难走进他的内心，看来张田不是个简单人。

当时包拯这样形容张田：“性质端劲、文艺该博，周知河朔之事。”

最初得到包拯的赏识，是因为他对大宋边地的管理工作与包拯有着共同的认知。所谓英雄相惜、英雄所见略同就是这么来的。

包拯与张田刚一接触，这个年轻人立即给包拯留下了深刻的印象。包拯一生吝惜语言，几乎没赞美过人，张田是得到他赞美的为数不多的人物之一。

再看看包拯评价张田的这几句话，“性质端劲”说的是一个人的品德和性格，“文艺该博”说的是张田的才华，“周知河朔之事”说的是张田的能力。

浑身上下透着一股干劲儿的张田，不但年轻能干，而且还很有见识，见到这样的人才，包拯自然喜出望外。

获得包拯赏识以后，包拯把张田所著的《边说》共七篇献给了仁宗皇帝。

进献该书时，包拯仍没吝惜自己的溢美之辞，“词理切直，深究时病……沿边利害，粲然可见”。

得此推荐后，张田屡受朝廷重用，后来调任冀州，又到朝中担任度支判官，后出知蕲州，又提点湖南刑狱。再后来，他又历知湖州、庐州、桂州、广州。

此后，张田一直以包拯门人自居。后来包拯去世，张田多方照顾包拯的家人，并将女儿嫁给了包拯的小儿子包绶。包拯夫人董氏去世时，张田还专门给包夫人写了一篇墓志。

包拯没看错人，据史料记载，张田一直是个不错的清官，“所至有善迹，临政以清”，大文豪苏轼曾经读过张田的书，称其可与古代廉吏媲美。

除了推荐后学，在瀛州工作期间，包拯还受雄州防御推官王临所托，帮王临为他的曾祖父、太祖旧臣、前知真定府王明申请了谥号。

高阳关路安抚使只是个临时性职务，朝廷交办的任务完成以后，包拯于皇祐四年（1052 年）年底奉命返回了京师。

丧子之痛

返回京师以后，包拯二十岁的儿子包繶完成了婚事。

女方崔氏出身名门，不但是淮阳崔氏的后人，还是已经过世的大宰相吕蒙正的外孙女。这门亲事一家人都很满意。

因为包拯工作出色，包繶受朝廷恩荫，如今已经有了太常寺太祝的身份，准备年后就去官府补缺上任。

新年又加上新婚，这年春节包家过得十分热闹。崔氏知书达礼，包拯和夫人董氏非常喜欢这个刚过门的儿媳，只是儿子的身体不是太好，这让已经五十多岁的包拯仍有些担心。

除了担心儿子的身体，包拯还对自己的前途有所忧虑。尽管跟谁都不说，但包拯心里清楚得很，自己被罢河北都转运使是遭到了大臣们的排斥。在河北路干了没几个月，旋即改命高阳关安抚使，虽然自己的职级没降，但差遣的改变只能关起门来自行体会。

另外，去年文彦博的罢相也让包拯的心情很不好。因此，转过年来，包拯没有急于请朝廷为自己安排新职务。

半年过去了，让包拯提心吊胆的事情还是发生了。

包繶的身体越来越差，后来竟一病不起。遍请名医，该想的办法都想过了，虽然有着妻子崔氏和母亲董氏的精心照顾，但包繶的性命终究还是没有被救回。

先是官场失意，又是白发人送黑发人，丧子之痛无以言表，包拯默默地为儿子处理着丧事。下一步，他准备奏请朝廷，将儿子的灵柩运回老家下葬。

听说包拯罹此重难，很多朝廷大员纷纷给予了同情和安慰，朝廷也给了包拯额外的关心和照顾。本来在皇祐五年（1053 年）七月，朝廷已经决定任命他去淮南路的扬州担任知州。见包拯突然遭此打击，又要回老家为儿子下葬，便改变了对他的任命。

八月，诏令龙图阁直学士、刑部郎中、知扬州包拯改知庐州。接到这一任命，包拯一家人扶着儿子的灵柩上路了。

离家时春秋鼎盛，再次回到老家，包拯已是两鬓苍苍。虽然身为出入朝堂的朝廷大员，老境的凄凉却让包拯唏嘘难禁。

萧瑟秋风中，包拯先到父母坟前进行了告祭，然后将儿子的灵柩埋到了位于螺蛳岗的包家茔地。

几日之后，一家人强忍悲痛，动身前往庐州。

年过半百的包拯只有包繶一个儿子，现在唯一的儿子也已经不在了，见儿媳崔氏已身怀六甲，包拯感觉包家的香火应该还在。

安葬儿子以后，包拯开始到庐州府衙上任。

包家村到庐州不到百里路程，包拯要来庐州上任的消息早就传到了庐州，他的到来立即受到了百姓们的热烈欢迎。

这几年，包拯的大名已经传遍了老家的每个角落，他斗皇亲、弹赃官、不畏强权、为民请命的故事在庐州一带广为流传，人们都盼着庐州能有一个包拯这样的清官。见包拯要上任了，百姓纷纷挤到大街上夹道欢迎。

包拯见状，内心激动不已。谁也不知道，此时他的内心正在承受着怎样的悲痛。

回老家做官

在老家做官不比别的地方，除了处理官府常规的日常事务，一个人还需要面对复杂庞大的家族和社会关系。上任后没多久，包拯就遇上了一个难题。

有一天，包拯正在例行检查工作，他发现合肥县有好几起抢占民田的案子一直没有处理。

庐州州府设于合肥，包拯当即命人叫来合肥知县。面对包拯的询问，知县一开始支支吾吾，包拯觉得里面必有隐情。经再三询问才知道，原来，这几起案子均与自己的一个从舅有关。

从舅用今天的话说就是叔伯舅舅，即包拯舅舅的堂兄弟。合肥知县见有人状告顶头上司的舅舅，他将告状人打了一通板子，便赶了回去。

包拯火冒三丈，没想到亲戚们竟然在打着他的旗号为非作歹，更没想到合肥知县徇私枉法。

包拯决定亲自审理这一案件，不但要秉公执法，而且要对涉案人员严加惩办，以此为庐州的父老乡亲做表率。

但从舅也是舅，包拯亲自过问案件以后，家中立即挤满了前来说情的人。案件审理期间，为了避嫌，同时也为了秉公处理，包拯决定一个人也不见。

亲自审阅了相关诉状，又当场询问当事人，包拯发现他的这位从舅果然横行不法。近段时间，仗着外甥当州官，他联络了一些不法乡绅，多次在当地抢占民田。

将案子查清以后，包拯并没有亲自处理，他叫来了合肥知县冷冷地问："这些案件当初为何不进行审理？"

合肥县令此时不知道包拯心里是怎么想的，便说："以属下之见，这些告状的都是无理取闹。"

包拯脸色一沉："你怎么知道他们是无理取闹？"

县令心里慌了："大人，您在这里当知州，这帮刁民不告别人，专门盯着您的舅舅，这不是无理取闹吗？"

"其一干人等横行乡里、欺压百姓可是事实？"包拯严肃地问。

县令看了看包拯的脸色，讪笑着说："大人，这些事下官尚不清楚。不过，即使……"

"即使什么即使！"包拯打断了合肥知县的话，将案卷重重地摔在他的面前，"这些事你不用再查了，我都替你查清了！"

最终，包拯这名从舅被处以杖刑。

见知州大人不徇私情，带头处理自己的亲戚，庐州的官吏们吓得再也不敢徇私舞弊，一时之间庐州政风大改。

后来，人们根据这一故事，演绎出一段包拯大义灭亲、用铡刀正法自己亲侄子的故事。其中流传最多的是一出名为《赤桑镇》的戏曲。

在《赤桑镇》中，包拯自幼父母双亡，由大嫂吴妙贞抚养成人。大嫂的儿子包勉后来也入朝为官，担任了萧山县令。包勉当县令时贪赃枉法，但包拯秉公执法将其铡死。吴妙贞赶到赤桑镇，哭闹不休，责骂包拯忘恩负义。包拯婉言相劝，晓以大义，最终吴妙贞感悟，叔嫂和睦如初。

《赤桑镇》这一故事也是改编自石玉昆的小说《三侠五义》。在《三侠五义》中，包拯的侄子名叫包世荣，戏曲里却叫包勉。不但两个人的名字不一样，原著中包世荣是遭庞太师设计陷害，而戏曲里包勉确有贪赃违法行为。在原著中，这段故事发生在"五鼠闹东京"的时候，戏曲里却发生在陈州放粮时。实际上，在历史上并没有包勉这个人，铡侄子的故事也根本不存在。

虽然各种改编与事实真相相差甚远，但它们却满足了读者和观众阅读观赏的需要，同时也表现了包拯不徇私情、大义灭亲的风骨。

包拯杖责从舅的故事可见于包拯墓志。

包拯的墓志是他的好同年、好朋友兼好同事，后来当过大宋参知政事的吴奎写的。副宰相行文当然严谨有致，自然也更为可信。在墓志中吴奎写道："公性严毅，有从舅犯法，公挞之，自是亲旧，莫不畏服。"

除了吴奎撰文的《宋枢密副使赠礼部尚书孝肃包公墓志铭》，大文学家、宰相司马光也在他的笔记小说《涑水纪闻》卷十记载："王禹玉曰：包希仁知庐州，庐州即乡里也。亲旧多乘势扰官府。有从舅犯法，希仁挞之，自是亲旧皆屏息。"

司马光不但将故事讲得更精彩，连这件事他是听谁说的也记得一清二楚。王禹玉即宰相王珪，一代才女李清照的外公。有一位副宰相、两位宰相同时能证明这件事发生过，说明包拯当年杖责从舅确有其事。

在庐州任职期间，儿媳崔氏为包家生下一个小孙子，一家人如获至宝。

小孙子出生以后，包拯为其取名文辅。朝廷闻讯，立即恩赏其为"将作监主簿"，也算是对包拯终有后人的一个祝贺。

包拯勤勤恳恳地在庐州工作了三年。宋代官员每三年进行一次磨勘转迁，满期离任前需要对其进行考评。

至和二年（1055 年）年底，谁也没有想到，正等待朝廷考评结果的包拯迎来了一场突如其来的灾祸。

被贬池州

包拯遭遇的这场灾祸，缘于他几年前的一次保举。

那是八年前的事了。庆历七年（1047 年），当时包拯在陕西任转运使，在工作中他认识了一个叫卢士安的人。包拯发现卢士安是个人才，不但聪明能干、能说会道，而且办事很有想法。经卢士安再三恳求，包拯向朝廷保举他做了凤翔（今陕西宝鸡凤翔区）监税。

包拯一生为人做事谨慎，从不轻易保举人，但对卢士安，包拯还是看走眼了。后来包拯离开陕西，没有了他的约束，主管凤翔税收的卢士安开始肆意妄为，做下了许多贪污犯罪的勾当。

至和二年（1055 年），卢士安案发被查。按朝廷制度，作为保举人包拯需要承担保人失任的责任。经相关部门商定，朝廷最终下令，包拯由刑部郎中、龙图阁直学士、知庐州贬为兵部员外郎、知池州。

也许念及包拯的官声和百姓的民意，保人失当这种事情又防不胜防，包拯龙图阁直学士这一宝贵的头衔并没有被朝廷剥夺。

一失足成千古恨，再回首已百年身。

在北宋官场，官员被贬如家常便饭，躺着中枪是再正常不过的事情。很多时候，你甚至都不知道什么原因就已经被贬了。

卢士安的罪行也不是太大，包拯是躺着中枪，尽管仁宗皇帝和有正义感的大臣们都知道，卢士安的所作所为都属个人行为，一切都与包拯毫不相关，但大家也都很清楚，这是包拯必须承担的代价。

就在这年的六月，被贬的文彦博第二次拜相。

而包拯又带着一家老小从庐州艰难地上路了。

庐州百姓依依惜别，尽管他们不知道包大人为什么被贬，但人人都对失去包拯这样一位好官感到可惜。众人夹道相送，很多人都为此流下了不舍的泪水。

今天的池州属于安徽，但在北宋却是江南东路的属地。从庐州到池州南行三百余里，五十七岁的包拯带着夫人董氏、儿媳崔氏和刚刚三岁的小孙子，一行人来到了池州。

池州北接安庆，南倚九华山、黄山，内有秋浦河，繁华程度虽不比庐州，但自古以来也是文人墨客的荟萃之地。

当年，人称“小杜”的杜牧曾在池州担任刺史，脍炙人口的“清明时节雨纷纷，路上行人欲断魂。借问酒家何处有，牧童遥指杏花村”就是他在池州任职时写下的。大诗人李白也曾数游九华山和秋浦河，在这里留下了数十首诗篇。

尽管背着朝廷的处分，包拯却没有自暴自弃，更没有怨天尤人。包拯到达池州的时候当地旱情正重，刚一上任他就投入到了紧张的抗旱工作中。

据清光绪年间的《贵池县志》记载，宋至和二年，池州大旱。为解决水荒，包拯亲自带人在城中挖井。水井挖好以后，他又命人在石井盖上凿出了四个圆口，以供四人同时汲水。

可见，民生问题总是包拯为官到任首要解决的问题。六百多年以后，山西人李日章到池州担任知州，他带人疏通了包拯当年打下的这口古井，为了纪念包拯，还命人在此修建了一座包公亭。

到了清代光绪年间，时任池州知府的袭云绮命人于此地立碑铭勒，题“包公井”于石碑之上，此碑一直保留至今。

而据明嘉靖年间的《池州府志·官秩·名宦》记载：当年包拯一到池州，便对所有的积压案件进行了复查清理。在翻阅档案时，包拯发现一宗和尚谋财害命案，不但证据不足，而且“凶手”也已经死无对证。此案疑点太多，包拯决定亲自重新审理。

经过明察暗访，包拯终于查清了案情。原来，当地一个无赖谋财害命，先杀死了一名外地客商。当无赖准备将客商尸体投入江中时，怕尸体日后浮出水面被人发现，他又去庙里偷了一盘石磨，准备绑到尸体身上。不想，偷石磨时，无赖被庙里的和尚发现，于是无赖杀死了和尚并将其投入井中。

被冤枉的和尚与屈死的客商都得以昭雪，无赖也认罪伏法，这就是当年在池州轰动一时的“江中浮尸案”。

包拯同样没能在池州工作太长时间，仅待了短短的八个月。至和三年（1056 年）八月，包拯自己都没有想到，他柳暗花明般地迎来了一次调迁。

包拯的这次调迁很出人意料，因为当时他的任期未满，根本不符合调迁的条件。其实，他的这次调迁是得到了人称“大宋第一御史”的铁御史吴中复的帮助。

吴中复，字仲庶，兴国永兴（今湖北阳新）人，宝元元年（1038 年）

进士，其父是至死不肯向大宋低头的南唐旧臣吴仲举。

吴中复与其兄吴几复和其弟吴嗣复前后联翩高中进士，时称“吴氏三贵”。身为大宋御史，吴中复最为世人称道的业绩，是他凭一己之力接连弹劾罢免了刘沆、梁适两位大宋的当朝宰相。因为这一骄人的战绩，吴中复获仁宗皇帝亲书“铁御史”三字牌匾相赠，他是宋代开国以来获皇帝亲书“铁御史”相赠的唯一一人。

吴中复也曾担任过池州知州，他对池州的感情很深，有诗《齐山图》传世：

当时齐映为州日，从此山因姓得名。
却自牧之赋诗后，每逢秋至菊含情。
行寻古洞诸峰峭，坐看寒溪数曲清。
梦到亦须尘虑息，那堪图画入神京。

包拯到池州上任时，他的前任就是吴中复。据史料记载，见包拯被贬，吴中复对他的遭遇很是同情。回京以后，吴中复多次上奏，请朝廷召包拯回朝。

可是朝廷有朝廷的制度，皇帝能看到哪些奏折，一般都是中书说了算。所以吴中复这些奏折当时不一定真正交到了仁宗手上。后来，直到文彦博当上宰相，包拯才真正迎来命运的转机。

可见，一开始仁宗不答应让包拯回朝是有原因的。后来，经吴中复“反复奏请”，仁宗这才答应了他的请求。

山重水复

诏命下达以前，吴中复想在第一时间给包拯分享这一好消息，便派哥哥吴几复专程从京城去给包拯送信。和吴几复一同前行的，是此前受过包拯帮助的王绰。

吴几复和王绰的到来让包拯很开心。一是因为二人都是故人，有朋自远方来不亦乐乎。二是听说自己马上要回京了，包拯自然更加开心。于是，包拯亲自带着两位远道而来的朋友一起游览了齐山。

齐山南麓风景奇胜，三人于寄隐岩小憩。畅叙之中，自然而然地聊到了齐山山名的来历。当时，关于齐山得名有两种说法：一个说法是说齐山大小有十余座山峦，其高度几乎平齐，故而当地人称之为齐山；另一说法则是说唐贞观年间齐映任池州刺史时，常到这里游玩。齐映是个治理有方的清官，后人仰其功德，便将他的姓氏命作了山名。

三位好友争论了半天，也没什么结果。吴几复即兴请包拯为齐山题写山名，包拯欣然提笔，写下了风骨遒劲、高大刚健的“齐山”二字。

后世有人寻得此书法的真迹，将其刻于寄隐岩的崖壁之上，这就是今天我们所见到的摩崖石刻“齐山”二字的由来。至于这两个字到底是不是包拯当年的真迹，已无据可查。

随着两位故人的到来，包拯的调令很快也到了。

不过，包拯接到的任命书跟好朋友捎来的消息并不一样。当时吴几复和王绰告诉包拯，他很快就要回京了。但他接到任命书后却发现，朝廷是让他去本路首府江宁府（今江苏南京）任知府。虽有些纳闷，但包拯并没有把这件事情放在心上。

临行之前，想到吴几复说皇帝最近身体不是太好，眼见天要冷了，包拯突然想起，池州山间的石菖蒲不错，便精心用银盒栽下几株，托人送入了宫中。

不要小看这件小事，它很可能成为包拯日后获得升职的关键。

石菖蒲既可入药又可观赏。皇帝虽然身体欠佳，有心关心一下吧，直接送药肯定不合适，送一盒惠雅一体的石菖蒲，绝对是个不错的选择。

果然，收到包拯的进献后，仁皇帝宗很开心。当时，欧阳修才修完《新唐书》没两年，正以翰林侍读学士的身份每天陪在皇帝身边。仁宗命欧阳修给包拯写了一封回敕以示褒奖，其原文如下：

赐知池州包拯进奉石菖蒲一银合敕书（八月十日）：汝识远言忠，身外心内。乃因时物，来效贡仪。深体诚勤，益增叹尚。

欧阳修是个很聪明的人，八月初十皇帝让他给包拯写表扬信，没过几天，他便趁着讨论水灾上折的机会向朝廷表扬并推荐了包拯：

伏见龙图阁直学士、知池州包拯，清节美行，著自贫贱;谠言正论，闻于朝廷。自列侍从，良多补益。方今天灾人事非贤罔乂之时，拯以小故，弃之遐远，此议者之所惜也。

欧阳修做事很高明，他没有只推荐包拯一个人，而是一起推荐了张瓌、吕公著和王安石四个人。不过，他却着重点了一下包拯与其他三人的情况不一样：凡此四臣者，难得之士也。拯以小过弃之，其三人者进退与众人无异。

这时，包拯离开了池州赶往江宁府。

包拯虽然离开了池州，但他与池州的渊源还没有结束。到了南宋建炎年间，他的玄孙包康作战时行至池州，见这里山水相依，鸟语花香，又是先祖工作过的地方，在起义失败后归田隐居此处。后来，包康成了池州龙山包氏的始祖。

解开谜团

朋友捎来的消息明明是回京城，包拯接到的任命却是让他去江宁府，这到底是怎么回事呢?

谜团直到四个多月以后才被彻底解开。

其实，吴中复捎来的消息是对的，朝廷的目的就是想把包拯调回京城，只是需要先到江宁府去过渡一下。

为什么非要过渡一下呢？

说实话，包拯这次调职很微妙。也许仁宗皇帝终于发现自己对包拯的处分太严厉了，他早就想把包拯调回京城，只是一直没人主动把这件事提出来。就在此时，已经二度拜相的文彦博再次在朝堂站稳了脚跟，文大宰相也不忍心看着包拯被埋没在基层，便顺水推舟地附和了吴中复的奏请，这才是包拯这次获得调迁的起因。

考虑到包拯的能力和特点，仁宗皇帝已经为他安排好了一个最适合的位置。不过，包拯此时的职衔只是兵部员外郎，让他骤升到那个职务有点儿不符合人事制度。

为了能让包拯顺利地满足任命条件，仁宗决定先将他的职衔升为刑部郎中，派他到江宁府工作一段时间。再后来，因为那盒石菖蒲，又加上欧阳修的及时助力，包拯的升职更是水到渠成。

看着眼前的石菖蒲，仁宗皇帝突然觉得包拯这个人还真不错。不能总让他待在江宁府，得快点儿把他调到京城来。

就这样，在包拯不知道的情况下，朝廷早已为他设计好了回京之路。

宋代的台谏官们都很厉害，不符合朝廷制度的人事任免很难逃过他们的眼睛。因此，即使皇帝想重用一个人，也需要绕个圈子，先让这个人满足任命条件。

在宋代，只要获得皇帝的赏识，破格提拔的情况并不少见，比如天圣五年与包拯同榜的韩琦。这年八月，仁宗皇帝想再次重用被贬出朝堂多年的韩琦，便命中书直接下令，将韩琦由武康节度使、知相州升为工部尚书、三司使。

宋代中书直接下旨称“降麻”，即用黄裱纸书写诏命。按相关制度规定，节度使升职不需要中书降麻，仁宗这么做等于是越过了吏部和中书直接下令，自宋建国以来从来没有过这样的先例。就连真宗时代最得宠幸的大宰相丁谓，当年破格由节度使升参知政事时，也没让中书降麻，而只是让中书下属的舍人院下旨任命完成的。

但仁宗一心想重用韩琦，便不顾朝廷制度，直接降麻将韩琦召回了朝廷。

韩琦升三司使也跟包拯知江宁府一样，只是个过渡性的临时职务。果然，没过几天韩琦便旋升枢密使。

仁宗皇帝对人才的厚爱无人可比，有困难解决困难，没条件创造条件。对人才一次次地破格任命，体现着封建帝王一心求贤的决心、对人才的高度重视和封建时代官员任命的随意。

关于包拯这次荣升的过程，史书是这么记载的：

> 癸丑，复龙图阁直学士、兵部员外郎、知池州包拯为刑部郎中、知江宁府，江南东路转运使、工部员外郎、直集贤院唐介为户部员外郎。时殿中侍御史吴行吴中复乞召拯、介还朝，宰臣文彦博因言：介顷为御史，言臣事多中臣病，其间虽有风闻之误，然当时责之太深，请如中复所奏召用之。故有是命。

唐介就是当年那位弹劾文彦博，说其攀附后宫，导致文彦博罢相的御史。相关文件交到了中书，文大宰相面对包拯和唐介升职时的表现却很微妙。他对包拯只字未提，只是淡然地对唐介的升职说了四个字："请召用之。"

结果唐介职衔小升，由工部员外郎升为户部员外郎，而包拯则由兵部员外郎直接升到了刑部郎中。

可以说，包拯这次升迁文彦博、吴中复和欧阳修三个人均功不可没，然而包拯最需要感谢的还得是赏识他的仁宗皇帝。也许，他还得感谢自己送给仁宗皇帝的那盒石菖蒲。

这次关键的升职和阶段性过渡，为包拯以后的仕途铺平了道路。嘉祐元年（1056年）十二月，朝廷再降圣旨："龙图阁直学士、刑部郎中、知江宁府包拯为右司郎中，权知开封府"，以接替刚刚升任参知政事的曾公亮。

没错，这就是当初仁宗皇帝想方设法真正想为包拯安排的职务。自此，历经一波三折，广为后世传颂的"包龙图打坐在开封府"终于来临了。

第九章　打坐开封府

你不了解的开封府

嘉祐元年（1056年）十二月，包拯上任开封府。就这样，因为欧阳修、吴中复、文彦博的共同努力，包拯在江宁府工作了不到四个月，就被成功地调回京城。

虽然在北宋的官场起步较晚，但包拯仕途晋升的速度不但快得让人眼花缭乱，而且担任的都是让人羡慕的职务。在短短的二十年里，他既当过知县、州官和转运使这样的地方官，也当过三司户部副吏这样的财税高官和让人闻风丧胆的台谏官。他从不随便与人结交，也从不曲意逢迎，只要自己认准的事儿，不管遇到什么困难，也不管对方是什么人，他都会义无反顾地坚持到底。

包拯疾恶如仇、一身凛然正气的性格，伴随着他的一步步升迁，如今在朝堂上下已尽人皆知。尽管这样，他的人生也不是一帆风顺的。河北路那段失败的任职经历阴影，一直笼罩在包拯心头。除此之外，因保举失误被贬和唯一的儿子包繶去世，这几件事一直折磨着这个年近六旬的老人。

经历了将近二十年的奋斗，包拯终于成功地跻身大宋一流大员的行列。这既是朝廷对他各方面能力的肯定，也是包拯不断进取、不断进步的最好体现。

开封府在大宋首都，当时是天下最为繁华、最为富庶之地，同时也是权力最为聚焦的地方。而开封府长官在朝堂上的位置就排在宰相、枢密使、三司和御史台之后，是大宋名副其实的一流大员。

其实，包拯根本就没有当过一天的开封府知府。他不但没当过，而且在开封府任职的时间也不长，只有十八个月。

在宋代，开封府在皇城，又称天府，是名副其实的天下第一府。开封府名正言顺的一把手历来都不是给大臣安排的，而是留给身份显赫的亲王或储君。大臣们不可能去坐这个位置，连想想的资格都没有。在成为皇帝前，太宗皇帝和真宗皇帝都曾出任过开封府的一把手。另外，太宗皇帝的另一个儿子许王赵元僖也短暂地担任过这一职务。而那时，许王的身份是准储君。后来许王赵元僖暴病身亡，皇储的位子才轮到弟弟即后来的真宗赵元侃头上。赵元侃在正式成为太子以后，他的名字才改为赵恒。

皇帝自己家盘里的菜，哪轮得到大臣们去吃？按照朝廷规定，皇子亲王任开封府长官时，官称为“开封尹”，并不是人们常说的开封府知府。

开封尹不常设，皇子亲王们只是挂名，他们不能总盯着京城这些乱七八糟的事情消耗时间。于是，开封府日常事务的管理实际还是落到了大臣们头上。朝廷委派大臣管理开封府日常事务时，该大臣的官职为“权知开封府”或“权发遣开封府事”。“权知”可以看作正式担任这一职务，“权发遣”则指临时性任命。

在包拯权知开封府前，只有晁宗悫、王拱辰、梁适、赵概与何中立是“权发遣”，其他人基本都是“权知”。状元出身的王拱辰两度任职开封府，他第一次任职是“权发遣”，第二次任职是“权知”，因此王拱辰二者兼而有之。

按照惯例，有了权知开封府的工作经历以后，大臣们都会顺利地进入两府成为宰执大臣。因此在北宋，权知开封府一般都被看作两府大臣的后备官。

那历史上到底有没有“知开封府”这一官职呢？

确实有，而且这一职务有两个人当过。这两个人，分别叫李若谷和魏瓘，他们是真正以“知开封府”的身份到开封府上任的。究其原因，或许是任命时情况特殊，或许是任命文件不严谨，总之，历史上只有这两个人当过“知开封府”。

一句“包龙图打坐在开封府”脍炙人口，传唱千年，却也误导了人们千年。人们普遍认为，包拯的大部分人生成就都是在开封府取得的，实际上并不是这么回事儿。

上任开封府以后，包拯确实取得了令人瞩目的治理成绩，在工作中他亲自审理过不少案件，既洗清了不少民间冤情，还解决了京城百姓告状难的问题。这些成绩虽有目共睹，但办案审案并不是他工作的全部。

拆违建

包拯虽然骤升要职，但并不开心。

在江宁府回京城的路上，包拯听说京城已经接连续下了一个多月的大雨。江宁到开封一千余里，包拯不敢怠慢，他带着一家老小晓行夜宿，恨不得插上翅膀马上飞到千里之外的京城。

包拯担心一连下了这么长时间的雨，京城的内涝一定非常严重，不但百官上下朝很不方便，百姓们的生活也会受到巨大的影响。如果内涝的情况迟迟得不到解决，时间一长，一定会成为一件怨声载道的大事。

回到京城的包拯发现，当前的情况简直比他想象的还要糟。

开封城内已是汪洋一片，倒塌的官宅和民房不计其数，人们的日常出行居然全靠木筏。街道里巷处处狼藉，就连御河里的水也漫上了街道，甚至很多朝廷大员的家都被淹了。比如欧阳修，这位堂堂的皇帝近臣，每天晚上沦落到只能在木筏上露宿，他无奈地在文章里叹道：“人生之穷，一至于此。”朝廷大员家中如此，百姓们更是苦不堪言。

看来，包拯的运气并不像人们想象得那么好，不管他做哪件事、走到哪里，都不是轻轻松松、一帆风顺的。京城的大水，让包拯眉头紧锁。

在众人关注的目光下，包拯走马上任了。

包拯分得出轻重缓急，各种善后和重建工作自然迫在眉睫，但雨还一直没停，比灾后重建更紧要的，就是安民救灾和疏解城中的积水。如果城里的雨水排不出去，讨论其他问题都没用。

在包拯的安排下，京城的救灾和排水工作同时开始。经过调查了解，包拯很快发现了问题的根源。城中积水之所以如此泛滥，连降多日的大雨并不是根本原因。首都城内城外河道众多，但城里的雨水却一直排不出去，是因为泄洪最主要的通道惠民河堵了。

惠民河是怎么堵的呢？

原因很简单。近年来，不少高官和中使（宦官）在河畔修建了多处亭台楼榭，这些人把惠民河当成了他们私人的后花园和游乐场。这些亭台楼榭不但占据着河道，而且他们私搭乱建的荷花池、栈道和停靠在这里的画舫船拥挤在河面上，把惠民河像水坝一样拦成了一段一段的。

本来，城中的雨水都往惠民河里排，就可以顺利地排出城外。如今，排到河里的水不但排不到城外，还四处满溢倒流，这才导致京城满街积水、一片汪洋。

看着还在不断泛水的惠民河，堵满河道的违建也堵着包拯的心。

这是一个比较棘手的问题。有本事在惠民河上修游乐场的人，一定非富即贵，随便哪一个出来，开封府可能都惹不起。

前前后后想了好半天，包拯才拿定主意。他下令：惠民河上所有的建筑，一个不剩，全部拆除。

拆违建，放在历朝历代都是伤人利益的大难题。不管对方是达官贵人还是平民百姓，只要涉及他的利益，对方一定会坚决地站出来进行阻挠。惠民河上的这些违建全是达官贵人们的度假休闲场所，包拯能拆得动吗？

包拯的命令刚下，阻力立刻就来了。

带头的是皇宫里的一名中使官，他拿着一张地契，理直气壮地拍到了包拯面前，说："有块区域是我的产业，而且有合法手续，这里的一草一木开封府都不能动。"

该中使官仗着自己在仁宗皇帝身边工作，百官见了他都高看一眼。平日里趾高气扬豪横惯了，他认为这样会吓住包拯。并且他有合法手续，如果拆了他的房子，他在皇帝面前说你几句坏话，你不但吃不了兜着走，很有可能会丢官罢职。

可惜，他遇到的是包拯。

包拯并没有去看中使官趾高气扬的脸色，只是淡淡地说："只要是河上的东西，都得拆。"

中使官阴阳怪气地问："包大人你好大的胆子，有合法手续你也敢拆？"

包拯这才不慌不忙地接过他的手续。然后包拯发现，这份手续根本就是假的。因为此前他已经了解过，开封府从来没给惠民河上这些私搭乱建办过手续。

包拯冷冷地看了看中使官，硬气地向他指出了该手续存在的问题。中使官还想说什么，包拯懒得废话，直接开门见山地说："大人，这些东西今天必须全部拆掉，如果你不同意，我马上禀明皇上。"说着，包拯不容商量，提笔作势要写奏折。

中使官见包拯来真的，立即软了下来。他知道，包拯可是有名的不看人脸色，不管什么事说干就干，而且从不考虑后果。万一此事真告到皇上那里，麻烦可就大了。

中使官忙又向包拯说好话，包拯却丝毫不为所动。最终，中使官不得不乖乖地把自己的违建拆了。

见中使官都不好使，其他官员也都乖乖地把自己的违建全都拆掉了。

惠民河一通，城内的积水很快排到了城外。别人解决不了的问题，被包拯轻轻松松地解决了。

拆除违建以后，包拯有条不紊地带人开始京城的灾后重建工作。不久，京城秩序恢复如初。

就这样，包拯通过拆违建在京城立下了初步的威信。

敢在天子脚下拆违建，而且还拆成功了，包拯的办法不错，胆子够大，骨头也确实够硬，那个当初人人畏惧的包希仁又回来了。

倒坐南衙的来历

不管各类文学作品、戏曲舞台还是民间传说，人们只要一提包拯，往往一开口就是“倒坐南衙开封府”。这是怎么回事？

首先，这一说法并不准确。不过，尽管不准确，它却有着一定的来历。作为一国之都，当时的开封是皇亲国戚、王公大臣集中活动居住的地方。在京城的地盘上，几乎所有涉及官府和百姓的事情都归开封府管辖。不但京城的三教九流、平头百姓有事需要开封府做主，很多王公贵族、当朝大臣也有很多事情需要开封府办理。因此，历任开封府都免不了要跟京城的各类权贵打交道。

在古代，利用手中权力妨碍司法公正的事情屡见不鲜，因此开封府的长官一直都很不好当。他不但每天都要面对复杂繁剧的各种事务，同时还要权衡很多复杂的利益关系。只要稍有不慎，往往就会自身难保、前途尽失。

身正不怕影子歪，只要官员一心为公，属吏不搞小动作，事情没什么干不好的。

既然皇上已经把自己放到这个位置上了，就一定要把这份工作做好，否则怎么向皇上交代，怎么给百姓交代，又怎么给自己交代？

为此，包拯一面不断向所有的同僚传递着不能徇私枉法的信号，一面以身作则地从自我做起，唯有这样，各类徇私现象才能杜绝。

开封府日常要受理京城各类纠纷案件，这些案件既涉及小民百姓，也涉及王公权贵。此前有多任长官虽一心求治，可百姓却冤情无告，怨声载道，以至官府的公信力严重丧失，百姓们宁可受冤受屈，也不愿意到开封府来打官司。

包拯决定改变这一风气。他发现，府中官员们的素质都很高，他们也都想把自己的工作做好，只是很多事情都被低级府吏把持着，主管官员根本就接触不到事情的真相。

多年以来，府衙内人际关系盘根错节，很多府吏借着熟悉法律耍小聪明，他们表面上公正执法，背地里却欺上瞒下，做见不得人的勾当。

按照当时的规定，到衙门告状需要先托人写状词，再通过皂隶将状词报给府衙。许多不法的讼棍和皂隶便趁着这个机会对告状人进行勒索，即使收了告状人的钱，他们还会拿着他们的状辞去找被告，收了被告更大的好处后，就包庇着不予立案。这些人上下其手，为所欲为，是百姓们都不愿到开封府打官司的原因所在。

包拯不信这个邪，他决定把这种坏风气彻底刹住。

当下最突出的是百姓们告状无门的问题，包拯决定从这里下手。

他立即下令，废掉了告状需要立案受理这条规矩。今后所有人都可以直接到府衙前击鼓鸣冤。只要衙外鼓声一响，府衙便大开正门，让告状人直接上堂讼告。

在古代，官府衙门都坐北朝南，官官相护的不良风气非常严重，官府断案原告被告两头吃，不管原告还是被告，人们只要摊上官司，往往都是两败俱伤，甚至倾家荡产也找不到正义。百姓们都不愿意打官司，因此有着“衙门口向南开，有理没钱莫进来”的说法。

包拯到开封府以后，废掉了原来的立案流程，解决了老百姓们的立案难问题，这一做法迅速改变了官府之前贪赃枉法、高高在上的形象。

这里的“倒坐”，并不是“倒过来去坐”的意思。大宋官员升堂办公时都是坐北朝南，为表示开封府的风气跟其他衙门不同，只要有理，即使没钱打点通融也一样可以打官司，而且还不会受到刁难，因此，百姓们戏称包拯主理开封府事务时为“倒坐”。

这就是“倒坐南衙开封府”的来历。

包拯做得很漂亮，原告可以直接上堂告状，一下解决了百姓们的告状难问题。然而，新办法却断绝了衙皂和各类讼棍们的生财之道。

狡猾的属吏们很不舒服，开始变着法儿地给包拯出难题。

南宋徐度的《却扫编》记录了这样一件事情：

包拯刚到开封府问案的时候，属吏们故意聚到一起集中汇报，而且每个人的怀里都抱着一大堆积压案卷。

包拯知道来者不善，就下令关闭公堂大门，不慌不忙地命众属吏坐在庭下，然后一一对每个人进行编号排序。

接下来，包拯命属吏们按先后次序，一一将手中的案卷呈报上来。包拯气定神闲地坐在公案后面，按次序一个个耐心地接待这些属吏。他仔细览读每宗案卷，不放过任何一个疑点。只要发现疑点，就会立即提出并询问。见包拯不但不怕麻烦，而且问得这么认真，甚至摆出了一副处理不完绝不罢休的姿态，故意刁难他的属吏们开始慌了。

最终，那些想故意刁难包拯的属吏们一个个被包拯问得张口结舌、满头大汗，直到这时这些人才知道，这位新来的长官是个做事认真、不好蒙蔽的狠角色。

就这样，堆积如山的积压案件不但没困住包拯，反倒让属吏们领教了包拯的厉害。

从此以后，吏属们再也不敢故意给包拯出难题了。

整顿了府内的不良风气以后，包拯开始着手审理各类案件。

坐堂审案

在开封府工作期间，包拯前前后后审理了很多案件。他审案认真，从不放过案情中的任何一个疑点，不查清楚绝不轻易下结论，因此避免了很多冤假错案。

在办案时，包拯不接受任何人请托，不管什么人求见一概不予接待，从客观上断绝了徇私枉法的可能。重回京城工作以后，包拯跟以前一样，跟任何人都没有私交，他的以身作则很快让开封府面貌一新。

人们都知道，这位新来的官员铁面无私、不徇私情，不管托什么关系在他这里都不好使，京城的社会秩序顿时好了很多，许多积压多年的案件也得到了有效的清理。

尽管这样，多年以来京城的权贵太多，又加上官官相护，百姓心里仍有阴影，担心自己的冤情得不到昭雪。同时，因为官员们谋私现象比较普遍，当时京城的社会风气也很差。

曾有人感慨抱怨“世上无好人”，后来，这句话越传越广，竟成了人们的口头禅，听到这句话后，包拯心里很难过。

这天，他接到了一个奇特的案子。

有人上堂告状，请包拯作主为他清理一桩债务。一开始，包拯认为这桩案件是一场债务纠纷，一定是原告状告被告赖账不还。经了解才知道，事情根本不是那么回事儿。

告状人说，他曾向某人借过一百两白金，现在债主已死，他想把这一百两白金还给债主的儿子。哪知道，债主的儿子却坚决不肯收下，为此他才来告状，请包拯做主。

了解案情以后，包拯觉得这是个重振民风的好机会。他立即派人，把债主的儿子请到了开封府。问清原委后才知道，原来是债主的儿子根本没听父亲说过这回事，所以他不肯收送上门的钱财。

包拯大为感慨，还金人讲究诚信，拒收人更是不贪恋钱财，怎么会说“世上无好人”呢？

于是，包拯将他们都夸奖了一番，并派人将这一事迹广为宣传。

事后，包拯感慨地说：“说世间无好人这话的人，可以闭嘴了。”

虽然包拯执法如山、铁面无私，对各类违法案件绝不姑息，但他对年轻的读书人却格外宽容。

当时有个名叫章惇的年轻人，是前宰相章得象的本族侄孙。因为是本家，章惇到京城参加科举时，就住进了章得象家。

二十出头的章惇相貌堂堂、风度翩翩，但色胆包天的他竟跟章得象儿子的一个小妾搞到了一起。

这天，二人正在厮混，被人堵住，抓了现形。情急之下，章惇越墙逃命，却不慎踩伤了墙外一名老妇人。老妇人揪住章惇不放，把他告到了开封府。

包拯见章惇仪表堂堂，行为举止大方，虽然狼狈逃窜，但在公堂上无半点慌张，不像一般的鸡鸣狗盗之徒。问清缘由后，包拯爱惜章惇的才华，只是过问了他踩伤人的事情，对其偷情一事既没有追究，也没有宣扬，只是命章惇罚铜赎罪。

章惇果然是个人才。

在这年的科举中，他顺利地考中了进士。故事本该结束了，可章惇发现，考中状元的竟是同族的侄子章衡。

章惇不干了。自己的名次哪能不如侄子？心高气傲的他竟放弃了这次功名。一切从头再来，耻为侄后的章惇参加了下一届的科举，最终以一甲第五名的成绩登第。

后来，才华和能力都非常出众的章惇在大宋官场一路高升，并于元祐八年（1093 年）拜相。前后当了七年宰相的章惇，不但是熙宁变法（王安石变法）中一个很关键的人物，而且还是一位对大宋有着划时代意义的重要人物，改变了大宋历史。

试想，如果当初包拯抓着他的丑事不放，历史还会是今天我们看到的章惇的样子吗？

失孤

属吏们终于开始乖乖地做事，但还是有人变着花样地给包拯出难题。

有一次，因闾巷失火，众人救火正急，包拯也赶到了火灾现场。这时，有两个无赖趁机作乱，故作急切地拦住包拯问："大人，救火该用甜井里的水，还是苦井里的水呢？"

包拯大怒，知道这两个无赖是在故意捣乱。火情紧急，包拯哪有心思跟他们纠缠，直接命人将两个无赖就地正法。

不管什么事情，包拯一向说做就做，无赖故意捣乱，死到临头甚至连求饶的机会都没有。自那以后，开封府的法道尊严让人们充满敬畏，再也没人敢对包拯说三道四了。

包拯不苟言笑的形象和铁面无私的做法很快肃清了开封府的治理环境，很多不法之徒不敢出手，就连那些平日胡作非为的达官贵人也都有所收敛。

一时间，开封城里的社会风气有了明显的变化。对于包拯治理开封府这段时间，正史是这么记载的：

> 拯立朝刚毅，贵戚宦官为之敛手，闻者皆惮之，人以包拯笑比“黄河清”。童稚妇女亦知其名，呼曰“包待制”。京师为之语曰：“关节不到，有阎罗老包。”

包拯到开封府以后，京师的治理工作好比让黄河之水变清，这也正是官清如水说法的由来。“关节不到，有阎罗老包”说明包拯痛恨官场上各种私通款曲的行为，并已成功地将这一不良风气扼杀了。

除此以外，包拯在开封府工作期间，还善于发现各种人才，这些人陆续得到了他的重用。

侍其玮原是阳武军主簿，包拯发现他是个很有才能的好官，便把他提拔为右军巡判官，专门处理涉军的各类案件。有一次，一名士兵被人告发盗窃军费。在宋代，偷盗军费属于重罪，按照相关法律判决应将其腰斩。侍其玮到任后，发现这个案子有疑点，将疑点一一查清以后，将案情向包拯作了汇报。最终，这名士兵得以活命。

庐士宏为人清廉，也是一个能干的好官，他有着丰富的州县工作经验，包拯毫不吝啬地向朝廷推荐了庐士宏。

虽然为人严肃且驭下甚严，但包拯在工作中却非常谦虚。不管谁有意见，只要正确，他都能虚心接受。

推官吕公孺是前宰相吕夷简的小儿子，也是包拯在开封府最得力的助手。有一次，一个人因抢夺柴草把一个樵夫打伤。事情告到开封府，包拯一气之下命人使用杖刑。吕公孺忙提醒他说："抢东西又伤及主人，应不止用杖刑。"

包拯觉得吕公孺说得有道理，依法重判了这个人。

包拯一直很赏识吕公孺，后来调升时，他也一直把吕公孺带在身边。

在小说、戏曲和民间故事中，包拯身边有位足智多谋的智囊"公孙策"，或许吕公孺就是公孙先生的原型。

一年多的时间里，包拯的治理和断案能力获得了人们的普遍认可。开封府的各项工作得到了明显的改善，由于为民做主和各类冤假错案的沉冤昭雪，包拯的名声开始传遍天下。就连后来接任他的欧阳修也无不感慨地说："包希仁将开封府治理得不错，我只要按他原来的办法继续做，一定能轻轻松松治理好开封府。"

在这个世界上，能让欧阳修说出这番话的人不多。

有人会问，怎么不见包拯在开封府期间处理过一件动人心魄的大案、要案？难道那些传说全是假的吗？

其实，出现这一情况并不奇怪。这与开封府的工作职责和包拯的任期短有关。

当年在御史台和谏院，包拯的工作是弹劾百官并向皇帝建言，那时候他涉及的人和事，随便挑一个出来都很出彩。而到开封府以后，他负责处理的都是地方上的日常事务，从这个角度去看，包拯在此期间没处理过什么大案、要案，自然也不奇怪。

北宋时期开封府为皇城，是当时的政治和经济中心，王公贵族、富商巨贾等各种势力云集，为了完成对包拯形象的精彩塑造，同时更是为了让这些矛盾冲突和斗争更加激烈，很多故事都被有意"安排"到了这一时期。

宋代严禁百官越职言事，到开封府以后，因工作职责和工作内容的不同，导致了包拯工作范围和接触对象的不同。此时，他在开封府工作期间鲜有出彩的大事，这才是包拯"权知开封府"时期的历史真实。

不过，每件日常小事也都关乎着百姓的命运疾苦，包拯都做得认真、仔细、公正。在朝堂之上，那些引人关注的事情一刻都没有停止，御史台、谏院和两府每时每刻都在进行着激烈的斗争，只是包拯已经不是那个圈子里的人了。

到开封府工作不久，包拯又迎来了一次沉痛的打击，他失去了唯一的孙子包文辅。包家这根独苗跟他的父亲一样，从小就身体不好，最终不幸在五岁这年夭折。

一家人伤心欲绝，儿媳崔氏更是整日以泪洗面。董夫人见崔氏还年轻，自己不好意思问，便托人委婉地询问崔氏，看她有没有再嫁的想法。

崔氏闻言大哭，说自己誓死不嫁，坚决要留下来照顾年迈的公婆。如果再有人提改嫁的事，她就以死明志。

年迈的包拯夫妇很感动。就这样，一家人虽然罹此大难，却仍继续生活在一起。

嘉祐三年（1058 年）六月，仁宗皇帝对大宋的两府班子进行了一次重大调整。在这次调整中，代理御史中丞张昪升任枢密副使，御史台长官出缺。

因治理开封府成效卓著，又加上知谏院期间出众的工作业绩，并且还在御史台工作过，包拯荣升为右谏议大夫，开始代理大宋的最高监察官：御史中丞。

第十章　朝堂重臣

再回御史台

嘉祐三年（1058 年）六月，包拯再次身赴御史台，开始代理大宋最高监察机构的最高长官。

按照朝廷的任命习惯，官员担任御史中丞这样的要职时都要有个考察期。在考察期内，职务称“权御史中丞”，用今天的话说就是代理御史中丞。

考察期结束以后，再进行一次考评，通过这次考评才能成为名副其实的大宋最高监察官。包拯的御史中丞代理期自嘉祐三年（1058）六月开始，到嘉祐四年（1059 年）年三月结束，他在这个岗位上仅仅干了不到九个月。

在这期间，朝廷还命他兼任了大宋的理检使，并加领了转运使、提点刑狱和考课院的差使，这代表着朝廷对他多方面能力的认可，同时还代表着朝廷希望他在这些方面有所建树。

嘉祐这个年号比较特殊，它常会把一些读历史的人搞迷糊。因为大宋这一年的年号本来不是嘉祐，而是至和。而在至和三年（1056 年）的九月将年号改为嘉祐，因此，1056 年的前九个月当时都称至和三年某月，后三个月则改成了嘉祐元年某月。

这次改年号的原因是仁宗皇帝最近身体不是太好，大臣们认为，通过这一做法或许能够让他的身体迅速好起来。

在宋代，作为朝廷的最高监察机构，御史台的位置仅次于两府和三司。在朝堂上，官员排名一直是中书第一、枢密院第二、三司第三，对前三位的排名任何人都没什么争议。

有一桩公案说，当年王曾刚当上宰相时，枢密使曹利用觉得自己资历深，想先去拜见皇帝。传令官不知如何是好，而王曾不耐烦地告诉传令官：“你就说宰相王曾要先见皇上！”听到这话，曹利用乖乖地自动退到了后面。

虽然前三位的排名比较固定，但老四开封府和老五御史台一直在争排位。晏殊当御史中丞的时候，通过努力将御史台排到了开封府前面。

身为御史台长官、又当过监察御史的包拯自然知道这个岗位的分量。

升任代理御史中丞以后，包拯的职衔也相应地升到了右谏议大夫。在这一岗位上，包拯“请裁抑内侍，减节冗费，条责诸路监司，御史府得自举属官，减一岁休暇日，事皆施行”。经他奏议，朝廷削减了宫中内侍人员的数量，并节省了多项不必要的开支。他严格按照相关制度要求考核各路监司，朝廷的吏治得到了很大的改善。同时，他还为御史台争取到了自荐属官的权利，并将官员的带薪休假权暂停了一年。

除了这些事情，包拯在御史中丞的位置上还做了两件大事：一是他说服仁宗皇帝同意下诏立太子；二就是经他弹劾，朝廷接连罢免了两位大宋最高财税大臣——三司使。

请皇帝立太子

嘉祐二年（1057年）年底，仁宗皇帝生了一场大病，各种办法都试过了却还是不见好转。见皇帝的身体这样，群臣明里嘘寒问暖、关怀备至，暗地里却议论纷纷。出现这一局面的原因很简单：大宋至今还没有太子。

群臣都不敢明说，因为这个话题不但敏感，而且犯忌讳，一旦沾上它，可能会身败名裂，被一棍子打入万劫不复的深渊。

包拯对同僚们很失望。他认为，在此情况下，身为朝廷大臣不应该沉默不语。于是，包拯挺身而出，硬着头皮在嘉祐三年（1058年）六月给仁宗皇帝上了一封奏议，一股脑地把自己的想法全说了出来：

臣伏读前史，见圣王之御天下也，初纂大业，即建储贰，盖所以安亿兆危疑之心，绝中外觊觎之望，乃有国之常典，而历代所遵守者也。

伏自陛下绍隆丕构，已逾三纪，仁孝恭俭之德，格于上下，孜孜求治，未尝一日少怠。兹固群臣仰望清光之不暇，但以东宫虚位日久，天下之心忧危至切。虽前后臣僚论列者多矣，卒不闻有所处置。未审圣意，持久不决者何也？夫万物皆有根本，而太子天下之根本也，根本不立，祸孰大焉。今既皇嗣未降，亦当采诗人盘维之义，固天下根本之地，不可忽也。臣愿陛下特出宸断，密与执政大臣协议，精择宗室中亲而有德望众所推重者，优以封爵，置在左右。日加训勖，仍与增补僚属，选用厚重方正之士，令就禁邸论以善道，益其闻见，如此则不惟表异亲贤，抑亦巩固王室，可以挫奸雄观望之意也。俟皇嗣诞育，则以优礼而进退之，此亦古今之通义，陛下何惮而不为哉？

伏况艺祖以艰难得天下，以圣继圣传于陛下，垂及百年。陛下岂可不念祖宗之业，当传之无穷。若乃徇目前之适，忽经久之策，必稔祸于将来，恐非社稷之福也。陛下得不留神而熟虑乎？臣以疏外之迹，累当言责之任，今陛下以臣愚直，擢在宪府，若畏罪不言，是上孤陛下委用之意，臣不忍为。惟陛下审其当否，断而行之，则天下幸甚。

为什么当时大臣们都不敢建议，包拯也是硬着头皮劝仁宗立太子呢？这件事说来话长。

一是因为仁宗目前无子可立，而且对这件还有心理阴影。

仁宗不是没有儿子，也不是没立过太子。最初的时候，因一直无子，仁宗把濮王的儿子赵宗实接到了宫中，准备将其立为太子。戏剧性的是，赵宗实被接到皇宫不久，后宫竟给仁宗生下了一个儿子。见此，赵宗实又被他的生父濮王接走了。

后来，后宫接二连三地诞生了两位皇子，仁宗皇帝很开心，自然而然把赵宗实忘到脑后去了。哪知道，仁宗虽贵为皇帝，却命中无儿，这三个亲生的皇子竟一个个都夭折了。自那以后，谁也不敢再提立太子的事。

眼见皇帝没有儿子，你却让他去立太子，这本来就已经有点儿尴尬了。如果皇帝问你："你说立谁呢？"那就更尴尬了。

赵宗实已经是前车之鉴。即便要立，这一次再立赵宗实，还是别人？这个问题也不好回答。

二是立太子的事太敏感，任何人都不愿意碰。

如太子顺利继位，拥立者往往会授以不世之功。也是因此，在任的皇帝对立太子的事特别敏感，大臣们对涉及立太子的事情也特别谨慎。谁都知道立太子是大功，但谁也不敢轻易去碰，栽到这件事上的前人多得数都数不过来。

当然还有更重要的一点，虽然仁宗皇帝当时的身体状况很不好，但也只是"偶染小恙"。四十几岁的人春秋正盛，谁敢说日后宫里生不出皇子来？现在催着他立太子，这是盼着皇帝早点死吗？

大臣们都不敢做的事儿，包拯敢做。尽管如此，包拯还是很小心。他深知眼下立太子的必要性，不管皇帝高不高兴，不管皇帝身体好不好，对大宋王朝来说，立储是早晚都要面对的事。

就这样，包拯把自己的奏折交上去了。

没过几天，仁宗皇帝还真被包拯说动了。

当然，这也不全是包拯一个人的功劳。包拯捅破这层窗户纸以后，宰相韩琦也开始劝仁宗早立太子，群臣一窝蜂似的跟着劝谏。

被说动了归说动了，但下一个问题马上就来了。史载：

> 帝曰：卿欲谁立？拯曰：臣非才备位，所以乞豫建太子者，为宗庙万世计尔。陛下问臣欲谁立，是疑臣也。行年七十，且无子，非邀

后福者，唯陛下裁察。帝喜曰：徐当议之。

仁宗反问该立谁，包拯说："立谁皇帝您说了算。"

在朝堂上打拼了这么多年，包拯当然知道什么话该说什么话不该说，他不能掉进自己挖好的坑里。

对包拯来说，这一关总算闯过去了。只要皇帝答应立太子就好，至于立谁那不是自己该操心的事。

万幸的是，群臣一直担心的事情没有发生，不久，仁宗皇帝的身体竟然奇迹般地康复了。因此，立皇子的话题没有再继续讨论下去。

见皇帝身体好转，包拯委婉地就皇帝对宦官内臣的放纵与包容提出了批评。另外，包拯还对朝廷各项政令朝令夕改的现象进行了婉谏，并彻底叫停了官府州军使用公用钱经商获利的制度。这一建议，包拯在高阳关路当安抚使的时候就曾向朝廷提过。现在，包拯通过自己的努力把它推广到了全国。

弹劾三司使

包拯在任权御史中丞时做得最让人称道，同时也是他一生中最具有争议性的一件事就是，他先后弹劾罢免了朝廷两任三司使。

三司使号称计相，同时掌握国家度支赋税。被包拯弹劾的这两任三司使都大有来头，一个叫张方平，另一个叫宋祁。

张方平，字安道，应天府南京（今河南商丘）人。当年，张方平和富弼同在范仲淹治下的应天府书院求学。在范仲淹指点下，富弼以制科入仕。受富弼的影响，张方平也选择了制科，并于景祐元年（1034 年）获赐进士身份。

可见跟包拯比起来，张方平入仕早多了。张方平进入仕途的时候，包拯还在合肥的乡下给父母尽孝。进入官场以后，张方平立即以出色的表现受到了宰相吕夷简的器重，爱惜人才的吕夷简把张方平推荐给了仁宗皇帝。受到皇帝青睐后，张方平一路高升，先当上了御史中丞，很快又当上了三司使。后来，因保举失任，张方平受人牵连被贬出了京城。被贬不久后，张方平又被朝廷召回，再次担任大宋三司使。

包拯弹劾张方平的起因，是他接到了一个名叫刘保衡的人告状，说张方平谋夺了他的房产。

刘保衡本是个商人，这些年一直在京城酿酒，而酿酒需要粮食，主管粮食的是三司，因此刘保衡一直跟官府打交道。因为经常向三司购买粮食做酒曲，长年累月，刘保衡欠了三司一百余万贯货款。

三司每年都要盘账清算，见刘保衡越欠越多，相关人员开始向他催债。这几年酒水生意不是太好做，见官府催债，刘保衡不敢不还，无奈之下，只好卖掉了自己在京城的宅子。

清欠本来是件好事儿，事情发展到这儿没有一点儿毛病，但问题就出在刘保衡卖宅子这件事上。这所宅子的买主不是别人，正是逼着他还债的三司长官张方平。

不管其中有没有猫腻，但这样的结果不得不让人怀疑三司向刘保衡逼债的用意。张方平有没有巧取豪夺已经无据可查，但下级部门明着逼欠债人卖家产还债，暗中却让自己的长官低价买下了欠债人的家产，这件事听起来就像是套路。

接到刘保衡的控告，最见不得各类欺压百姓、巧取豪夺行为的包拯怒不可遏地拍案而起。堂堂三司使竟做下如此勾当，包拯认为张方平这是品德有问题。再看看近几年来朝廷的财政状况，包拯更生气了。

明明是国家的财税大臣，不想着好好为国计度，一门心思琢磨着如何夺取别人的财产，这样的行为简直是没有廉耻。就这样，包拯一封弹劾状，直接将此事捅到了皇帝那里。

自任用张方平后，三司的工作一直不见什么起色，刚一收到包拯的弹劾状，仁宗皇帝便顺水推舟地罢免了张方平的职务。

罢掉张方平后，见朝廷新任命的三司使竟是宋祁，包拯又火了。

包拯认为，朝廷这么安排极其不合适。一是宋祁根本不是这块料；二是宋祁的哥哥宋庠正担任着枢密使，兄弟二人同任要职，明显不符合朝廷规定。

弹劾别人得有证据，包拯列出了宋祁在益州（今四川成都）工作期间只顾吃喝玩乐，不操心地方治理的旧事。还提到其兄宋庠位在西府，按照朝廷制度弟弟不能再当三司使。怕刚刚下发的诏命不好收回，包拯反复向仁宗皇帝诉说明理由，拿出了一副不罢掉宋祁绝不罢休的架势。

当时并不是包拯一个人反对宋祁担任三司使，众御史们也接二连三地上表弹劾，一时间宋祁成了众矢之的。

除了御史台，早在包拯上折之前，右司谏吴及就已经向仁宗提出了反对宋祁担任三司使的意见。吴及说，宋祁在定州工作期间不廉洁自守，指使自己的家人到官府借钱不还；另外在益州工作期间还放任奢侈，严重影响了社会风气。吴及代表着谏院对朝廷这一任命的看法，宋祁能力平庸，品德太差，无论品德还是能力，他都不适合三司使这么重要的岗位。

被御史台和谏院同时参奏，宋祁摊上事儿了。见惯了台谏官们的火力，哥哥宋庠也表态说："我已身在枢府，宋祁确实不适合再担任三司使，朝廷还是派他到外地当官吧。"

一轮轮激烈的炮火之后，包拯又一次赢了。

朝廷很快下令，宋祁罢去三司使，改任端明殿学士、翰林侍读学士、龙图阁学士、集贤殿修撰，知郑州。

宋祁，字子京，雍丘（今河南民权）人，仁宗天圣二年（1024 年）进士。巧的是，宋氏兄弟是天圣二年的同榜进士。中进士后，宋祁初任复州（今湖北天门）军事推官，后经召试授直史馆。历官龙图阁学士、史馆修撰、知制诰。进工部尚书，拜翰林学士承旨。

宋祁在大宋是一个标准的文人官员，一句"红杏枝头春意闹"为他赢得了"红杏尚书"的美称。因其兄人称"大宋"，故宋祁在北宋士林人称

"小宋"。他最让人津津乐道的艳遇故事"刘郎已恨蓬山远，更隔蓬山几万重"虽流传千年，至今仍让人神往。

据说，本来宋祁应该是天圣二年的状元。礼部进献名单时，章献太后认为弟弟不能居于哥哥之上，遂把状元给了哥哥宋庠，因此成就了宋庠连中三元的佳话。

可惜，荣升三司使的宋祁还没有正式上任，就因为御史中丞包拯的弹劾被朝廷罢免了。

朝廷任命官员不当，身为大宋最高监察官的包拯提意见，这本是件无可厚非的事情。

然而，就在大家都以为此事就此告一段落、朝廷很快就会任命一个能堪当其任的人来当三司使的时候，朝廷却把三司使的位置给了包拯。

这一任命却给包拯招来了一场轩然大波。

一场让人防不胜防的口水战即将来临，此时包拯还被蒙在鼓里，在为国家大事日夜操劳。

三司使

仁宗皇帝把三司使的职务任命给了包拯的消息一出，满朝哗然。

其实，包拯自己何尝不是叫苦连天呢？代理御史中丞自己干得好好的，前前后后一共才干了九个月，甚至连考察期都还没满。包拯心想：皇上啊皇上，你把这个三司使给谁不行，为什么偏偏给我呢？

因此，包拯不但拒绝出任这一职务，甚至很长一段时间待在家中不去上班，以表示自己当初弹劾张方平和宋祁时没有私心。

后来，仁宗皇帝再三催促，包拯不得已才硬着头皮去三司上任。

包拯是纠结，群臣则是愤怒。文职清要们当然也不干，反应最激烈的人是欧阳修。

在大宋，文人的口水能淹死人。见包拯居然真去三司上任了，欧阳修气得写了一篇名为《论包拯除三司使上书》的长文，言辞激烈而又有理有据地指出了包拯在这件事上的种种失当之处。

在这份奏议中，欧阳修先跟仁宗皇帝大谈了用人之道，然后讲起了为人臣者的名节和朝廷的大体。讲完了这些道理，话题自然而然地转到了包拯头上。

欧阳修首先肯定了朝廷任命包拯当三司使的出发点不是不对，是因为“贪拯之材”，却又委婉地批评朝廷这么做是不悯惜包拯的名节。

欧阳修一向得理不饶人，一开始这件事他没有说话，是因为他见包拯再三辞让，识大体，肯为朝廷考虑的表现。哪知道没过多长时间，包拯居然真去上任了，欧阳修就不得不说说他的看法了。

欧阳修认为，包拯虽然人品不错，但学问不够，敢去当三司使，是他考虑不周，他怎么就不知道避嫌呢？

总之，不管初心如何，从结果来看，包拯这是典型的“蹊田夺牛”。

然而，仁宗皇帝并没有批准欧阳修的奏请。

朝廷觉得包拯光明磊落，此事的影响没有欧阳修说得那么严重，它不足以让朝廷改变对包拯的任命。

包拯对三司的工作并不陌生，因此，所有事务打理起来都得心应手。但比起以前，他的话更少了。一是他肩上的担子更重了，二是他心中的那份激情减退了。

在三司使任上，年已花甲的包拯承担着众多的压力与非议。期间，他仅对一些无关紧要的事情提出建议，比如真宗皇帝和四位太后的祭祀问题、罢免天下民户正税之外的摊派问题，另外他还对范祥和赵尚宽的工作调动发表了看法。

时间很快就到了嘉祐六年（1061 年）。

这年的四月初八，朝廷诏令，枢密直学士、权三司使包拯升给事中，除三司使。自此，包拯才正式得到这个让他一生饱受争议的位置：大宋计相三司使。

代理期结束后，包拯顺利转正，这代表皇帝和两府大臣对他的认可，但包拯并没有像人们想象得那样喜出望外。此时，他已经是一个六十三岁的老人，职务的升迁已不足以让他兴奋得像个孩子。

随着三司使转正，特别是有了给事中的身份以后，包拯拥有了向皇帝单独直奏的资格，因此，他也成了仁宗皇帝的近臣。出人意料的是，此后他没有再弹劾过什么人，也没有再批评过大宋官场那些不良的风气。

不是大宋的事少了，而是包拯的心老了。

不知不觉间，包拯发现自己离开庐州，在官场已经奋斗了二十四年。这些年，从端州到高阳关，从京东到陕西，天南海北，他的足迹遍布了大宋的大半个疆域。他既领略过北国的千里冰雪，也领略过黄河的雄浑壮阔，既见过陕西苍莽的群山，也见过池州秀美的风景。不管走到哪里，他发现自己最怀念的还是遥远的庐州乡下。

从入仕到今天，天长、端州，然后是御史台、京东路、河北路、陕西路、三司、谏院，再回河北路，到高阳关，在外面转了一个大圈儿，后来又回到了御史台。人生就是这么舛错且不可思议，很多时候转了一圈，却又回到了起点。

如今，尽管执掌着整个国家的财赋用度，数次在朝堂进进出出，大大小小经历过无数次的斗争，包拯最难忘记的还是初任御史的那段时光。

这些年，包拯数不清跟多少人斗争过，也记不清审过多少案子，洗清过多少冤情。包拯突然感觉自己很孤独，遍视朝野，自己这些年竟然交友甚少。每当想起这些，包拯心中便涌出一股酸楚。

不管享受过多少荣誉、官职做到多大、承担着多少非议、顶着多大的压力，这些事情包拯统统都不在乎。真正让他难过的是自己年老无后。儿子死了，唯一的孙子也死了。每当想起这些，包拯就难过得一句话都不想说。

包拯发现自己变得心软了，遇到事情不再像以前一样，只要看不过眼就义无反顾地向前冲。

朝廷官库负责向皇宫进贡的财物，一向都是由各地官府向民间摊派征收，然后再交到官库。包拯深知此举给各地百姓带来了沉重的负担，正式担任三司使后，他改变了进贡物品的征收办法，贡品改为由官库直接从市场购买。如此一来，大大减轻了各地百姓的负担。

在宋代，虽然官员的待遇丰厚，但基层小吏的待遇并不高。为了生存，底层吏属们不得不向官府借贷。遇官府清收，很多人不能还清债务而纷纷“跑路”。为了追回债务，官府便将其家眷逮捕扣押。包拯深知底层小吏艰难的生存状况，为此他颁布了一项条令，将所有因债务被关押的吏属家眷全部释放。

不要小看这两件事，它们看起来虽都是小事，但在全国推广起来，却都是影响大宋统治根基的大事。在包拯之前，还没人敢做这类事情。

不难看出，此时的包拯不再事事与人较真，他完全变成了一个同情底层疾苦，而且时时心怀善念的老人。

其心也善

宋代三司下设盐铁、户部、度支三司，其下设有兵、胄、商税等二十多个部门。这些部门既按职责分理事务，又负责财税，因此宋代三司的工作非常繁剧。在主理三司期间，年过花甲的包拯每件事情都会亲自过问。

尽管众臣的非议仍此起彼伏，但包拯并没把这些事情放在心上，他最需要做的事情是把国家的财税工作完成得更加有条理。

早在几年之前，包拯就曾数次建议朝廷裁军，以减轻国家的财政负担。当上三司使以后，因负责军费调拨，包拯密切关注并督促各路的裁军情况。

因此，自包拯任三司使后，各州军兵马的裁撤力度更大了。

于是坊间纷纷传言，说当时的裁军都是包拯一手推动的，这是因为今年朝廷要举行大典了，为了给朝廷节省开支，包拯才不顾士兵们的死活，强制要求各军裁员的。谣言越传越邪，很多被屏退的士卒把气都撒到了三司和包拯头上。

河北路有个名叫张玉的低级军官，听信了这些谣言，一气之下竟闯进三司衙门，当面指责包拯。一个低级军官敢擅闯三司，扰乱办公秩序，并指责朝廷大员，张玉立即被捉拿鞫问。

晚年的包拯心生善念，也许他自己意识到了此前待人过于严苛。张玉被捉拿以后，包拯命人叫来医官，经过一番“检查”后，医官说张玉有心病，好像神经不太正常。于是，包拯准备将其放了。

其实，这是包拯有意为之，他的本意是就此饶过张玉。

哪知道此事的影响太大了，张玉最终还是被负责京城治安的部门带走了。

仁宗皇帝听闻此事，大怒，他亲自下令将此案交开封府依法查办。皇帝亲自交办的案件，开封府自然不敢怠慢，更是不敢有丝毫差错。后经仔细审理，发现张玉根本没有所谓的心病，他的所作所为都是发泄私愤，而且是有意为之。于是台谏官建议，张玉应按骄悖和凌辱大臣论处。大理寺根据其罪状，又结合军规，判决将张玉乱棍打死。

包拯虽受此冒犯与羞辱，心中却没有杀人之念，只是他的努力最终没能救得了张玉的性命。

后来，驻守泾州（今甘肃泾川北）的士兵因一连好几个月都没收到折支钱，聚众闹事。众士兵群情激愤，和长官发生了严重的冲突。这些人脑子一热，竟约定一起造反。后经及时处理，风波暂时平息，事后朝廷对他们的处理却丝毫没有手软。

历朝历代对造反都是零容忍的态度。这次两名带头的士兵被处以死刑，另有三人被黥面发配。事后，朝廷还下令专门成立了调查组，以了解兵变发生的原因并解决后续的问题。

士兵们为什么没收到折支钱？是长官贪污了，还是这部分钱根本就没有安排？该配发的折支钱到底在哪里？

事情牵涉到三司，专案组将配合调查的文书报给了包拯。

因爱惜手下的吏属，包拯一直没有派人去专案组配合调查，导致迟迟不能结案。因为这件事，包拯遭到了专案组组长胡宿的弹劾。

此案包拯虽有包庇之嫌，但见惯了各种是非纷争，包拯深知查来查去最终只会伤害更多的人。与其这样倒不如顺其自然，最终不了了之。

步入老年后包拯不再事事较真，很多事情本是宿命，就像当初他硬着头皮去当三司使，一切都安之若命或许才是最好的选择，因此他才一直不肯派人去配合调查。

包拯并不知道，不是自己不再大义凛然，而是岁月已经磨掉了他曾经的犀利。

荣跻两府

虽然早已不在乎自己的官职，但当了二十天的三司使后，包拯又升官了。

嘉祐六年（1061 年）四月二十七，朝廷诏令给事中、三司使包拯升礼部郎中，除枢密副使。从这天起，这位在朝堂内外辛苦奋斗了二十四年的功勋老臣，终于光荣地跻身两府，正式进入了主宰大宋王朝命运的核心阶层。

天圣五年那批同榜进士的人的命运各不相同。在包拯成为枢密副使之前，几经起落的韩琦已经成为当朝首相，荣登百官之首。文彦博两度拜相却两度被罢。状元王尧臣十年前就已经当上了枢密副使，后来又升任参知政事。可惜王尧臣寿命不长，已于三年前离世。另一个已经离世的人是吴育，他和王尧臣同在嘉祐三年（1058 年）离世。王尧臣比包拯小五岁，吴育比包拯小六岁。早在十六年前吴育就已陆续官拜枢密副使、参知政事，后来却又接连被罢。吴育的早逝与其在政治上的失意不无关系。

还有，年龄最大的赵概比包拯早一年当上了枢密副使，唯一暂时还没有进入两府的是年龄最小的吴奎。目前吴奎正在权知开封府的任上，距离进入大宋两府也只剩下一步之遥。

说实话，包拯这次能升枢密副使纯属偶然。包拯在谏院工作期间有位同事名叫陈旭，本来陈旭在枢密副使的位置上干得好好的，却有人向仁宗弹劾他阴结宦官。皇帝一向忌讳大臣勾结自己身边的人，仁宗一怒之下将陈旭罢职并贬去了定州。日后，陈旭还将再次回到朝堂，并担任大宋宰相。

仁宗年间，大臣因私交宦官被贬如家常便饭，朋党更是一直高悬于各朝廷大员头上的一把利剑。包拯始终廉洁自处，除了工作外从不与人结交。因此，他一生从没因为类似问题受到过处分。即便当年唐介弹劾文彦博朋党大臣、攀附后宫，作为天圣五年同榜进士的吴奎也因此受到了处分，包拯却没有受到一点儿牵连。

陈旭被贬后，需要有人填补枢密副使的空缺。仁宗思来想去，目光落到了包拯这位忠心耿耿的老臣身上。

就这样，幸运的包拯终于在六十三岁这年，登上了他一生仕途的最高点，同时也完成了宋代为人臣者最大的心愿：跻身两府。

包拯当上枢密副使以后，在繁忙的工作之余，回想自己的人生，虽年过花甲，却后继无人，这是人到老年最大的遗憾。每当想起这些，包拯心里就难过得不是滋味儿。

也许是上天垂悯这位铁骨铮铮的老臣，就在包拯刚刚当上枢密副使后，他又意外地迎来了一个更大的惊喜。能够得到这一惊喜，包拯需要感谢他的儿媳崔氏。

宋代官员一般都有纳妾的风俗，包拯多年前也曾纳过一名小妾。调入开封府后，自知年事已高，包拯不忍心让年轻的小妾终老包家，他主动拿出一份钱财，命人将这位小妾送还了娘家。当时包拯并不知道，这位小妾已经身怀六甲。回娘家后不久，小妾为包拯生下了一个儿子。

其实这件事早已不是什么秘密，整个包府上下的人全都知道，只有包拯一个人被蒙在鼓里。

自皇祐五年（1053 年）包繶去世以后，一直是崔氏照料着包拯夫妇的生活。得知被赶走的小妾生下了儿子，崔氏自作主张地将这个孩子抱了回来，并偷偷养在府内。崔氏对其视如己出，碍于包拯的威严，她一直都不敢明说。终于，趁着公公刚当上枢密副使，才忐忑不安地把这一消息告诉了包拯。

一家人如获至宝，包拯更是喜出望外。这一意外的惊喜，比世上任何事情都让人感动。包拯没有责备崔氏，他紧紧地将小儿子抱在怀里，两眼充满了泪花。他中年丧子，晚年丧孙，如此苦情的一生让人惋惜同情。然而，命运终究眷顾着这位一身凛然正气的老人，让他在花甲之年得到了一份意外的安慰。

关于这一戏剧性的故事，多宗史料均有着明确的记载。

在翰林学士钱勰为崔氏撰写的墓志《宋故永嘉郡崔氏墓志铭》里记道：孝肃晚年得幼子绶，其母出，节妇（崔氏）慈养之如己子。

《庐州府志》中对包拯幼子包绶的介绍更为详细：拯曾出其媵，在母家生子，崔密抚其母，使谨视之，后取归，名曰綖，以延包后。

包綖是包拯小儿子包绶幼时的名字。

为了证明这件事的可信性，我们再看看包绶本人的墓志记载：（拯）子二人，长先卒，公其次也。嘉祐中，孝肃公薨，天子录元臣之功，奠于其家，公方五岁而孤，天子悯然，以遗表授公将仕郎、守太常寺太祝，俾承其胄，而以不绝功臣之世为念。

根据这几处记载可以得出这样的结论：包拯去世是在嘉祐七年（1062 年）五月，其去世时小儿子包绶年方五岁。包绶是包拯的小妾在娘家所生，他自小是被嫂嫂养大的。

在各类民间传说中，包拯从小是由大嫂养大成人的。其实，由嫂嫂养大是发生在他的小儿子包绶身上的故事。后人为了突出包拯的高大形象，同时也是为了让他的故事更精彩，小儿子的这一经历被嫁接到了包拯身上。

时间过得很快，转眼间小包绶已经五岁。在老父老母和嫂嫂的精心照料下，这个承载着全家人希望的独苗茁壮地成长着。在朝中，包拯殚精竭虑，毫无保留地奉献着他对大宋王朝的最后一片忠心。

这是包拯人生的最后一段时光。

在这期间，朝廷又破例授予了他礼部侍郎的官职，但包拯并没有接受。嘉祐七年（1062年）五月末，任大宋枢密副使刚满一年，六十四岁的包拯就病逝了。

包拯去世以后，他的生前好友，与他一起同登天圣五年进士榜的吴奎接替了他的职务。

生前身后

包拯晚年的生活十分俭朴。史载“虽贵，衣服器用饮食如布衣时”。包拯去世时，家中除了五岁的幼子更无男丁。听到包拯去世的消息后，仁宗皇帝十分难过。失去了这样一位股肱直臣，又怜其妻弱子幼，仁宗不禁“惨怆久之”。

为了表达自己的厚爱，仁宗命人将包拯的灵位安置到了御寺近旁，史载“灵座置御寺侧，吊赐交至”。皇帝数次亲自吊唁，并屡赐其家人财物以示哀荣。

为了安排好包拯的后事，朝廷还特意任命文效为保信军节度推官，命他前去合肥为包拯扶柩下葬。保信军治所就在合肥，让文效到这里任职，显然是为了更方便照料包家的眷属后人。

据说，包拯生前曾留下一条家训：后世子孙仕宦有犯赃滥者，不得放归本家；亡殁之后，不得葬于大茔之中。不从吾志，非吾子孙。

此家训最初见于明刻本《附录》。而据南宋周必大《益公题跋》卷五记载，天禧四年（1020年）五月，一个名叫包珙的人奉命将这段文字刻石为记。这两处记载存在着明显的矛盾。包拯于天圣五年（1027年）进士及第，天禧四年其尚未入仕，因此这一家训的真实性，还需进一步考证。

因众口流传，后世均视这段文字为包拯对子孙后代的要求。虽然其真实性不可考，但它却客观反映了众人眼中的包拯对官员贪赃的憎恶，这也是包拯一生鲜明性格的真切流露。

如何看待包拯的一生呢？

正史中对包拯的评价为：

> 拯性峭直，恶吏苛刻，务敦厚，虽甚嫉恶，而未尝不推以忠恕也。与人不苟合，不伪辞色悦人，平居无私书，故人亲党皆绝之。

这是包拯最终被官方定格的个人操守以及他的性格特征。

虽疾恶如仇，却仍能待人以宽恕，这说明包拯并不是一个不通情理的人。然而，他却直道而行、义正辞严，不与人苟合而且没有私交，甚至都不因私事与人互通书信，以至于亲朋故旧都跟他断绝了来往。这些行为看上去不近人情，却正是他一生不徇私情、让人望而生畏的最好证明。

在这段文字中，有句话常不为人注意，即“平居无私书”。包拯是科举出身，一生之中怎么可能没有私人信件呢？事实确实如此，在包拯的遗物中，除了向朝廷递交的各项奏议，竟然没有一篇文章以供传世。

这同样也是一件很蹊跷的事情。有人说，为了维护他的形象，当年在整理包拯遗物时，负责整理他生平文字的门生张田不但把包拯的信件、文章全烧掉了，而且还特意把他弹劾张方平、宋祁的两道奏折的原文也一起毁掉了。

此说法不知真假，听起来似乎也有一定的道理。如果此事当真，这将是历史上的一大遗憾。如今人们要想真正走进包拯的内心，了解他的思想，只能通过这些并不完整的奏折。

纵观一生，包拯受到过很多贵人的帮助。从天长知县到枢密副使，在短短的二十多年时间里，他的晋升让人叹为观止，最终能跻身两府，包拯需要感谢很多人。但是，他从来没有因此做出过任何回报。这在普遍讲究人情的封建社会，绝不是哪个人随随便便就能做到的。

在宋代，高尚的品德是一个人安身立世最好的通行证，包拯貌似不近人情，却因此将自己的品德发挥到了极致。在个人能力方面，包拯的一生也可圈可点。他并非只是一个擅长断案、为人洗刷冤情的高手，无论政治、军事、经济、外交还是法制，在这些领域包拯都取得了一定成就并对大宋王朝做出了贡献。

所以，有宋一代评价包拯者多为溢美之辞。包拯去世时，仁宗皇帝赵祯曾说："包拯公而忘私，不邀阴幸也。"皇帝的评价，代表着朝廷对包拯的最高认可，同时也是当时对他的盖棺论定。

入仕稍晚的司马光评价他说："拯进士及第，以亲老侍养，不仕宦且十年，人称其孝。拯为长吏，僚佐有所关白，喜面折辱人，然其所言若中于理，亦幡然从之。刚而不愎，此人所难也。"这句"刚而不愎"是所有评价包拯文字中的点睛之笔。

包拯也有许多缺点，他的一生中有些做法确实有欠妥当，比如欧阳修曾经说他："拯性好刚，天姿峭直，然素少学问，朝廷事体或有不思……少有孝行，闻于乡里，晚有直节，著在朝廷。但其学问不深，思虑不熟，而处之乖当，其人亦可惜也！"这段话看上去有些苛刻，而且有放大包拯缺点的嫌疑。但细读下来，仍是肯定多于批评。瑕不掩瑜，欧阳修的这段点评，真实地反映了当年包拯在同僚们眼中的形象。

对历史人物的评价不能求全责备，世上也不存在没有缺点的人。与司马光相比，欧阳修的评价更为客观也更加全面，它为后人全方位了解包拯提供了一个深有价值，而且与众不同的观点。

去世后的近千年里，包拯广为后世统治者尊崇，并被塑造成了官员执法如山、清正廉洁的楷模。在民间，人们在他的出生地和工作过的地方修建祠堂、保护遗迹，记录并传颂与他有关的各类故事，让更多人知道了他的名字。

后来，包拯的形象更多地出现在各类民间传说和戏曲舞台上。传说追求精彩，舞台形象讲究高大，人物和故事的真实性反倒不再重要。为求精彩，人们甚至把他描绘成了专门为民申冤、无所不能的“青天”。随着这一艺术形象的深入人心，人们只要蒙受冤屈、遇到官员枉法或徇私舞弊，就会情不自禁地呼唤他的名字，并深切渴望像他这样的官员能及时出现。

这一影响，在我国几千年的历史上当属罕见。

因深乎孝名，又一生峭直刚毅，包拯去世后朝廷特意赐他“孝肃”这一谥号。“孝肃”二字，既是对他一生最精辟的总结，也是他一生最客观真实的写照。

2022-09-06 初稿，于河北。

2023-03-06 定稿，于北京。

后 记

包拯是我国历史上家喻户晓的人物，只要提起他的名字，大部分人都能如数家珍地讲出一大串与他有关的故事。小时候，我就听过许多关于他的传说。在印象中，他不但铁面无私、疾恶如仇、刚毅威猛，而且似乎总是在跟各种不法行为作斗争。他是公平和正义的化身，身边不但有众多得力的手下，而且还有武艺高强、会飞檐走壁的侠客。这些人不断协助他惩恶扬善，维持正义。正是因为有他的存在，世间冤情得以昭雪，种种欺压良善、仗势欺人的行为也受到了惩罚。

因此，世人都感激地称他为“包青天”。

多年以来，包拯这一光辉的形象一直深深印在我的脑海里。随着书读得越来越多，我慢慢发现，历史上的包拯与人们描绘的“包青天”并不相同。“包青天”只是后人加工出来的一个艺术形象，它不但代表不了真实的包拯，而且还掩盖了他身上的许多光芒。在历史上，包拯不但擅长断案，而且在政治、经济、军事、外交、人才等多方面都有着杰出的才能，这一发现激发了我浓厚的研究兴趣。

后历时数年，经查阅《宋史》《续资治通鉴长编》等史料，《包拯集校注》《皇朝编年纲目备要》《庐州府志》《嘉靖池州府志》《宋史翼》《涑水记闻》《五朝名臣言行录》《邵氏闻见录》《梦溪笔谈》等其他宋代文集、笔记，结合大量近现代传记资料，我终于对包拯有了一个较为全面的了解。

为了让更多人了解包拯，我决定把他一生的事迹写下来，努力给人们还原一个相对真实的历史人物。

真正动笔后，我才发现想做到这件事并不容易。首先，千百年来，包拯的形象已经深入人心，改变人们的传统认识，能不能被接受就是一个不小的难题。其次，传记文学的标准很高，它既要不失真实，又要生动有趣，能同时做到这两点更是难上加难。

包拯是一个艺术形象较为丰满、史料记载却非常有限的历史人物。如何将有限的资料一一展开，沿着一条体系化的主线，用严谨的逻辑语言将其人其事一一还原，并能引发读者浓厚的阅读兴趣，这是一个不小的挑战。到底从哪个视角起笔，这个问题困扰了我很久。考虑再三，我最终决定采取传说与现实相结合的办法，即先从有史料根据的传说故事讲起，利用这些人们耳熟能详的故事，将读者一点点带入包拯真实的人生。

各类传说故事并非全是空穴来风，先一一求证它们的起源，然后分辨真假、去伪存真，找到它们与真实历史事件之间的关联，借此一步步树立起包拯的真实形象，是我筛选整理相关资料，并创作本书所选择的角度。

每个历史事件都是一个谜面，背后掩藏着许多不为人所知的隐密关联。按时间顺序，将一个个貌似无关的事件和人物梳理出来，讲清它们的来龙去脉，理清它们之间的因果关系并得出相对正确的结论，让包拯的真实形象一步步丰满起来，这是我创作本书时所采用的逻辑。

一个人的思想多体现在他的文章里。可惜的是，除了一封封奏折，包拯并没有文章传世。这为进一步研究和书写包拯增加了不小的难度。为了让他的形象更加真实丰满，找到影响他性格形成的人文和地域因素，我曾数次到安徽体验生活。亲自感受当地的民风民俗，观察当地人说话做事的习惯和方式，深度解析当地人面对不同事件的选择和决策，以探求当年包拯立身处世的内因，这是我创作本书时所做的尝试与探索。

文学的生动性和史实的客观性并非一对不可调和的矛盾。把一个个看似平淡无奇的事件转化成文学的语言，让它既符合事实，又符合逻辑，同时又符合人们对历史人物的美好遐想，这是我创作本书所追求的目标。

在本书的创作过程中，得到了关仁山先生、刘书越先生、何常在先生、月关先生、王守本先生、杨恩智先生和连慧、范小青二位女士等师长、同仁的指点与帮助，在此向他们深表感谢。

因才疏学浅，无论写作技巧、逻辑观点还是人物评价均多有局限。书成仓促，难免多处谬误，恳请广大读者一一批评指正。

滕非谨识

2023 年 5 月 27 日，于北京鲁迅文学院

参考文献

脱脱 .《宋史》.[M]. 北京 ：中华书局，1977.

李焘 .《续资治通鉴长编》.[M]. 北京 ：中华书局，2004.

杨国宜校注、包拯撰 .《包拯集校注》.[M]. 合肥，黄山书社，1999.

王安石 .《王安石全集》.[M]. 上海，复旦大学出版社，2017.

司马光 .《涑水记闻》.[M]. 北京，中华书局，2017.

欧阳修 .《欧阳修全集》.[M]. 北京，中华书局，2001.

苏轼 .《苏东坡全集》.[M]. 北京，中华书局，2021.

曾巩 .《曾巩集》.[M]. 北京，中华书局，1984.

黎靖德辑 .《朱子语类》.[M]. 北京，中华书局，1986.

窦仪 .《宋建隆重详定刑统》.[M] 北京，中华书局，1984.

赵善璙 .《自警编》.[M]. 北京，中华书局，1985.

徐松 .《宋会要辑稿》.[M]. 北京，中华书局，2014.

陆心源 .《宋史翼》.[M]. 北京，中华书局，1991.

王铚 .《默记》.[M]. 北京，中华书局，1981.

朱熹 .《五朝名臣言行录》.[M]. 上海，商务印书馆，1936.

苏辙 .《龙川别志》.[M]. 北京，中华书局，1982.

沈括 .《梦溪笔谈》.[M]. 北京，中华书局，2016.

叶梦得 .《石林燕语》.[M]. 北京，中华书局，1984.

魏泰 .《东轩笔录》[M]. 北京，中华书局，2013.

邵伯温 .《邵氏闻见录》.[M]. 北京，中华书局，1983.

王明清 .《挥麈录》.[M]. 北京，中华书局，1961.

《全宋诗》.[M]. 北京，北京大学出版社，1998.

吕中本 .《童蒙训译著》.[M]. 北京，中华书局，2021.